SV

Anita Eckstaedt
Die Kunst des Anfangs

Psychoanalytische Erstgespräche

Suhrkamp

Dritte Auflage 1992
© Suhrkamp Verlag Frankfurt am Main 1991
Alle Rechte vorbehalten
Satz und Druck:
MZ-Verlagsdruckerei GmbH, Memmingen
Printed in Germany

Die Deutsche Bibliothek – CIP-Einheitsaufnahme
Eckstaedt, Anita:
Die Kunst des Anfangs : psychoanalytische Erstgespräche /
Anita Eckstaedt. – 3. Aufl. – Frankfurt am Main :
Suhrkamp, 1992
ISBN 3-518-58093-0

Inhalt

Vorbemerkung 9

Einleitung 13

Das Täschchen
Schuld und Schuldgefühl 54

Eine Analyse für zwei
Eine hysterische Neurose 72

»Der Schatten des Objekts fiel ... auf das Ich«
Melancholie eines Ersatzkindes 85

Das wechselseitige Alibi
Magersucht und Erbrechen 103

Um Tod und Leben
Strukturbild einer Magersuchterkrankung 118

Krank oder gesund
Deprivation und Begabung 142

Aus Neid geboren: Imitation
Ein Hochstapler 156

Komplize von Vater und Mutter
Doppelrolle und Doppelidentität 173

Das stehengebliebene Herz
Eine traumatische Neurose 188

Versagen als Versagung
Moralischer Masochismus 204

Wie gewonnen – so zerronnen
Eine Phobie 224

Mutters Augenstern
Ein Nicht-Ich 245

Literaturhinweise zum psychoanalytischen
Erstgespräch 275

Literaturverzeichnis.......................... 280

Das Gespräch mit dem verborgenen Kind kann nicht wie eine aufgeschlagene Zeitung Bescheid geben. Es macht keinen Sinn, ihm die Welt zu schildern, wo es in seinem Licht bis in alle Enden des Raums blickt und durch alle Zeiten kam. Sinn machte allein die *Frage,* die so scheue und ergebene, dem Lauschen näher als der Verlautbarung, Frage des Außenlebenden und des Verlorenen an den Innen-Weisen, an den im Taumel des Entstehens vollkommen Erleuchteten.

Botho Strauß (1989, 43)

Vorbemerkung

Mein Interesse an psychoanalytischen Erstgesprächen entsprang einerseits seinem momentan aktualisierten und verdichteten Charakter. Im Gegensatz zu dem prozessualen Charakter der Analyse ist das Erstgespräch noch als ein Ganzheitliches übersehbar, und so gilt für dasselbe Freuds Aussage, »daß nur die Eröffnungen und Endspiele [des Schachspiels] eine erschöpfende systematische Darstellung gestatten, während die unübersehbare Mannigfaltigkeit der nach Eröffnung beginnenden Spiele sich einer solchen versagt« (Freud, 1913c, 454). Insofern galten mein Interesse und meine Lust der dem Erstgespräch innewohnenden Diagnostik.

Neben der medizinischen Diagnostik hatte mich die allgemeine Psychodiagnostik gefesselt, wie sie unter Prof. Robert Heiß am Psychologischen Institut der Albert-Ludwigs-Universität in Freiburg i. Br. gelehrt wurde. Nach mehrjähriger psychiatrischer Tätigkeit fühlte ich mich für die psychoanalytische Arbeit vorbereitet. Am Sigmund-Freud-Institut, Ausbildungs- und Forschungsinstitut für Psychoanalyse in Frankfurt am Main, damals unter der Leitung von Prof. Alexander Mitscherlich, arbeitete ich dann langjährig in der Ambulanzabteilung bei Prof. Hermann Argelander. Für ihn und die damaligen Mitarbeiter, Dr. Gottfried Appy, Dr. René Fischer, Dr. Klaus Kennel, Dr. Rolf Klüwer, Ingrid Vogel-Matthes, Mario Muck, Prof. Horst Vogel und Dr. Sigrid Weidlich, war das psychoanalytische Erstgespräch Forschungsobjekt und stand in stetem Vergleich zur Aussage projektiver Tests. Allen diesen Beteiligten verdanke ich meine weitere Entwicklung auf diesem psychoanalytisch-diagnostischen Gebiet.

Die Umstellung von der Aufnahme einer Krankengeschichte, einer Anamnese, und einer psychiatrischen Exploration auf ein psychoanalytisches Erstgespräch erlebte ich in meiner psychoanalytischen Ausbildung als höchst bedeutsam. Sie erfordert eine Veränderung in der spezifisch analytischen Haltung und Identität. Die ärztliche Identität, unter Verzicht auf den konkreten ärztlichen Einsatz, blieb grundlegende Voraussetzung. Für diese Umstellung auf das Verständnis des oft noch gar nicht zur Sprache gebrachten, sondern »szenisch« vom Patienten Mitgeteilten war zunächst das Lesen von Protokollen der Erstgespräche meiner Kolleginnen und Kollegen mit dem Einblick, den sie in die entstehende analytische Beziehung gaben, äußerst hilfreich. Die weitere Diskussion der Fälle in der »Ambulanzkonferenz« übte und vertiefte das Erkennen des Konflikthaften, das in der Situation, in welcher der Patient dem Psychoanalytiker dasselbe über die »szenische Funktion« (Argelander, 1970) vermittelt, im Analytiker eine »szenische Evidenz« (ders., 1967) auslösen kann. Für Alfred Lorenzer (1970a+b), der ebenfalls am Sigmund-Freud-Institut arbeitete, war das »szenische Verstehen« seit 1963 zentraler Forschungsgegenstand.

In meiner späteren eigenen Praxis und insbesondere in der lehrenden, also kontrollanalytischen Arbeit mit Kandidaten in der psychoanalytischen Ausbildung hat sich meine Arbeit in der Weise verändert, daß ich versuchen mußte, dem psychoanalytischen Anfänger mein Sehen und Erkennen so zu vermitteln, daß er Schritt für Schritt die ineinandergreifenden Abwehrformen wie den abgewehrten Inhalt nachvollziehen konnte, um über die Entschlüsselung dieses semantischen Anteils zum unbewußten Bedeutungsgehalt zu kommen. Die Konsequenz dieser Denkschritte führt zur Deutung, indem die Arbeit des Psychoanalytikers immer auf das Bewußtmachen von Unbewußtem ausgerichtet ist und damit auf eine höhere Organisationsstufe zielt.

Vergleichbar ist die Arbeitsweise in gewisser Weise auch für den Patienten, dessen Denken und Erkennen zunächst auch mein Denken nachvollziehen können muß, wenn ich Erinnerung und schließlich Veränderung in ihm anregen will. Der Schritt der Vermittlung an den Patienten, nachdem ich seine Aussage oder Inszenierung verstanden, d.h. auch diagnostiziert habe, will dabei sorgfältig eruiert werden. Das Forschungsinteresse als grundsätzliche Haltung bleibt in jedem analytischen Arbeitsschritt selbstverständliches Anliegen, das letztlich sich auch der Analysand als Haltung zu eigen machen muß. Letztes übergeordnetes Ziel ist die Fähigkeit zu einer zukünftigen Selbstanalyse, oder, einfacher gesagt, zur immerwährenden Reflexion.

Da es den meisten Ausbildungskandidaten heute noch nicht möglich ist, in einer psychoanalytischen Institution ganztägig mitzuarbeiten, mag ihnen das Buch mit der Entwicklung des Zuganges und des Verständnisses von Krankheits*bildern* ein weniges solcher Erfahrung ersetzen.

Die äußeren Daten der Patienten sind in den wiedergegebenen Erstgesprächen insgesamt so modifiziert, daß die ursprüngliche Gestalt möglichst sinnfällig erreicht wird. Die wörtlichen Reden sind nur an den Stellen erhalten, wo sie als ursprüngliche Aussagen wichtig erschienen. Soweit ich neben die Schilderung des manifesten und beobachtbaren Geschehens meine Anmutungen, Empfindungen, mein Denken, meine Entschlüsse zur Deutung und die Beschreibung des sich entwickelnden Gesprächs in die Wiedergabe einbringe, kommt aus der Sicht und Arbeitsweise des Analytikers ein anderes, ich hoffe, auf mehreren Ebenen annähernd ganzheitliches Bild zustande, weil ein Erstgespräch und sein Ergebnis auch die Resultante des Unbewußten zweier Persönlichkeiten ist, die sich hier begegneten und aufeinander wirkten.

Ich verzichte in den Darstellungen weitgehend auf eine letztlich klassifizierende Diagnostik. Eine *vorläufige Diagnose* aus der allgemeinen Psychopathologie ist notwendig im Hinblick auf das, was mit einiger Wahrscheinlichkeit hinsichtlich des Konfliktes wie der zugehörigen Abwehr im späteren analytischen Prozeß zu erwarten ist. Wichtiger noch erscheint eine *den zentralen Konflikt beschreibende Diagnose*. Sie ist zum *Titel* einer jeden Fallstudie geworden. Über die endgültige Diagnose entscheidet immer das Ende der Behandlung. – Wenn im Anschluß an eine Falldarstellung und ihre nachträgliche psychoanalytische Betrachtung Literatur angeführt wird, so geschieht das, um den Leser zum Vertiefen seines Wissens um die jeweilige Problematik anzuregen wie auch zu zeigen, daß es ein endgültiges oder abschließendes Verständnis eines Falles nicht gibt.

Ich danke allen hier dargestellten Patienten für ihre Bereitschaft und Offenheit, in der sie mir begegneten und in der es allein möglich war, daß sich ein Einblick und ein Bild ihres Leidens, ihres Lebensschicksals und dessen Entstehungsgeschichte entwickeln ließ.

Schließlich danke ich der Breuninger Stiftung GmbH, die das Projekt gefördert hat.

Frankfurt am Main, im März 1991
Anita Eckstaedt

Einleitung

Die Bedeutung des psychoanalytischen Erstgesprächs

Das psychoanalytische Erstgespräch ist für denjenigen, der sich entschlossen hat, einen Analytiker zu konsultieren, möglicherweise der Beginn einer neuen aufklärerischen Epoche in seinem Leben. Daher wird es von ihm mit einer großen Gefühlsspannung, unter Umständen geradezu mit einem Gefühlssturm erwartet. Wie bei einer Ausgrabung läßt die gefundene Scherbe eine Ahnung des ehemaligen Ganzen zu. Anders ist nur, daß in der folgenden, lebendigen Begegnung eine Beziehung aufgenommen wird, in der die alten Beziehungen, Objektbeziehungen, zur Wiederauflage, zu einer Architektur der Gegenwart drängen. Für beide Beteiligten stellt das Erstgespräch ein existentielles Unterfangen dar: für den möglichen zukünftigen Analysanden aus den angeführten Gründen, weil er sich von seiner Neurose befreien und damit sein Leben verändern will. »Dem Psychoanalytiker müssen diejenigen Patienten am liebsten sein, welche die volle Gesundheit, soweit sie zu haben ist, von ihm fordern und ihm so viel Zeit zur Verfügung stellen, als der Prozeß der Herstellung verbraucht. Natürlich sind so günstige Bedingungen nur in wenig Fällen zu erwarten« (Freud, 1913c, 464). Bei dem Bestehen auf Symptombefreiung, ließe der Analytiker sich darauf ein, würde der Patient schließlich, und zwar aus Gründen des organismischen Charakters der Neurose, enttäuscht. Dennoch muß man »sich bescheiden, [...] ein Stück Leistungs- und Genußfähigkeit [für den Patienten] wiedergewonnen zu haben« (Freud, 1912e, 385). Für den Psychoanalytiker ist das Erstgespräch Beginn einer wahrscheinlich langen Arbeit, die seine berufliche Identität begründet, und zu seinen Existenzbedingungen gehört. Sie macht einen Teil seines Lebens aus.

Ein Erstgespräch ist nicht nur einmalig, es beinhaltet dazu eine ungewöhnliche Komplexität. Es sollte für den Patienten immer ein auch therapeutisches Gespräch sein. Und so ist es die Aufgabe des Analytikers, die analytische Beziehung zum Patienten zu *initiieren* und gleichzeitig zu *erproben*. Daß dabei ununterbrochen ein diagnostisches Denken gefordert ist – im Sinne einer jeweiligen *Situationsdiagnostik* wie auch übergreifend eine *Strukturdiagnostik* –, tritt als weitere Anforderung hinzu. Diese Komplexität war der Anreiz für mich, psychoanalytische Erstgespräche darzustellen. Der Geschlossenheit des Erstgesprächs ist es zu verdanken, daß es noch ganzheitlich darstellbar ist, und damit ist die Chance gegeben, das psychoanalytische Denken darin nachvollziehbar zu machen, zumal der Lernende in der Psychoanalyse zwangsläufig mit dem Schwierigsten beginnen muß. Die Verweisungsbezüge sind in einem Erstgespräch mit den beginnenden Übertragungsangeboten, den Fragmenten der Lebensgeschichte, eventuellen Kindheitserinnerungen und dem Beweggrund zu kommen, dem Leiden als Motiv, häufig besonders sinnfällig. Aus Analysestunden dagegen lassen sich späterhin vorzugsweise nur episodenhafte Einblicke darstellen. Das Erstgespräch als therapeutische Begegnung hat also die Aufgabe, dem Patienten eine erste Einsicht zu vermitteln, warum der Weg des Verstehens von eigenem Unbewußten sinnvoll ist. Zugleich versucht der Psychoanalytiker, sich über die Konfliktnatur, Übertragungs- und Reflektionsfähigkeit wie Motivation – Aspekte, die die Analysierbarkeit der Persönlichkeit des Patienten beinhalten – einen maßgeblichen Eindruck zu verschaffen. Diese begleitende Sichtweise des Analytikers verfolgt also ein Stück Diagnostik im Hinblick auch auf die Indikation und Prognose zu einer psychoanalytischen Behandlung. Eingeschlossen in diese Erwägungen des Analytikers ist, ob er selbst mit diesem Patienten auf lange

Zeit arbeiten möchte. Einen Patienten, mit dem man sich nicht irgendwo verbunden oder in Übereinstimmung fühlt, sollte man nicht in Analyse nehmen – diese wird sonst zu einer qualvollen Pflichtübung. Eine Psychoanalyse zu unternehmen bedeutet, über die neurotischen Verstrickungen hin zu den »historischen Wahrheitskernen« (vgl. Wolfgang Loch, 1990b, 120) in der Biographie des Analysanden zu gelangen, was im psychoanalytischen Prozeß bedeutet, diese Verstrickungen, Konflikte wiederzubeleben, die sich in Szenen abbilden, deren semantischen Gehalt der Psychoanalytiker verstehen muß, um ihn auszusprechen, d. h. zum gegebenen Zeitpunkt *(timing)* zu deuten, ein Prozeß von vielfacher Wiederholung, der Durcharbeiten bedeutet und Jahre – wie eine zweite Kindheit – in Anspruch nimmt. Der psychoanalytische Rahmen garantiert durch die den analytischen Raum umgrenzende Person des Psychoanalytikers eine Sicherheit gegenüber der Dynamik des Konfliktpotentials, ermöglicht Einstieg und Ausstieg in den unbewußten Konfliktraum, der damit zu einem Raum wird, in dem nach der Bearbeitung der Übertragungsneurose Neues im Sinne von Sublimation entstehen kann. Der Raum, den der Psychoanalytiker zur Verfügung stellt, ist nämlich radikal gegenüber jeder sonst üblichen Konvention und bedarf daher des besonderen Schutzes.

Vielleicht können diese Darstellungen auch demjenigen hilfreich sein, der noch unsicher ist, ob er Psychoanalytiker werden will. Die geschilderten Fälle lassen das Ausmaß der Schicksale ahnen, in die er als Psychoanalytiker über lange Zeit einbezogen wird und die er in der unmittelbaren Beziehung zum Patienten zu klären hat. Von Anbeginn berichtet oder erzählt dieser innerhalb des erlebten Rahmens der alten Erfahrungen seiner Objektbeziehung, die ständig gemäß dem Wiederholungszwang erneut zurechtgeformt werden (vgl. Eckstaedt, 1991). Das heißt: die *Übertragungsangebote* entfalten sich und sind *von Anfang an wirksam*. Das zu ermöglichen, zu erspüren, im weiteren in Worte zu fassen und in den

Sinnzusammenhang des Erzählten zu bringen, auf einer Ebene, die das Gegenüber nachvollziehen kann, eine Vermittlungsaufgabe, bedarf es der inneren Bereitschaft auf seiten des Psychoanalytikers, sein Unbewußtes dem Unbewußten des Patienten begegnen zu lassen. Das bedeutet eine Befreiung von der Vorstellung und dem eventuellen Zwang, etwa Rätsel lösen oder sich in Symboldeutung auskennen zu müssen. Wohl bedarf der Analytiker auch der Intuition.[1] Das Geheimnis aber liegt in der folgenden inneren *Distanzierung*, der Trennung aus der Beziehung und *eigenen Analyse* des in der Begegnung Erfahrenen. (Daher ist die eigene Psychoanalyse als Lehranalyse in der psychoanalytischen Ausbildung unumgänglich.) In der psychoanalytischen Sprache von heute heißt das: »Das Verständnis des psychoanalytischen Prozesses hat sich seit der frühesten Formulierung von Breuer und Freud (1893a) in dem Maße vertieft, als der Versuch vorangetrieben wurde, seine therapeutische Effizienz zu konzeptualisieren. Zunehmend wird der psychoanalytische Prozeß als eine sich entfaltende interpersonale Interaktion verstanden, die, bei konsequenter Anwendung der psychoanalytischen Technik, in ihrer Ausgestaltung vom Beitrag des Analysanden ebenso wie von dem des Analytikers abhängt.«[2] Partiell bedeutet das eine Umkehrung des üblichen Arzt-Patienten-Verhältnisses: nämlich, daß hier der Analytiker sich von seinem Analysanden »behandeln« läßt, ohne daß er dabei aus seiner Verantwortung für den Patienten entlassen würde. Dadurch wird deutlich, daß der Analytiker keineswegs – wie vielfach angenommen – hinsichtlich der Gegenübertragung völlig frei reagiert, sondern zunächst entsprechend dem Mu-

---

1 Im englischen Sprachraum wird sie eher *imagination* genannt, eine Vorstellungskraft, die eine geschilderte Situation und die sie auslösenden und begleitenden Affekte nachvollzieht.

2 Lore Schacht, 1990, Einladung der Deutschen Psychoanalytischen Arbeitstagung zum 40jährigen Bestehen der DPV, Wiesbaden, 21.-24. November 1990.

ster des Beziehungskonflikts des Patienten auf eine autistische, perverse, psychotische und neurotische Übertragung eine *spezifische* Gegenübertragung ausbildet. Diese Ausformungen seiner Gefühle und Phantasien sind wenig bekannt, und doch sind sie zunächst seine fast ausschließliche Informationsquelle: Er reagiert zunächst auf die autistische Übertragung mit dem Gefühl der Leere, des Ausgestoßenseins und, für den Patienten am gefährlichsten, mit Gleichgültigkeit; auf die perverse Übertragung zunächst mit sadomasochistischen Phantasien oder dem unwiderstehlichen Drang zu moralisieren; auf die psychotische Übertragung zunächst mit dem Gefühl einer unheimlichen Müdigkeit, einer Schlafsucht oder Konfusion; auf die neurotische Übertragung zunächst mit klassisch ödipalen Phantasien. Das geschieht so lange, bis sich der Psychoanalytiker dieser seiner konventionellen Antwort bewußt wird und dahinter erst die Not des Patienten zu begreifen sucht, diese Informationsquelle benutzt, um den Konflikt zu bearbeiten und unter Umständen aufzulösen. Zu diesen vier von Loch (1990a) genannten Übertragungsformen und den von ihnen evozierten komplementären Gegenübertragungsformen möchte ich noch die ichsyntone objektmanipulative Übertragung hinzufügen (Eckstaedt, 1989b). Die hier evozierte Gegenübertragung zeigt sich beispielsweise darin, daß der Psychoanalytiker vorübergehend etwas tut, was er sonst eigentlich nicht tun würde; er hat das eindeutige und nachdrückliche Gefühl, gegen seine Verantwortlichkeit, gegen seine grundsätzliche analytische Überzeugung zu handeln oder etwas nicht dem psychoanalytischen Prozeß Zuträgliches zu sagen, was er als nicht erlaubtes Zugeständnis deutlich erlebt, bis er sich des manipulativen und parasitären Charakters, der ihn, bedingt durch Neid, aus seiner Position zu bringen versucht, bewußt wird.

Den Bereichen im Erstgespräch, die Übertragungsangebote, Gegenübertragung und schließlich Widerstand ausmachen, wie die eigenen Anmutungen, Eindrücke, Gefühle und

Reaktionen auf den Patienten, ist in den folgenden Darstellungen psychoanalytischer Erstgespräche notwendigerweise breiter Raum gelassen. Sie beschreiben insgesamt den Ablauf der meist telefonischen Kontaktaufnahme, den Eindruck bei der ersten Begegnung, den Beginn des Gesprächs und die sich ergebenden Knotenpunkte, die Weichenstellungen, die durch Deutung und weitere Erzählung Sinnzusammenhänge ermöglichen. Sie zeichnen selbstverständlich nur einen Grundriß des analytischen Gesprächs nach. Freud hat 1912 in der Arbeit *Ratschläge für den Arzt bei der psychoanalytischen Behandlung* bereits darauf verwiesen, »daß genaue Protokolle in einer analytischen Krankengeschichte weniger leisten als man von ihnen erwarten sollte« (Freud, 1912e, 379).

Die psychoanalytische Form der Beziehung ist eine spezifische Form menschlicher Beziehung: auch sie kann scheitern. Daß sie das nicht dürfe, hängt mit einer gesteigerten Erwartung, einer Idealisierung zusammen. Das analytische Denken – ist der Lernende fähig, unbewußte Abkömmlinge zu spüren, zu sehen und zu erkennen – lehrt die Begegnung mit dem Patienten dann eigentlich von selbst, wenn der Psychoanalytiker dem Patienten gestattet, ihm die Sicht seiner Krankheit vorzutragen, gleich ob der Patient mit der Krankheitsgeschichte, der Lebensgeschichte oder Kindheitserinnerungen beginnt und der Psychoanalytiker dem seinerseits entsprechend der Regel der »gleichschwebenden Aufmerksamkeit« unter der gleichzeitigen, ebenso vorläufigen Registrierung seiner eigenen Gefühle und Eindrücke zu folgen sucht. Im übrigen ist es interessant, die Auslegung der genannten Regel in der erwähnten Arbeit nachzulesen: »Folgt man bei der Auswahl seinen Erwartungen, so ist man in Gefahr, niemals etwas anderes zu finden, als was man bereits weiß; folgt man seinen Neigungen, so wird man sicherlich die mögliche Wahrnehmung fälschen« (ebd. 377). Freud spricht diese Gegebenheit »in eine Formel gefaßt« folgendermaßen aus: »er soll dem gebenden Unbewußten des Kranken sein eigenes Unbewußtes als empfangendes Organ zuwenden, sich auf den Analysierten einstellen« (ebd. 377). Zwangsläufig beginnt der Analytiker dann, Bestandteile des Materials, die sich bereits zusammenfügen, mit weiterem in ein Bezugssystem zu bringen, das für den Patienten bisher, weil unbewußt, nicht einsichtig war. Diese Bezüge, die sich im gegebenen Material schließlich auffinden lassen, charakterisieren sich durch ihre überraschende Sinnfälligkeit wie dadurch, daß sich der aktuelle Konflikt darin widerspiegelt.

Rascher als angenommen wird der Psychoanalytiker in das nach altem Muster geprägte, aber aktuelle Leben des Patienten einbezogen. Der entscheidende Punkt, an dem sich der Analytiker zu entschließen beginnt, ob mit diesem Patienten die Unternehmung einer Analyse sinnvoll, für den Patienten also hilfreich ist, findet sich an der Stelle, wo der Patient auf eine aufgewiesene, das heißt gedeutete, ihm bisher unbewußte Beziehung zwischen genannten Tatsachen als ihre nun bewußt gemachte Bedeutung in dem Sinne reagiert, daß er sie als Bedeutung aufgreifen kann und weiteres, das ihm zugehörig und klärend erscheint, unmittelbar erzählt beziehungsweise zufügt. Das allein bringt ihn aus der Ausgeliefertheit des eigenen Verkennens heraus. Wie Helmut Thomä und Antoon Houben (1967, 664-92) in bezug auf Deutungsaktionen und die Validierung der psychoanalytischen Theorie an den Reaktionen auf Deutungen untersuchten, so treffen diese die Deutung bestätigenden Reaktionen nur auf die klassischen Neurosen zu. Die Deutung, die den Patienten in der narzißtischen Neurose erreicht, läßt ihn objektbezogen antworten. Da das Unbewußte seine eigenen Gesetzmäßigkeiten besitzt, »*Widerspruchslosigkeit, Primärvorgang* (Beweglichkeit der Besetzungen), *Zeitlosigkeit* und *Ersetzung der äußeren Realität durch die psychische*« (Freud, 1915e, 286), und weil »der unbewußte Akt eine intensive plastische Einwirkung auf die somatischen Vorgänge hat, wie sie dem bewußten Akt niemals zukommt« (Freud/Groddeck, 1970b, 14), ist es nicht möglich, aus den unbewußten Zusammenhängen selektiv etwas herauszugreifen. »Auch die Neurose eines Menschen besitzt die Charaktere eines Organismus, ihre Teilerscheinungen sind nicht unabhängig voneinander, sie bedingen einander, pflegen sich gegenseitig zu stützen; man leidet immer nur an einer Neurose, nicht an mehreren, die zufällig in einem Individuum zusammengetroffen sind« (Freud, 1913c, 463). Diese Eigenschaft der Neurose verlangt bei ihrer angestrebten Heilung die »Fortführung seiner [des Patienten] Erzählung« (Freud, 1913c, 463). »Er«, der Analytiker, »leitet einen Prozeß ein, den der Auflösung der bestehenden Verdrängungen, er kann ihn überwachen, fördern, Hindernisse aus dem Wege räumen, gewiß auch viel an ihm verderben. Im ganzen aber geht der einmal eingeleitete Prozeß seinen eigenen Weg und läßt sich weder seine Richtung noch die Reihenfolge der Punkte, die er angreift, vorschreiben« (ebd., 463). Wenn der Patient diesen Schritt nicht mit einem inneren Gewinn mitmachen kann, der schließlich ein Stück gewonnener Freiheit bedeutet, er dagegen auf etwas sehr bald Helfendem, etwas Konkretem, einer baldigen Erfüllung bewußter wie auch unbewußter Wünsche besteht, ist psychoanalytische Hilfe nicht zu erreichen. Dem Patienten ist dann nur möglich, in feststehenden Kategorien zu denken, die das Bewußtsein erstellt hat. Michel de M'Uzan (1977) hat das als das operationale Denken bezeichnet, bei dem es zur Dissoziation von Primär- und Sekundärprozeß gekommen ist. Der verabsolutierte Sekundärprozeß wird nicht mehr vom Primärprozeß durchdrungen, das bedeutet, daß es keine Beseelung mehr gibt. Dabei kommt es »zu einer Überbesetzung des *Handgreiflichsten, Konkretesten* und *Faktischsten* in der Realität«. Andersartige, neu hinzutretende, durchaus sinnfällige Zusammenhänge kann der Patient nicht erfassen, sie überfordern seine Fähigkeit, die Wiederkehr alter unverarbeiteter Erlebnisse im heutigen Verhalten zu erkennen. Selbst die gelungene Deutung bleibt daher wirkungslos. Es bedarf einer *kontemplativen* Einstellung, eine Um- und Neuorientierung dulden zu können. Wenn das große Leitthema, kurz »Wo Es war, soll Ich werden« (Freud, 1933a, 86), heißt, so ist das deshalb so schwer zu leisten, weil das Ich zwar über eine erhebliche Plastizität verfügt, aber die Komplexe, die Konflikte von Ich, Es und Überich, in einem hohen Maße vom Unbewußten angezogen werden. Ihre Mobilisierung besorgt die Übertragung, der der Widerstand auf dem Fuße folgt. Wissen allein genügt nicht: »Die Kranken wissen nun von dem verdrängten Erlebnis in ihrem Denken, aber diesem fehlt die Verbindung mit jener Stelle, an welcher die verdrängte Erinnerung in irgendeiner Art enthalten ist. Eine Veränderung kann erst eintreten, wenn der bewußte Denkprozeß bis zu dieser Stelle vorgedrungen ist und dort die Verdrängungswiderstände überwunden hat« (Freud, 1913c, 476). Das aber heißt, daß der Patient nicht nur Übertragungen hervorbringt, sondern in einem psychoanalytischen Prozeß den Psychoanalytiker zur zentralen Figur seines Erlebens macht und damit eine Übertragungsneurose entwickelt. Erst über den vielfach durchgearbeiteten Widerstand, der sich gegenüber der Auflösung der Übertragungsneurose bildet, ein Trauerprozeß, kommt Heilung zustande. Diese Heilung kann gleichgesetzt werden mit dem Verlust oder der Aufgabe eines Stückes einer Objektbesetzung, bei der der auch bisher nicht erfüllte Wunsch oder Befriedigung durch das Objekt in der erhalten bleibenden Erinnerung seine determinierende Wirkung und Signifikanz verliert.

Wenn ich diese Zitate aus Freuds Schriften zur Behandlungstechnik herausgegriffen habe, dann darum, weil sich in ihnen der Punkt findet, der in den Erstgesprächen die Weichenstellung erklärt: ob ich mit einem Patienten weitergehe, ob der Patient den Weg zu seinem Unbewußten auf sich nehmen kann. Freud nennt das schlicht die »Eignung« (Freud, 1912e, 385), die er in enger Verbindung zur Sublimationsfähigkeit sieht.

Daneben gibt es einen gar nicht leicht einzuschätzenden weiteren Gesichtspunkt im Hinblick auf die Analysierbarkeit, nämlich, ob der Patient seine Geschichte erzählt oder aber agiert. »Die unbewußten Regungen wollen nicht erinnert werden, wie die Kur es wünscht, sondern sie streben danach, sich zu reproduzieren, entsprechend der Zeitlosigkeit und der Halluzinationsfähigkeit des Unbewußten. Der Kranke spricht ähnlich wie im Traume den Ergebnissen der Erweckung seiner unbewußten Regungen Gegenwärtigkeit und Realität zu; er will seine Leidenschaften agieren, ohne auf die reale Situation Rücksicht zu nehmen. Der Arzt will ihn dazu nötigen, diese Gefühlsregungen in den Zusammenhang der Behandlung und in den seiner Lebensgeschichte einzureihen, sie der denkenden Betrachtung unterzuordnen und nach ihrem psychischen Werte zu erkennen. Dieser Kampf zwischen Arzt und Patienten, zwischen Intellekt und Triebleben, zwischen Erkennen und Agierenwollen spielt sich fast ausschließlich an den Übertragungsphänomenen ab. Auf diesem Felde muß der Sieg gewonnen werden, dessen Ausdruck die dauernde Genesung von der Neurose ist« (Freud, 1912b, 373). Der agierende Patient zieht also den Psychoanalytiker direkt und unmittelbar ins Spiel. In der aktuell sich gestaltenden Situation wiederholt sich der alte Konflikt. Mit Hilfe seiner übrigen Erzählungen muß der Analytiker den sich hier situativ in der Beziehung niederschlagenden Konflikt zwischen beiden erschließen, und weil dieser so nah, unmittelbar und bedrängend ist, hat er eine noch größere reflektierende Distanzierungsarbeit zu leisten, um das Agierte für den Patienten annehmbar und immer deutlicher in Sprache zu bringen. Für den vorzugsweise agierenden Patienten ist es kränkend, die Situation im Hier und Jetzt erkennen und anerkennen zu müssen, die er bewußt so nicht durchschaute. Gelingt der Übersetzungsakt ins Sprachliche, das heißt in ein die Beziehung zwar distanzierendes, aber dennoch kommunikatives Verhältnis, in dem das Konflikthafte *ausgesprochen* werden kann (talking cure), besteht die Chance, den Patienten für eine analytische Behandlung zu gewinnen. Weil es nahezu unvorstellbar ist, wie sehr das Unbewußte, ist der Patient einmal zu einer Psychoanalyse motiviert, auf seine Darstellung dringt, füge ich ein Beipiel an, in welchem mich eine Patientin erstmals telefonisch eines Termines wegen zu erreichen suchte. Sie läutete an zu einer Zeit, in der viele Menschen, auch ich, in tiefem Schlaf liegen. Die innewohnende Frage war die, ob ich *aufweckbar* sei; ihr Leid war, daß ihre Mutter in ihrer frühen Kindheit gestorben war. – Es ist geradezu natürlich, daß das inhaltlich zu jenem Zeitpunkt und auch im Erstgespräch noch nicht verstanden werden kann. Diese Inszenierungen wiederholen sich in Variationen so lange, bis sie vom Psychoanalytiker verstanden und ausgesprochen, also gedeutet werden. Die Deutung des Inszenierten bereits an jener Stelle beziehungsweise im ersten Gespräch käme einem Erraten nahe. Das aber würde dem Psychoanalytiker den Anschein von Omnipotenz geben und den Patienten für sein Gefühl unter Umständen überwältigen. Außerdem würde ein solches Verhalten die falsche Vorstellung beim Patienten erwecken, daß das Verständnis unbewußter Konflikte, das sich in seinem Verhalten ausdrückte, und die Verständigung darüber von beiden Seiten her ohne Mühe erarbeitet werden könnte. In dieser Erarbeitungsphase geschieht nämlich für den Patienten eine innere Vorbereitung für die spätere Umstrukturierung, in der sich langsam eine Plastizität für das Erleben und dessen Verarbeitung und neuer Raum im Sinne der Sublimierung zur Verfügung stellt. Im Bezug auf das obige Beispiel heißt das, daß der Psychoanalytiker das »konventionelle Entsetzen« (Freud, 1960a, 428) aushalten und bewahren muß, gerade weil sich hier Unbewußtes äußert.

Ich habe versucht, die Weichenstellung, die Probe auf psychoanalytisches Arbeiten und Denken zu beschreiben. In den zwölf Darstellungen versuche ich, die Erarbeitung der Indikation einer Psychoanalyse vorzustellen. Dazu gehören auch die Beispiele, in denen das Erstgespräch nicht so weit zu wechselseitigen Verständigungen gedeiht, daß dieser Versuch weiter als fruchtbar indiziert erscheint.[3] Die Erstgespräche hier sind so ausgewählt, daß sie ein, quantitativ gesehen, sehr günstiges Bild einer analytischen Praxis wiedergeben: die Hälfte der geschilderten Patienten, die zu einem psychoanalytischen Erstgespräch kamen, suchten auch eine analytische Behandlung. Bei der anderen Hälfte verhielt es sich so, daß wiederum die Hälfte dieser Fälle, im Ganzen gesehen ein Viertel also, jedenfalls nicht mit mir den psychoanalytischen Dialog aufnehmen konnte und es sehr danach aussah, daß eine kontemplative Einstellung dem Leben gegenüber nicht möglich war. Diese Patienten waren vielmehr auf Konkretes oder Machbares eingestellt, oder aber sie benutzten die Situation, in der ihnen die Analytikerin zur Verfügung stand, ausschließlich zu einer momentanen Entlastung. Die Beziehungsstruktur zielt hier auf negativ therapeutische Reaktionen mit dem gefühlsmäßigen Resultat für den Patienten, daß selbst der Psychoanalytiker nicht zu helfen weiß. Diese »Tatsache« wird dann zum Anlaß für einen momentanen Triumph. Bei dem anderen Viertel scheint das vorläufig zur Sprache Gebrachte so weit erleichternd oder auf bestehende Beziehungsgefüge verändernd gewirkt zu haben, daß sie – jedenfalls im Moment – den Analytiker nicht weiter suchten.

Wenn ich eingangs von einer ganzheitlichen Darstellung im Dienste der Ermutigung gesprochen habe, sind diese Fallstudien nicht so gedacht, daß sie das Studium der Behandlungs-

---

[3] Ganz allgemein betrachtet, können Erstgespräche scheitern, weil die Motivation des Patienten nicht genügend groß war. Sie können scheitern, weil der Patient bevorzugt mit negativ therapeutischen Reaktionen reagieren muß. Solche kommen vor bei Patienten, die in der Terminologie von Melanie Klein die paranoid-schizoide Position nicht überwunden haben. Dazu läßt sich sagen, daß jedenfalls deutsche Psychoanalytiker wesentlich rascher Verdrängungserscheinungen zu erkennen gewohnt sind als Phänomene der Abwehr durch Umkehrung oder Projektion wie alle Arten von Manipulation.

technik, der sogenannten Regeln oder »Ratschläge«, wie sie Freud schließlich nennt, erübrigen könnten. Die Lektüre der Schriften zur Behandlungstechnik von Freud[4] und anderer Autoren ist unerläßlich. Im übrigen bezieht sich die Technik – soweit sie hier evident wird – allein auf psychoanalytische Erstgespräche. Die Regeln der psychoanalytischen Arbeit erweitern sich selbstverständlich im psychoanalytischen Prozeß. Höchst lehrreich unter den Krankengeschichten von Freud ist auch der Fall von »Katharina«. In diesem Gespräch, das 1892 (1893a) stattfand, stand es von Anbeginn fest, daß unter den Umständen, wie es zustande kam, keine weitere Behandlung folgen würde. Freud mußte hier auf die hypnotische Technik verzichten und ließ sich ganz von der Erzählung der Patientin führen, die zunächst die Krankheitsgeschichte, dann zwei Reihen von Erinnerungen berichtete, die zum Verständnis der Krankheit führten. Es sei der Lektüre des Lesers überlassen, sich beim heutigen Stand des Wissens über Übertragungsphänomene klarzuwerden: wie sehr Katharina den Arzt aus der Konvention zieht, ihn in die Dynamik ihrer unbewußten Wünsche bringt, die Freud als Übertragungsphänomene noch nicht zu deuten wußte. Dennoch gibt er seiner Berührung Ausdruck, denn er bemerkt diese kritischen Stellen, wenn auch zum Teil abwehrend. Eindrucksvoll in der Wiedergabe dieses analytischen Gesprächs ist Freuds ununterbrochenes Bemühen, einen *Denkprozeß* anzuregen, von dem er im übrigen sagt, daß »in dessen Ablauf sich endlich die erwartete Beeinflussung der unbewußten Erinnerung herstellt« (1913c, 477). Dieses Gespräch mit »Katharina« entdeckte Hermann Argelander als ein psychoanalytisches

---

4 Die sogenannten technischen Schriften, die sich durch Freuds Gesamtwerk von 1890 bis 1940 hindurchziehen, finden sich zusammengestellt unter dem Titel: »Schriften zur Behandlungstechnik«, Ergänzungsband zur Sigmund Freud Studienausgabe beim S. Fischer Verlag. Dieser Band ist in der 3. Auflage editorisch durch Ilse Grubrich-Simitis erweitert und aktualisiert.

Erstgespräch. Er hat sich zweimal, 1976 und 1978, damit auseinandergesetzt: »Im Sprechstundeinterview bei Freud. Technische Überlegungen zu Freuds Fall ›Katharina‹« und »Das psychoanalytische Erstinterview und seine Methode. Ein Nachtrag zu Freuds Fall ›Katharina‹«. Ich gebe am Ende des Buches weitere Lektüre zur psychoanalytischen Erstuntersuchung an, weil es nicht in der Absicht dieses Buches liegt, die verschiedenen Zugehensweisen von einer Befragung oder Exploration bis zum psychoanalytischen Dialog und die Art und Weisen der Aufzeichnung und Diagnostik zu referieren. Selbstverständlich ist, daß jemand, der ein psychoanalytisches Erstgespräch mit einem Patienten unternimmt, sich zumindest in psychoanalytischer Ausbildung befindet und über ein Grundwissen der psychoanalytischen Theorie verfügt, daß er eigene Erfahrungen in einem persönlichen psychoanalytischen Prozeß machte oder macht.

Dem Leser und dem zukünftigen Psychoanalytiker, der mit der Praxis und daher mit dem Erstgespräch beginnt, möchte ich auf etwas Neues bei den vorgestellten Patienten in diesen Erstgesprächen aufmerksam machen. Bereits 1913 beschreibt Freud die Situation des Psychoanalytikers, der einen Patienten in Behandlung nehmen möchte, folgendermaßen: »Die Einsichtslosigkeit der Kranken und die Unaufrichtigkeit der Ärzte vereinigen sich zu dem Effekt, an die Analyse die maßlosesten Ansprüche zu stellen und ihr dabei die knappste Zeit einzuräumen« (Freud, 1913c, 460). An dieser Situation hat sich bedauerlicherweise nichts geändert, im Gegenteil: sie hat sich verschlimmert. Damit, daß in einigen wenigen Ländern in Europa die Kosten einer psychoanalytischen Behandlung von den Krankenkassen übernommen werden, wurde zwar günstigerweise breiteren Bevölkerungsschichten eine psychoanalytische Behandlung grundsätzlich ermöglicht; der Nachteil liegt jedoch in dem aufgekommenen Mißverständnis, daß Psychoanalyse ohne wirkliche unbewußte Motivation und Mitarbeit des Patienten möglich sei. So kommt oft der Patient von heute auf Empfehlung seines Arztes, weil er jetzt als *ultima ratio* Psychotherapie haben will; beziehungsweise diese soll das bewirken, was der Arzt mit seinen Möglichkeiten bisher nicht vermochte. Die Heilungsform wird in der Regel als magisch postuliert, und so fragen dann auch viele Patienten nach Hypnose. Diese Patienten stehen mit ihrem Leiden unter einem besonderen Druck: nämlich zu wissen, daß es doch einen – wenn auch ihnen unbekannten – Weg ihrer Heilung gibt, der ihnen scheinbar bisher vorenthalten wurde. Sie setzen ihrerseits den Analytiker unter Druck, der daraufhin in Bedrängnis oder Beweisnot geraten kann oder aber Kompromisse eingeht, die der psychoanalytischen Behandlung nicht unbedingt gedeihlich sind.

Ob die Patienten ihre Beschwerden, Störungen, Hemmungen oder Unfähigkeiten als Krankheit bezeichnen, hat die Analytiker bisher nicht zu sorgen brauchen. Heute, gegenüber den Krankenversicherungen, kann die Abgrenzung von »psychisch gesund« und »krank« für den Analytiker schwierig werden; denn das kassenärztliche Versorgungssystem hat eine eigene Definition von dem, was psychoneurotische Krankheit und Heilung bedeutet. Davon abgesehen, sind die Gesichtspunkte der Verpflichtung der gesetzlichen Krankenkassen bei der Kostenübernahme für Behandlungen in den üblichen Regelungen zur organischen Behandlung verständlich. Der Patient in psychischer Behandlung neigt – anders als ein Patient in organmedizinischer Behandlung – zwangsläufig im Widerstand zum Agieren gegen den Psychoanalytiker, der damit, vom Honorar her gesehen, unter Umständen die Kosten der Krankheit des Patienten zu zahlen hat – ein unbewußter Wunsch des Patienten –, wenn dieser nämlich agierend beispielsweise von der Analyse fernbleibt. Der Analytiker kann mit seinem geregelten Stundenplan, der Ruhe für die Arbeit mit dem Unbewußten garantiert und Willkür ausschließt, ausfallende Stunden nicht einfach anders besetzen.

Ein weiteres ist zusätzlich belastend: daß der Psychoanalytiker sich um die Honorierung durch die Versicherung beziehungsweise Krankenkasse *selbst* mit einem ungewöhnlich ausführlichen Gutachtenantrag mit mehrfachen Nachbeantragungen bemühen muß; eine Versorgung des Patienten also. Ein Dritter, der Gutachter, enthält aus dem psychoanalytischen Dialog gewonnene, höchstpersönliche Daten des Patienten wie des Psychoanalytikers. Dazu gerät der Psychoanalytiker hier unter Erfolgsdruck; – es ist an sich verständlich, daß die Krankenversicherung eine erfolgreiche Behandlung für ihre Patienten wünscht. Nichts aber ist schädlicher für die analytische Behandlung als schnellen Erfolg, Erfolg überhaupt, anzupeilen, Heilung anstatt Erforschung zu intendieren. Im Verlauf der zwei Jahrzehnte nach der Einführung der Leistung durch die Krankenkassen ist in den Beantragungsformularen zur Kostenübernahme das Wort »Psychoanalyse« sogar verschwunden. Doch die Methode wird nötigend herangezogen und ihr Erfolg am Verschwinden der Symptome gemessen, während es in der Methode liegt, möglichst lange Zeit Symptome geradezu aufzuwerfen, und die Kunst darin besteht, diesen Prozeß permanent aktuell zu halten. »Für den Psychoanalytiker wird unter den heute waltenden Umständen eine Affektstrebung am gefährlichsten, der therapeutische Ehrgeiz, mit seinem neuen und viel angefochtenen Mittel etwas zu leisten, was überzeugend auf andere wirken kann« (Freud 1912e, 381). Für den scheinbar aufgeklärten Patienten kann also Psychoanalyse zu einer ärztlichen und psychologischen *Dienstleistung* werden, welche geradezu einforderbar ist. Ein solcher Patient ist ahnungslos, daß ihn dieser Prozeß Arbeit, innere psychische Arbeit, über lange Zeit kostet, wenn eine dauernde Verbesserung seiner psychischen Situation eintreten soll. Eine Anmeldung am Telefon lautet dann etwa: er »soll« oder er »will jetzt Psychotherapie haben«. Auch die bloße Frage am Telefon danach, ob ein Behandlungsplatz frei sei, die heutige Form der Standardanmeldung, entwertet das psychoanalytische Verfahren als Beziehungssituation zwischen Analytiker und Patient noch weiter: als sei es nur der Platz, der dann die Zu- oder Umstände des Lebens verbessere. Diese Situation kann die Kommunikation in einem Erstgespräch nur verzerren. Die Tatsache, daß durch populäre Veröffentlichungen und psychoanalytische Partialausbildungen für Beratung und andere Situationen sich eine Fachterminologie ganz allgemein verbreitet hat, führte zu dem rationalisierenden Gebrauch von Redeweisen wie »Konfliktauflösung«, »Durcharbeiten«, notwendiger »Trauerarbeit«. Im instrumentellen Gebrauch dieser Begriffe formiert sich bereits die Abwehr. Wissenschaft soll mit höchstmöglicher Effizienz »Praxis« ermöglichen. Dieser gesellschaftlichen Auffassung von Psychoanalyse mit einem Verlangen nach maximaler Effektivität könnte man ein Gedankenspiel entgegensetzen: daß man am Anfang einer Krankheit den Patienten zuerst psychisch untersuchen würde – von Traumata, Infektionen und sonstigen Notfällen zunächst abgesehen –, und zwar im Hinblick darauf, als wer und wann, zu welchem lebensgeschichtlich relevanten Zeitpunkt, der Patient in seinem Leben krank geworden ist und wie er die Krankheit erlebt und trägt. Den Weg zu einer körperlichen Behandlung brauchte das nicht zu versperren. Vielleicht würden manche Patienten in den Sprechstunden der Internisten, Neurologen, Hautärzte, Gynäkologen nicht mehr ankommen, was eine Entlastung und damit einen Vorteil für die verbleibenden organisch kranken Patienten bedeuten würde. Die Patienten, die einer organmedizinischen Betreuung bedürfen, könnten immer noch zu ihrem Arzt kommen; doch vielleicht könnte dann die Art der Behandlung ihren persönlichen Bedürfnissen besser angepaßt werden. Für den Arzt und seinen Patienten mit psychovegetativen, psychosomatischen, hypochondrischen und neurotischen, letzteres heißt konversionsneurotischen und damit hysterischen Beschwerden scheint es bis jetzt weniger kränkend und finanziell ersprießlicher, einen Patienten mit irgendwelchen Medikamenten, Psychopharmaka, Reizströmen (!) und anderen Anwendungen zu behandeln, als zu bekennen, daß man als Arzt diesem Patienten selbst nicht helfen kann. Kommt es gelegentlich zur Weiterleitung durch den Facharzt an den Psychoanalytiker, geschieht es in der Regel in der oben geschilderten Manier als *ultima ratio* und selten mit einer guten Vorbereitung auf die Andersartigkeit der möglichen Behandlung. Hier zeigt sich die Kehrseite der Idealisierung, die dem Analytiker die Unsicherheit, die er mit allen anderen teilt, nicht zugestehen will.

Die dargestellten Fälle mögen Verwunderung auslösen insofern, als der mit der Praxis unvertraute, aber in der Freudschen Literatur belesene Leser und junge Psychoanalytiker etwas vermißt: Störungen der Sexualität als zentrale Thematik in der Weise, daß führend das Genitalprimat betroffen ist. Orale, anale und phallische Fixierungen der Libido und ihre sich daraus ableitenden Störungen sind Störungen der psychosexuellen Entwicklung auf früheren Stufen. Seit mehr als zwei Jahrzehnten wird darüber geklagt, daß es den »klassischen Fall«, dessen Symptomatik durch Verdrängung – eine reife Form der Abwehr – entstanden ist, den, um sein gelerntes Wissen anzuwenden, zu bestätigen und zu erweitern, der Ausbildungskandidat als ersten und zweiten Patienten behandeln sollte, kaum mehr oder gar nicht mehr gibt. In der Folge sucht der Kandidat in der Regel lange ergebnislos nach diesem »klassischen Fall« einer Hysterie, Zwangsneurose oder Phobie mit ihren typischen Symptomausbildungen, was ihn Zeit seiner Ausbildung kostet. Außerdem gibt es dann schwierige Fallvorstellungen in Seminaren und in den die Ausbildung abschließenden Kolloquien, wo die Ausbilder oft schwer über die gereifte Fähigkeit des Kandidaten als Analytiker zu urteilen vermögen, weil der sogenannt »schwierige« oder »frühgestörte« Fall eine Überforderung darstellen kann. Die Erkrankungen von heute bestehen in vielfältigen Störungen mit prägenitaler sexueller Symptomatik in Fixierung auf orale, anale und phallische Entwicklungsstufen der Sexualität. Es gibt viele Psychoanalytiker, die das nicht wahrgenommen haben und in der Folge die Behandlung prägenitaler Konfliktkonstellationen übergehen, um direkt die gescheiterte ödipale Konstellation in klassischer Manier zu behandeln, eine Behandlung, die ihrerseits scheitert, weil beim Patienten die Voraussetzungen dazu fehlen. In diesem Zusammenhang habe ich eingangs auf den notwendigerweise orthodoxen Ansatz in Deutschland nach der Wiederaufnahme der Psychoanalyse als Wissenschaft und Behandlungsform hingewiesen. Die klassische Neurose mit einer Verdrängungssymptomatik, die um den Ödipuskomplex kreist, scheint es kaum mehr zu geben. Die ödipale Situation aber ist und bleibt der Wende- und Reifepunkt am Ende der frühen Kindheit mit dem Erwerb des Überichs durch Aufgabe der Objektbesetzung und folgenden Identifizierung mit dem Objekt sowie Desexualisierung und Sublimierung der übrigen libidinösen Strebungen, und so gehört sie auch heute in jede psychoanalytische Behandlung, nur daß die tragenden Voraussetzungen zuvor geschaffen sein müssen.

Wie es kommt, daß dagegen narzißtische Neurosen mit der Vermeidung der libidinösen Reifung in der Praxis der Psychoanalytiker in *allen* Ländern zugenommen haben, ist nicht eindeutig erklärbar. Skizzenhaft möchte ich einige Aspekte aufgreifen und zur Diskussion anregen. Die tiefen Erschütterungen durch den Ersten und Zweiten Weltkrieg, die eine Veränderung der bürgerlichen Welt unausweichlich mit sich brachten, haben zu neuen *Wertbegriffen* geführt. Die Infragestellung der alten Wertbegriffe, oft zunächst durch pure Umkehrungen, hat noch lange nicht zu einer Balance geführt. Die Aufgabe der Erziehung mußte in höchster Weise verunsichert sein und in Frage gestellt werden, nachdem im Dritten Reich zur Inbetriebnahme einer Tötungsindustrie und zum Größenwahn erzogen worden war. Wenn sich nach dem

Zweiten Weltkrieg die wenigen überlebenden, erfolg- und sieglosen Väter, die sich in einem Wirtschaftswunder regenerierten, zum Teil aufs neue der Grenzsetzung oder dem Verzicht entzogen, waren konstituierende Voraussetzungen des Ödipuskomplexes weiterhin in Frage gestellt. Jeder externalisierte Konflikt der Eltern, der das Kind auf lange Sicht in projektiver Weise mit einbezieht – daß es beispielsweise besser leben sollte als der Elternteil selbst – oder gerade nicht –, muß die Entwicklung stören. Daß heftiges Agieren der Eltern immer auf Kosten einer gesunden psychischen und geistigen Entwicklung der Kinder geschieht, weiß der Volksmund. In der Psychoanalyse wird wenig darüber geschrieben. Eindrücklich ist ein Fall, der abwechselnd von den Eltern extrem gratifiziert wurde, von Helene Deutsch 1955 als »The Impostor« beschrieben worden. Hier wird deutlich, wie der Konflikt *zwischen den Eltern* zu einer *Verinnerlichung* dieses *Konflikts* nun *im Kinde* zwingt. Der eigene Gebrauch des Kindes aus der Not der Eltern heraus stellt die Forderung Donald W. Winnicotts nach einer fördernden Umwelt auf den Kopf. Der Neid beispielsweise auf des Kindes oder Jugendlichen mögliche bessere Zukunft, verglichen mit der Realität, die sich für das eigene Leben ergab, muß ein wesentlicher Impuls gewesen sein, der Generäle beispielsweise 1945 bei der Kapitulation Berlins 20.000 Sechzehnjährige das Olympiastadion »verteidigen« ließ, die dann in dieser Arena ihr Leben ließen. Die mangelnde Glaubwürdigkeit und die dringliche Frage, was *wahr* und *falsch* sei, hat zu einer tiefen Entzweiung unter den Generationen geführt. Erziehung im fördernden Sinn für das Kind oder den späteren Jugendlichen ist bereits mit dem Dritten Reich zutiefst verunsichert. Jede Vorenthaltung phasenspezifischer objektaler oder instrumentaler Entwicklungsanreize aber wirkt als Deprivation (Shengold, 1989). Bezogen auf die zur Analyse kommenden Patienten bedeutet das, daß weit mehr an einer *tiefen Verunsicherung* und *Identitätsfrage* aktuell leiden als unter einer vorrangig gestörten Sexualität. Daß auch sie in der Folge gestört ist, stellt sich in der Regel sehr viel später in der Behandlung heraus. Die so oft nicht ausreichend konstituierte ödipale Situation, zu der ein Sich-zusammen-gehörig-Fühlen des Elternpaares gehört, läßt präödipale Strebungen ausufern und so eine sich nicht unter das Genitalprimat subsumierende Sexualität entwickeln. Letztere folgt dann Partialbefriedigungen oraler, analer und phallischer Natur. In dieser Form wird Sexualität in polymorph perverser Weise nachgegangen, sie wird durchaus gelebt, befriedigt; gesellschaftliche Einflüsse, z. B. permanente Ersatzbefriedigung durch Konsum können hier leicht Raum gewinnen und kommen der Bindungsunfähigkeit entgegen, so daß diese nicht als Mangel angesehen zu werden braucht. Im psychoanalytischen Prozeß müssen über lange Zeit diese frühen Störungen der Libido- und Aggressionsentwicklung behandelt werden, bis sich die ödipale Situation überhaupt entwickeln kann.

Es gibt noch einen möglichen anderen Grund, der die klassische Neurose aus dem Zentrum der analytischen Praxis verdrängt haben mag: Die Aufklärung über die Möglichkeit psychischer Hilfe ist mit Sicherheit gegenüber einer Zeit von vor mehr als fünfzig Jahren weit fortgeschritten, so daß eine große Zahl »nicht-klassischer« Patienten, die es damals ebenso gegeben haben könnte, heute wirklich die Praxis des Analytikers aufsuchen.

Das Thema dieser Verschiebung der Krankheitsbilder mit einem Schwerpunkt auf prägenitale narzißtische Störungen kann hier nicht weiter ausgearbeitet werden. Die *Anatomie der menschlichen Perversion* (Janine Chasseguet-Smirgel, 1984) zu kennen – heute finden sich diese Zuflüsse in vielen Psychoneurosen – und in Behandlungen zu berücksichtigen, ist wesentlich schwieriger als die Behandlung sogenannter klassischer Neurosen. Doch sind derartige Kenntnisse über Perversionen und die in der Behandlung anzuwendende Technik immer dringlicher und bedeutsamer geworden.

Neben dieser Betonung der Einflüsse auf die Neurose durch perverse Symptomatiken möchte ich abschließend auf Lochs (1975) Arbeit »Der Analytiker als Gesetzgeber und Lehrer« verweisen, die die »»Nach‹-klassischen psychoanalytischen Untersuchungsfelder« ausdrücklich darstellt, ein Beitrag unter den vielen seiner Arbeiten, die bisher nicht genügend in die psychoanalytische Praxis integriert sind.

Das *Setting* und einige Implikationen

Ich möchte im folgenden Grundgegebenheiten und Handhabungen darstellen, die für die Konstituierung des Rahmens, des sogenannten Settings, eines psychoanalytischen Erstgesprächs wichtig sind. Sie werden nicht immer in ihrer aktuellen Bedeutung wie möglichen Verbindung mit einer unbewußten Bedeutung reflektiert und können sich daher über die aktuelle Situation eines psychoanalytischen Erstgesprächs hinaus in einer späteren Behandlung unbemerkt als Parameter auswirken. Für letzteren jedoch gilt, daß er vom Psychoanalytiker bewußt eingesetzt und in fortschreitendem analytischem Prozeß deutend wieder zurückgenommen werden sollte.

Der Rahmen gibt zunächst dem Patienten, zu einem Teil über ausdrückliche Vereinbarungen, eine Orientierung. Er konstituiert Regeln, die Freud eher vorsichtig als »Ratschläge« bezeichnete, weil er nicht nur der je persönlichen Handhabung eines Psychoanalytikers freien Raum geben wollte, sondern auch, weil sich der psychoanalytische Prozeß, aus dem Unbewußten kommend, eigenständig und in seiner Dynamik nicht ohne weiteres kontrollierbar entwikkelt. Die Regeln tragen den Charakter von Grenzlinien; ihre allzu starre Verwendung kann daher in eine absurde Szenerie, eine bloße Imitationen von Psychoanalyse führen. Ein Beispiel dafür ist, daß ein Patient wegen des Stundenendes mitten im Satz abgebrochen wird. Die Regeln als Grundgegebenheiten gut zu kennen, sie internalisiert zu haben und sich ihrer dennoch immer wieder zu erinnern – vor allem dann, wenn Übertragung und Widerstand Höhepunkte erreichen –, macht den Umgang des Psychoanalytikers mit ihnen aus. Es sei nur angedeutet, daß sich genau an diesen Stellen die Probe auf das Verstehen und Deuten des hier am Rahmen aktualisierten Konfliktthemas ereignet.

Am Beginn aller Begegnungen mit dem Psychoanalytiker steht die erste Terminvereinbarung; einseitiger dagegen wird vom Analytiker ausgehend die Dauer der Stunde, meistens fünfzig Minuten, dem Patienten vor Beginn des Erstgespräches mitgeteilt. Dieser Rahmen dient dem Schutz des Patienten, des möglichen späteren Analysanden, wie dem des Psychoanalytikers. Bei aller Freiheit, die die analytische Stunde einräumt, ist es ein unausgesprochener Schutz vor Willkür für beide Seiten, zumal das Unbewußte keine Grenzen kennt. So zum Beispiel, wenn wegen der angeblichen Wichtigkeit des Besprochenen das Stundenende großzügig überschritten wird. Die Wichtigkeit solcher Inszenierung kann dann darin bestehen, daß der Analysand das Erlebnis des Gefühls mangelnder Empathie und Bereitschaft – wenn also der Psychoanalytiker die Zeit nicht über das Stundenende hinaus verlängert – für sich wiederholen möchte. Das Setting aktualisiert und leitet das unbewußte Konfliktthema in den Behandlungsprozeß im Dienste des Aussprechens ein, was eine Patientin Freuds als die »talking-cure« bezeichnete (1910a, 7). Die aktualisierende Wirkung beinhaltet der Rahmen von Anbeginn. Er ist vergleichbar einem in die freie Landschaft gesetzten Rahmen. Dieser so gesetzte Rahmen greift aus der Landschaft einen zunächst beliebigen Ausschnitt heraus. Doch durch den Rahmen erfährt die herausgegriffene Landschaft eine Betonung, in der sie gleichzeitig für die übrige Landschaft steht. In der Kunst nennt man das *environment*. Daß der Psychoanalytiker nichts weiter hinzutut – also etwa Ratschläge erteilt –, macht seine *Abstinenz*[5] aus und gehört zum Selbstverständnis seiner Berufsrolle und zu seiner psychoanalytischen Haltung. Zu diesem Nichts-weiter-Dazutun gehört auch die *gleichschwebende Aufmerksamkeit*, die aus dem Erzählten, Dargestellten zunächst nichts betonend, also als wichtig erachtend herausgreift, sondern jedem Detail von seiten des Patienten die gleiche Aufmerksamkeit entgegenbringt. Diese gleichschwebende Aufmerksamkeit findet ihr Ende oder ihre Umkehr an dem Punkt, wo unbewußte Zusammenhänge für den Analytiker sinnfällig und interpretierbar werden. Diese Präsenz des Psychoanalytikers kommt der erwartungsvollen libidinösen Besetzungsbereitschaft des Patienten entgegen. Es gibt auch eine aggressiv-intrusive Besetzungsbereitschaft auf seiten des Patienten, die ich nicht unerwähnt lassen möchte. Der Psychoanalytiker erscheint nicht im weißen Kittel, in einer präokkupierten Rolle. Ärzte, die heute ihren Patienten zugänglicher sein möchten und in dieser Manier auftreten, verkennen, daß es für den Patienten sogar Schlimmeres bedeutet, weil sie mit durch diese Situation stimulierten und unausgedrückt bleibenden Phantasien, die sich auf die Person des Arztes beziehen – auch wenn sie letztlich infantilen Ursprungs sind –, allein bleiben; die Herkunft dieser aktualisierten infantilen Wünsche bleibt beiden verborgen, die trennende Deutung entfällt und auf diese Weise muß es zu einer zwangsläufig tiefen Enttäuschung kommen. Dennoch darf gesagt werden, weil es heute nicht mehr ganz selbstverständlich ist, daß der Psychoanalytiker eine Kleidung wählen sollte, die dem Ernst der Situation mit einem Patienten angemessen ist. Jede Form ideologischer Anspielungen, wie sie sich auch in der Gestaltung der Umgebung widerspiegeln kann, beeinträchtigt die notwendige *Neutralität*. Das soll nicht heißen, daß der Analytiker seine Individualität völlig zurücknehmen sollte.

5 Der Leser sei hingewiesen auf die Arbeit von Johannes Cremerius (1984) über den Gebrauch der Abstinenz.

Das Thema der Anmeldung ist weiterreichend, als zuerst angenommen wird. Der Terminvereinbarung mit dem Psychoanalytiker, abgesehen von den Überweisungsfällen, geht eine lange innere organisierende Vorbereitung voraus: unabhängig davon, wie lange dem Patienten dies in seiner Konsequenz schließlich bewußt ist. Nach gereiftem Entschluß zur Psychoanalyse, der für den Patienten und Analytiker glücklichsten Voraussetzung, kommt der Patient von sich aus, aus eigener Motivation. Dann ist auch der potentielle spätere Analysand meistens in der Lage, nicht nur seine Beschwerde und die Krankheitsgeschichte, sondern auch ein Bild von sich, von seiner Person und, übergeordnet, der Entstehungsgeschichte der Krankheit zu geben.

Das Gegenteil, daß ein Patient kommt, der aufgeklärt scheint und bei dem es sich dennoch herausstellt, daß er sich für eine Psychoanalyse keine Zeit einrichten kann oder aber nur kommt, um zu erfahren, daß ihm ein Psychoanalytiker nichts Weiterführendes sagen kann, ist eine Absurdität, ein Verkennen schweren neurotischen Krankseins, kommt aber dennoch vor. Neben dem eigenen früh entstandenen Bedürfnis, einmal eine Psychoanalyse zu machen, scheint die Motivation, entstanden über Kontakte mit Freunden oder Lektüre, am günstigsten zu sein. Bedingt günstig sind die Fälle, in denen vor längerer Zeit ein Arzt anläßlich der Konsultation auf die psychische Genese eines Symptomes verwiesen hat und der Patient über diesem Hinweis nachdenklich geworden ist. Den »geschickten« oder »überwiesenen« Patienten kennzeichnet eine vollständige Ahnungslosigkeit, daß es um einen inneren, d. h. unbewußten Konflikt geht, den zu lösen der Arzt so nicht für ihn leisten kann. Im Hinblick darauf, was mit ihnen zu erreichen ist, verweise ich auf eine Arbeit von Wolfgang Schubart (1985). Hier wird deutlich, wieweit es beim »unmotivierten« Patienten vom »Angebot« des Psychoanalytikers abhängt, die Affekte der Hilflosigkeit und Ohnmacht, in die ein solcher Patient den Psychoanalytiker agierend zum Reagieren und Mitagieren hineindrängt, mittels Sprache ins Bewußtsein zu bringen. Eine gewisse Chance für den »geschickten« Patienten besteht darin, daß man ein- oder zweimal mit ihm spricht, in der Hoffnung, daß sich bei weiterem Leiden eine innere Bereitschaft, eine Ahnung von der psychischen Herkunft des Leidens bildet – sei es, daß diese ihn auch in eine ganz andere Form von Psychotherapie führt.

Da in eine psychoanalytische Praxis sehr wenige Patienten kommen, die eine Analyse machen wollen und können, muß sich der Psychoanalytiker in den Erstgesprächen auch auf andere Patienten einstellen und hier nicht nur diagnostisch tätig sein; er muß außerdem andere psychotherapeutische Indikationen erwägen, unter Umständen auch die Behandlung durch einen Psychiater oder eine organmedizinische Abklärung. Die beiden letzteren Konstellationen sind erfahrungsgemäß selten. Die Indikation für einen psychotherapeutischen Aufenthalt in einer psychosomatisch-psychotherapeutischen Klinik zu stellen, ist für den Psychoanalytiker leichter als für einen Allgemeinarzt oder sonstigen Spezialarzt, für den es unüblich ist, die psychische Motivation und Flexibilität eines Patienten einzuschätzen.

Die heutige Art der Vereinbarung eines Termins erfolgt meistens telefonisch. Schon in diesem Gesprächskontakt geschieht Entscheidendes. Wer die Sprechstunde eines Psychoanalytikers aufsuchen will, hört am Telefon den Klang einer Stimme, die auf ihn wirkt; er erlebt, wie weit der Psychoanalytiker im Moment auf ihn eingeht, um sich ein vorläufiges Bild zu machen. Letzteres muß der Analytiker mit wenigen Sätzen erreichen, um möglichst zu wissen, ob ein psychoanalytisches Erstinterview indiziert ist. Die Art, wie ich den die Anmeldung auslösenden Grund genannt bekomme, sagt einiges, und wie ich antworte, sagt dem Patienten unter Umständen bereits viel. Manche Entscheidung für eine Analyse mit dem angerufenen Psychoanalytiker fällt bereits während dieser wenigen Sätze. Fehlvereinbarungen sind für beide Beteiligten belastend. Es ist merkwürdig, daß diese am Telefon ertastete Indikation zu einem psychoanalytischen Erstgespräch verhältnismäßig rasch erlernbar ist. Allerdings gibt es keine Kontrolle, um zu erfahren, wer der nicht gesehene Fall war oder was aus ihm wurde. Viele Erstgespräche machen zu müssen, ist nicht nur sehr anstrengend, weil sich jedesmal ein Schicksal und eine Geschichte eröffnet und der Psychoanalytiker diese aufnehmen muß und davon beeindruckt ist; sie bedrängen auch den üblichen Ablauf der sich nach feststehendem Plan vollziehenden psychoanalytischen Arbeit, weil die Erstgesprächspatienten mit den äußeren analytischen Gepflogenheiten unvertraut sind.

Es gibt schriftliche Anmeldungen, sie sind jedoch heute eher die Ausnahme. Sie können einen sehr formalen und auch den Analytiker festlegenden Charakter tragen. Möchte ein Patient aus weiter Entfernung kommen, so wird er Gründe dafür haben. Ein Stück der rationalen Begründung für diesen Aufwand ist dann zumeist im Brief enthalten. In solchen Fällen – manchmal haben sie auch ihre Berechtigung – kann eine möglicherweise übermäßige Aufwertung und besondere Erwartung und Anforderung auf den Psychoanalytiker gerichtet sein, was dieser dann schon als zwingend oder bedrängend erlebt. Der initiale Gesprächskontakt am Telefon läßt dagegen mehr Spielraum.

Briefe können noch anderes verraten. Ich veranschauliche das mit der folgenden Wiedergabe eines Briefes mit der Bitte um einen Termin:

Sehr geehrte Frau Dr. E.,

im Zuge besonderer Bemühungen um Versorgung mit ambulanter, psychologisch-psychiatrischer Therapie wurde im Nachgang eines dahingehenden Ratschlages des Kollegen Dr. Müller meine Aufmerksamkeit auf Ihre Person gelenkt. Zum Zwecke der ersten Kontaktaufnahme meinte ich, zunächst die schriftliche Form wählen zu sollen.

Als Folge einiger, in der Vergangenheit durchgemachter, im wesentlichen kurzzeitiger klinischer Behandlungen habe ich mittlerweile einen im medizinischen Fachjargon bisweilen so bezeichneten, psychiatrischen Status erlangt, wurde ich leichthin mit den unterschiedlichsten Diagnosen etikettiert und damit, bei Lichte gesehen, in nicht eben reliable Lehrbuch-Schablonen gepreßt. Aus meiner eigenen – ganz subjektiven – Sicht indessen glaube ich sagen zu können, daß in der Hauptsache und für den Untersucher am deutlichsten depressive Beschwerden das Krankheitsbild bestimmen: Beschwerden, die auch während der vergleichsweise störungsfreien »Intervalle« nie so recht abklingen, somit in beträchtlichem Maß Lethargie, Hemmung sowie, nicht zum wenigsten, eigentlich ständig untergründig schwelende Suizidalität bedingen. (...)

Dies ist ein krasses Beispiel eines sehr kranken, krankheitserfahrenen, sicher auch verzweifelten Patienten, dessen Diagnose sich beim Lesen des Briefes schon nahelegt. Das Besondere liegt darin, daß ich in Abwesenheit des Schreibenden zum Nachdenken und zu einer Stellungnahme gezwungen werde; hier unweigerlich zu einem Stück Diagnostik im Dienste meiner Distanzierung. Das hat für die erste Begegnung Folgen in der Form, daß die kundgetane Gewichtigkeit ein Vorwissen wie ein Vorurteil erwachsen läßt. Dieser Vorsprung, der zum Vorbehalt wird, ist im Gespräch so leicht nicht mehr einzuholen und wirkt sich im Sinne von Macht aus, weil ein für ein psychoanalytisches Gespräch zu großes Gefälle zwischen dem Patienten und dem Analytiker entstanden ist, ohne daß letzterer das wollte. – Aus dem gleichen Grunde erübrigen sich beim Psychoanalytiker bei Weiterempfehlung eines Patienten an einen anderen Psychoanalytiker die in der ärztlichen Praxis üblichen Überweisungsbriefe, weil sich das Entscheidende – Diagnostik wie Indikationsstellung – in der aktuellen Beziehung entwickelt.

Schließlich möchte ich noch auf kleine Zwischen- oder besser Nachspiele aufmerksam machen: wenn der Patient im Anschluß an die telefonische Terminvereinbarung nach dem

Weg fragt oder ich aus einer unklaren, aber doch inneren, wahrscheinlich durch den Patienten bedingten Veranlassung frage, ob sie oder er wisse, wie ich zu erreichen sei. Das geschieht nicht regelmäßig. Schon hier spielen sich weitgehend unbewußte Prozesse der Einstimmung im Sinne des *attunements* (Stern, 1986) ab, die sich auch als Problematik von Abhängigkeit und Autonomie in der entstehenden Übertragungsbeziehung definieren ließen.

Die Situation, die handelnd bestanden werden muß, ist die, in der der Patient zu früh oder zu spät kommt. Der Psychoanalytiker, in der Regel ohne Sekretärin, muß sich dieser Begegnung selbst stellen. Natürlich hat das verfrühte oder verspätete Kommen des neuen Patienten eine Bedeutung. Deren Klärung, wie die möglichen Eindrücke vom Telefonat, gehören zu dem, was der Psychoanalytiker zunächst im Sinne von Bewahren in sich aufnehmen muß. Der zur vereinbarten Zeit kommende Patient ist für den Analytiker natürlich angenehm. Er verrät in dieser Pünktlichkeit oft schon seine Kenntnisse über psychoanalytische Gepflogenheiten. In jedem Fall ist ein Wartezimmer hilfreich, das diese Bedrängnis aufnimmt. Es ist ebenso hilfreich für die Situation, in der eine Begleitperson erscheint. Es ist auch daran zu denken, daß unter den heutigen Umständen die Patienten oft sehr weite Wege in Kauf nehmen.

Das psychoanalytische Erstgespräch beginnt in dem Augenblick, da sich beide bei der ersten Begrüßung sehen. Dieser Moment trägt auf beiden Seiten eine gesteigerte Erwartung in sich. Es kann schon hier eine Enttäuschung entstehen. Mit der Begrüßung, der leibhaftigen Kontaktaufnahme, entsteht auch für beide Seiten der erste Eindruck; auf der Seite des Psychoanalytikers unter dem Aspekt, ob er sich diesen Menschen als Analysanden vorstellen kann. Auf dem gemeinsamen Weg zum Behandlungszimmer wird neben der Gestalt, die ein Stück weit bei der Begrüßung erfaßt wurde, der Gang, die Beweglichkeit, aber auch die Einstellung zum anderen erlebbar: wie nämlich der Patient den vorgeschlagenen Weg zum Analysenzimmer aufnimmt. Ich lasse meine Patienten nicht hinter mir hergehen, weil ich dies als unfreundlich empfinde. Vorzugehen ist manchen Patienten jedoch unangenehm, weil sie sich beobachtet fühlen. Wenn der Patient vorgeht, kann ich mich seinem Schritt anpassen. Der Patient seinerseits wird vom Moment der Begrüßung an ebenso einen Eindruck von mir haben, und ich repräsentiere mich sogar mit mehr als nur meiner Person, nämlich mit der Art, wie ich meine Praxis äußerlich gestaltet habe. Ich sage damit etwas von meinem Leben, von meinem Denken und von meinen Ansprüchen, überhaupt von mir, indem ich Gegenstände und beispielsweise Bilder so gewählt und so plaziert habe. Bilder über der Couch, etwa noch im Blickwinkel des auf der Couch liegenden Patienten, würden mich zu der Frage veranlassen, wie sehr ich mich den Patienten ins Blickfeld rücke und wie wenig freien Raum ich seinen Phantasien gebe. Für mein Empfinden provoziert das Aufhängen einer Freud-Fotografie die Frage, ob eine präsentative Symbolik hier einen psychoanalytischen Winterschlaf anzeigt. Störungsfreiheit in einem Analysenzimmer muß für die Entfaltung von Unbewußtem garantiert sein. Weder darf draußen von innen her etwas hörbar sein, noch etwa ein Telefon hineindringen.

Der nächste Akt mit dem neuen Patienten ist das Platznehmen. Im Analysenzimmer gibt es, außer Couch und Sessel als klassischem Arrangement, das Arrangement für Gespräche mit selbstverständlich gleichwertigen Stühlen beziehungsweise Sesseln und einem kleinen Tischchen. Dem Patienten lasse ich die freie Wahl. Die meisten Patienten setzen sich gegen das Licht und schauen ins Zimmer. Mir ist das lieb, weil mein Blick nach draußen immer wieder frei werden kann. Die Sessel haben eine Anordnung, die den Blick jeweils am anderen vorbeigehen läßt, also freiläßt. Der aufgenommene Blickkontakt erfährt dadurch eine Betonung. Ganz selten wählt wirklich jemand den ganz andersartigen und einzeln stehenden Sessel hinter der Couch. Wenn das geschieht, bleibe ich noch einen Augenblick stehen und versuche mit dem Satz etwa, ob wir uns nicht hier günstiger gegenüber setzen könnten, die Situation äußerlich etwas aufzufangen. Es ist klar, daß hier jemand in großer Angst und in großer Verleugnung entweder völlig irritiert ist oder bereits eine noch gar nicht erstellte, aber erwartete Situation verkehrt. Eine Deutung in dieser frühen Phase würde ich jedoch als eine sich verbietende Bloßstellung ansehen. Zu einem späteren Zeitpunkt, bei dem sich aus dem bisher Erzählten ein Zusammenhang zu bieten scheint, würde ich in einem solchen Falle diese Fehlleistung oder Fehlorientierung deutend aufzugreifen versuchen.

Wenn ich schließlich mit dem Patienten sitze, erstelle ich für das psychoanalytische Erstgespräch den weiteren Rahmen. Ich schreibe mir Namen und Vornamen auf und notiere Daten wie Adresse und Geburtsdatum.[6] Ich frage auch nach dem Beruf, weil ich mir die Welt des Patienten als Hintergrund vorzustellen wünsche. Mit dieser Frage kann ich allerdings bereits mitten in den Konflikt geraten. Mir ist sie dennoch wichtig, um das, was der Patient erzählt, einschätzen zu können. Schon solche Daten geben unter Umständen einen Hinweis darauf, ob eine Analyse zu ermöglichen ist. Sollten sich schon hier einschlägige Hinweise ergeben, daß die Realisierung einer Psychoanalyse unmöglich ist, verhalte ich mich im Hinblick auf eine unter Umständen erschütternde Aufdeckung der unbewußten Problematik sehr zurückhaltend. Wenn ich hoffen kann, daß eine analytische Behandlung zu ermöglichen ist, dann ist das psychoanalytische Erstgespräch ganz offen und wie eine Probe. Empfehle ich schließlich eine psychoanalytische Behandlung, muß ich in gewisser Weise die sie ermöglichende Realität mit berücksichtigen. Wenn ich

---

6 Es ist auch möglich, diesen formalen Schritt anders zu lösen, etwa vor dem Betreten des Analysezimmers. Er ist in jedem Fall notwendig, um die Verbindlichkeit des psychoanalytischen Gesprächs zu dokumentieren.

also bei den äußeren Daten, z. B. mit der Frage nach dem Beruf, unter Umständen mitten in den Konflikt gerate, dann muß ich unmittelbar das weitere Gespräch sich von hier aufrollen lassen. Vor dem Erstgespräch muß ich auch die Frage der Honorierung stellen, die sich in der Regel mit der Frage nach der Zugehörigkeit zu einer Krankenkasse oder Krankenversicherung klärt. Die meisten Patienten sind heute in einer Krankenkasse oder Krankenversicherung, und damit ist sichergestellt, wie meine Leistung honoriert wird, es sei denn, ein Patient möchte auch gegenüber der Versicherung nichts von seinem Besuch bei mir bekannt werden lassen. Diese Vereinbarung ist damit ausreichend ausgedrückt. In der Regel geht das alles rasch. Zum Rahmen gehört dann die nochmalige Information über die Zeitdauer des Gesprächs. (Die erste Orientierung darüber gebe ich bei der telefonischen Anmeldung.) Ich lege sogar eine kleine Uhr ein wenig aus dem unmittelbaren Blickpunkt zwischen den Patienten und mich auf das Tischchen, so daß ich wie auch der Patient sich leicht orientieren können. Das ändert allerdings wenig daran, daß fast alle Patienten die gegebene Zeit von fünfzig Minuten zu überschreiten versuchen.

Zu meiner Abstinenz gehört, daß ich zu Beginn des eigentlichen Gesprächs jedwedes Schreibzeug beiseite lege und dem Patienten mit meiner Haltung kundtue, daß er nun sprechen beziehungsweise erzählen kann. Zur Abstinenz gehört auch, daß der Analytiker nichts rezeptiert und auch keine Bescheinigungen ausstellt. Sollte eine solche benötigt werden, verweist man ihn auf seinen Hausarzt. Bei Zuleitung des Patienten durch einen ärztlichen Kollegen, der nicht Psychoanalytiker ist, habe ich später einen lediglich das Formale beinhaltenden Arztbrief zu schreiben, was ich dem Patienten zuvor mitteile, oder wovon er eine Kopie erhält, damit meine Situation mit ihm geschlossen bleibt.

Wenn ich meine Aufzeichnungen beiseite gelegt habe, widme ich meine ganze Aufmerksamkeit der sich erstellenden

Beziehung zwischen dem Patienten und mir und wie sich darin über das Erzählte hinaus – ich sage lieber das Gesprochene, weil es die Aktualität mit einschließt – möglicherweise sein Konflikt bereits inszeniert. Ich habe fortan auf verschiedenen Ebenen, die ich integrieren muß, zu arbeiten: Die Beziehung zwischen mir und dem Patienten optimal für den psychoanalytischen Dialog zu fördern, d. h. durch meine analytische Haltung und auch mein Halten im Sinne von Winnicott, die meine Präsenz als Zuverlässigkeit und Gegenwärtigkeit beinhaltet, zu erstellen. Das erfordert meine rechtzeitige Einstellung auf den Patienten, dessen Namen ich mir vor seiner Ankunft noch einmal in Erinnerung rufe, eine Einstellung, ihn anzunehmen, ihn zu verstehen und zu versuchen, das, was ich verstanden habe, ihm zu vermitteln. Das wäre der Beginn des psychoanalytischen Dialogs. Das, was ich in Deutungen fasse oder fassen möchte, muß ich oft zuvor beschreibend herausheben, eine Vorbereitungsarbeit, die Klarifizierung genannt wird. Das innere Gleichgewicht des Patienten muß ich einzuschätzen versuchen, um ihn mit einer Deutung nicht zu überfordern, das heißt, daß ihm möglichst die Einstellung auf ein neues und vor allem günstigeres Gleichgewicht möglich ist. Ich erfahre das, indem sich meine Aufmerksamkeit auch auf Reaktionen des Patienten auf meine Interventionen erstreckt und sie einzuschätzen versucht. Sie können mitmischen oder gestischen Gehalt besitzen, möglicherweise sind es vegetative Reaktionen wie Erröten, Schwitzen oder psychomotorische wie beispielsweise Stottern. Sie können von der affektiv getragenen Äußerung des Bejahens, der Betroffenheit, bis hin zur möglichen Ablehnung reichen. Die Äußerungen, die zur Vertiefung des meinerseits Gedeuteten führen, geschehen durch weitere Erzählung jetzt auftauchender Erinnerungen. Das ist nur dann möglich, wenn beim Patienten eine zum Konflikt gehörige Empfindung, ein Gefühl, berührt wurde, über das weiteres, damit verbundenes Material in Erinnerung tritt – die optimale

Arbeitssituation, in der der Patient weiterführt. In diesem Geschehen ist es nach wie vor unausweichlich, daß ich mich in der Führung des Gesprächs nach dem Vermögen des Patienten richte. Im Falle des Widerstandes muß ich mich über dessen Klärung um Weiterführung bemühen. Es ist das Ziel, daß sich dem Patienten hier eine völlig andersartige Erfahrung seiner Krankheitssicht aus seiner persönlichen Situation und Geschichte vermittelt, die Erfahrung des Zusammenhangs mit seinem Unbewußten. Mein Verstehen teilt sich auf, indem ich einmal für den Patienten da bin, seine Sache fördere, und indem ich gleichzeitig innerlich eine diagnostische Linie verfolge, weil von mir auch eine Beurteilung in der Situation wie darüber hinaus im Hinblick auf eine Indikation zur Psychoanalyse erwartet wird. Wenn mir die Bewegungen auf diesen verschiedenen Ebenen gelingen, dann hat der Patient seinerseits darüber zu empfinden und zu entscheiden, ob dieses Gespräch mit diesem Analytiker ihm hilfreich und sinnvoll war und er in dieser Weise weiterarbeiten möchte. Er allein entscheidet, ob er eine Analyse unternehmen möchte.

Die Problematik der Frage möchte ich an dieser Stelle kurz aufgreifen. Es ist bekannt, daß sie in der Anwendung des psychoanalytischen Verfahrens geradezu verpönt ist. Es gibt auch in der Frage, abgesehen davon, daß sie möglicherweise nichts weiter als eine »Antwort« erbringt, den Charakter des Obszönen. Letzteres hat ein Psychiater, Aron Ronald Bodenheimer (1984), in geradezu überraschender Weise herausgearbeitet. Es ist auch auf die Arbeit von Helmut Thomä, Hartmut Schrenk und Horst Kächele (1985) hinzuweisen, die sich mit der Problematik der Frage in der psychoanalytischen Situation befaßt. Der Leser wird sehen, daß ich im Erstgespräch durchaus frage. Im ersten Gespräch Freuds (1893a) mit »Katharina« sind die Fragen Freuds an »Katharina« auffordendes und geradezu vorwärtstreibendes Agens. Die Psychoanalyse wünscht immer auch einen Denkprozeß anzuregen: »Sie wird zunächst Widerstände, dann aber, wenn deren Überwindung erfolgt ist, einen Denkprozeß anregen, in dessen Ablauf sich endlich die erwartete Beeinflussung der unbewußten Erinnerung herstellt« (Freud 1913c, 477). In diesem Sinne greife ich durchaus auch zur Frage, und zwar als Vermittlung einer forschenden Haltung, die für den Patienten ebenso wichtig ist; denn nur er weiß von seinem unbewußten Konflikt, nicht ich; der Psychoanalytiker lernt nur die Abkömmlinge des Unbewußten kennen.

In nur sehr seltenen Fällen, wenn dem Patienten im Vorausgegangenen das Bedürfnis, sein Leben zu betrachten, zu einem großen und selbstverständlichen Bedürfnis geworden ist, kann eine Analyse bereits am Ende des Erstgesprächs als zukünftige gemeinsame Arbeit beschlossen werden. Weitere Gespräche im Sitzen würden dann die notwendige psychoanalytische Situation der zu beginnenden Psychoanalyse nur verwässern. Das Risiko, das immer in diesem Entschluß liegt, muß gleichermaßen von beiden getragen werden. Bei der Überdeterminierung der ersten Stunde ist es jedoch meistens notwendig, eine zweite Stunde einzurichten. Günstig ist ein solcher Termin in einem zeitlichen Abstand, der eine Woche möglichst nicht überschreitet. In dieser Zeit kann der Anschluß an das erste Gespräch von beiden noch übersehen und geleistet werden. Ich bin dann darauf gespannt, was der Patient aus der ersten Stunde gemacht hat, wie er jetzt fortführt, beziehungsweise das Gewesene aufgreift; denn davon lebt die spätere analytische Arbeit. Es ist wie ein erster Probelauf von Trennung und Wiederkommen; letzteres bedeutet im Sinne von Margaret S. Mahler Wiederannäherung. Es wird sichtbar, wie der Patient mit dem Gespräch umgegangen ist. So sage ich in der zweiten Sitzung zunächst nichts, ich gebe allenfalls, beginnt der Patient nicht von selbst, den Raum in der Weise frei, beziehungsweise fordere indirekt auf, indem ich etwa konstatierend sage: »Wir haben vor einer Woche miteinander gesprochen.« Die Art seiner Fortsetzung verdeutlicht seine analytische Arbeitsfähigkeit. Eine Bedeutung der vergangenen Stunde ist beispielsweise daran erkennbar, daß der Patient erzählt, er sei auf wichtige neue Gedanken gekommen, daß er etwas erinnerte, daß es ihm eventuell hinsichtlich seines Symptoms besser ging, oder er erstmals geträumt hat, daß er – unter Umständen ist das vorzeitig – etwas in einer oder seinen Beziehungen veränderte. Bleibt er jedoch ausschließlich bei der alten Klage, ist der Fall im Hinblick auf die Frage einer psychoanalytischen Behandlung ziemlich entschieden. Eigentlich merkt man das im ersten Gespräch und sollte, um nicht dann enttäuschte Hoffnungen zu erwecken, einen solchen Fall im Erstgespräch bereits beschließen.

Eine zweite Stunde gibt dem Patienten nochmals Raum für die Darstellung weiterer Bedürfnisse und Mitteilungen über sich, oder aber der Analytiker selbst kann seine eigenen Überlegungen, die ihm in der Zwischenzeit gekommen sind, in das Gespräch einführen. Indem zuvor alles offengelassen wird, kann es unter Umständen erst jetzt, durch das zweite Gespräch, zu einer Evidenz im Verstehen kommen. Ganz allgemein sollte man zu diesem zweiten Gespräch eines bedenken und es auch eingangs oder schon früher dem Patienten sagen: daß hier möglichst zu einem vorläufigen Schluß gekommen werden sollte, der die Empfehlung einer Psychoanalyse oder eben eines anderen Weges beinhaltet. Das ist notwendig, wenn sich das nicht schon am Ende des ersten Gesprächs nahelegte und das zweite Gespräch nur noch einmal die Ernsthaftigkeit dieser Entscheidung reflektiert.

Ich halte noch weitere Gespräche für ungünstig, weil sich nicht nur eine innere, stärkere Erwartung des Patienten als Übertragung einstellt, die sich unter Umständen nicht erfüllt, sondern auch, weil jede Verlängerung nicht *mehr* klärt, wichtiges psychoanalytisches Material nur oberflächlich aus dem Kontext herausgreift und den Übertragungswiderstand des Patienten nährt, der mich allzulange im Gegenüber und schließlich auch als unentschieden und unsicher erlebt. Ich habe solche Erfahrung selbst nicht, habe es jedoch mit Kandidaten in der psychoanalytischen Ausbildung erlebt, weil diese sich aufgrund ihrer Unerfahrenheit schwer entscheiden können. Die spürbare Unentschiedenheit gewinnt eine Bedeutung für den Patienten. Alle weiteren Gespräche enthalten immer stärker einen Zweifel, sogar einen deutlichen Beurteilungscharakter. Der Patient muß böse darüber werden, daß ihm angeblich so Gutes, ja Verheißungsvolles, so – wie er meinte – notwendig Hilfreiches vorenthalten wird. Es kann dazu kommen, daß er sich nicht für wert gehalten fühlt. Deshalb auch muß er sich bei mehr Gesprächen von der besten Seite zeigen. Das aggressive Potential, gleich ob über die aktuelle oder vergangene Situation, wird nicht zum Vorschein kommen. Er wird in die genau gegenteilige Situation dessen gebracht, was Psychoanalyse ist. Er muß sich im Dienst der Situation anpassen. Die Situation gipfelt dann für den Patienten in der Frage: Bist du würdig, angenommen zu werden, oder nicht?

Es kann auch sein, daß der Patient sich längst in Behandlung wähnt. Auch das ist eine unglückliche Situation. Jeder Psychoanalytiker erlebt Analysen, die später scheitern. Wenn mir am Ende des zweiten Gesprächs klar ist, daß ich mit diesem Patienten nicht arbeiten kann und möchte, steht offen, ob ein anderer Analytiker es vermag. Ich muß den Patienten das wissen lassen, um ihm den Weg zu seiner Psychoanalyse nicht zu verstellen. Ich nenne dann andere Kollegen und muß alles Weitere dem Patienten und dem möglichen anderen Psychoanalytiker überlassen. – Wenn ich wirklich sicher bin, daß er keine Psychoanalyse machen kann, sage ich das nicht unbedingt direkt. Oft weiß ein solcher Patient gar nicht, was eine Psychoanalyse ist. Die Frage und Klarstellung, was er sich als hilfreich vorstellt, ist dann der wichtigste Zugang zu seiner Beratung. Besteht er wirklich auf dem, was er sich als Psychoanalyse vorstellt, erkläre ich ihm, daß eine solche alles, alle Ängste, alles Durchgestandene noch einmal erweckt und daß er doch soweit, wie es ihm möglich war, diese Dinge meisterte. Es gibt dann noch andere Möglichkeiten, die ich mir im Laufe dieses Gespräches parallel überlege. Sollte der Patient in die Hände eines Psychiaters gehören, bemerkt man das in der Regel sehr bald. Bei psychoanalytisch orientierten therapeutischen Verfahren ist unter Umständen an eine Gruppentherapie zu denken, oder als momentane Entlastung, wie auch Vorbereitung auf eine weitere psychoanalytische Therapie an eine Aufnahme zur stationären Behandlung in einer psychosomatisch-psychotherapeutischen Klinik oder schließlich an eine Psychotherapie im Sitzen als einem niederfrequenten, analytisch orientierten Verfahren, das stützend hilft. In jedem Fall ist für weitere Verfahren aus der Bearbeitung des psychoanalytischen Erstgesprächs die Konfliktthematik, Struktur und Abwehr diagnostisch im Dienste der therapeutischen Zielsetzung verwertbar. Letzteres ist für eine Fokalbehandlung geradezu konstituierendes Element.

Eine weitere wichtige Aufgabe des Erstinterviews ist es, den Patienten zum Analysanden zu machen. Das ist im Grunde von Anbeginn Aufgabe des Psychoanalytikers. Auf ganz äußerliche Weise noch kann sich das ereignen, wenn beispielsweise ein Patient sich durch einen Stellvertreter anmelden läßt und ich versuche, um den eigenen Anruf des wirklichen Patienten zu bitten. Das Erstgespräch, das möglicherweise einen sehr prägenden Charakter hat, ist bereits geeignet, bei der Herausarbeitung eines Themas den Patienten zu ermutigen, einen auf der Hand liegenden Schluß selbst zu ziehen, vor sich und dem Psychoanalytiker auszusprechen. Hier schon kann seine aktive Seite, seine Freude am Erkennen-Können gefördert werden; eines Tages sollte er das in einer Psychoanalyse ja für sein weiteres Leben gelernt haben.[7]

Noch einige Bemerkungen zu den Aufzeichnungen des

---

7 Ein Patient kommentierte das einmal bald nach Beginn seiner Psychoanalyse scherzhaft, aber auch enttäuscht, daß es hier wie in der Schule sei; der Schüler müsse immer selbst übersetzen.

Analytikers. Auch wenn der Psychoanalytiker genügend aufgeschlossen sein muß, daß sich die Inhalte mit den Strukturen letztlich einprägen, ist das Aufschreiben beziehungsweise Schreiben überhaupt eine, wenn auch für manche problematische, aber wichtige Funktion des Psychoanalytikers. Der Arzt ist zur schriftlichen Aufzeichnung der Konsultation, das heißt Anamnese und jeder therapeutischen Handlung oder Verordnung, verpflichtet. Der Psychoanalytiker ist es auch. Schreiben bedeutet einen distanzierenden Erkenntnisakt.[8] Daß dies heute nicht mehr selbstverständlich ist, Psychoanalyse zum unverbindlichen »Gespräch« zu werden droht, zeigt sich darin, daß in der Gebührenordnung für Ärzte (GOÄ) oder des Bewertungsmaßstabes für kassenärztliche Leistungen (BMÄ) in der Bezeichnung der Abrechnungsposition eines psychoanalytischen Erstinterviews die schriftliche Aufzeichnung ausdrücklich genannt wird: »Erhebung einer biographischen Anamnese unter neurosenpsychologischen Gesichtspunkten mit schriftlicher Aufzeichnung einschließlich Beratung des Kranken«. Ursprünglich wurde das psychoanalytische Erstinterview höher honoriert. Ein eingetretener Mißbrauch hat seine alte Honorierung an die wirklich beginnende Behandlung angeschlossen. Das heißt, daß manche Analytiker ein psychoanalytisches Erstgespräch als günstige Einnahmequelle ansahen, was nur in Verkennung seiner komplexen Aufgabe geschehen kann. Das ist bedauerlich, weil im psychoanalytischen Erstgespräch die vorbereitende, diagnostische und beratende Leistung sehr bedeutend ist.

In der Art seiner Aufzeichnung eines Erstinterviews ist jeder frei. Die Unterlagen müssen über zehn Jahre verwahrt und vor dem Tod des Analytikers vernichtet werden, oder der Analytiker muß vor seinem Tod für deren spätere Ver-

---

8 Ich erinnere an die Arbeit von Paula Heimann (1969, 21 f.): »Gedanken zum Erkenntnisprozeß des Psychoanalytikers« mit einem Exkurs über das Schreiben.

nichtung sorgen. Die Beschreibung der im psychoanalytischen Erstgespräch enthaltenen verschiedenen Ebenen ist nicht leicht zu erreichen. Der Akt des Schreibens ist in sich von großer Bedeutung, ist Verarbeitung durch Distanzierung, ein Trennen vom Objekt und eine Gegenüberstellung zu eigenen Gedanken, Gesagtem, Gefühltem, Getanem und im weiteren eine Darstellung für einen Dritten, also schließlich eine Triangulierung. So bedarf das Aufzeichnen einer besonderen reflektierenden Kraft. Es gab ein Schema von Michael Balint, das wesentliche Punkte wie Motivation, Konflikt, Arzt-Patient-Beziehung und anderes herausgriff. Dieses Schema ist erweitert worden und kann beispielsweise bei Peter Kutter (1989) in dem Kapitel »Erstinterview« nachgelesen werden. Es ist zwar erleichternd, gewisse wichtige Punkte herausgegriffen zu beantworten, der innere Zusammenhang, das dynamische Moment des psychoanalytischen Erstgesprächs wird aber dabei zerrissen. Sein Ergebnis ist dann weder nachvollziehbar noch belegbar. Diese Aussagen sind nicht mehr überprüfbar, was beispielsweise für die Beratung von Kandidaten in psychoanalytischer Ausbildung ungünstig ist. Die wiedergebende Schilderung des Ablaufs des Erstgesprächs folgt dagegen der inneren Struktur des psychoanalytischen Dialogs, gleich, ob das Konfliktgeschehen vom Patienten rein sprachlich gefaßt war oder dieses sich schwerpunktmäßig in einer inszenierten Objektbeziehung zum Analytiker darstellte. Dieser Form wohnt ein größerer nachvollziehbarer Protokollcharakter inne, der um so wertvoller wird, wenn im Anschluß die eigenen Gedanken und Folgerungen dazu niedergeschrieben werden. Letzteres ist wieder für die Beratung des Kandidaten wichtig, wenn die Frage ansteht, ob er diesen Fall in Behandlung nehmen möchte. – Es ist eine Erfahrungstatsache, daß Protokolle, die einige Tage später aufgeschrieben werden, unweigerlich strukturierter sind und Verstehensansätze oder gar eine Verstehensstruktur, die sich inzwischen gebildet haben, in den Vordergrund stellen gegenüber der ganz konkreten Schilderung des Ablaufs, wie sie aus der inneren Nähe zum Gespräch sich in der unmittelbaren Niederschrift durchsetzt. Aus meiner eigenen Beobachtung weiß ich, daß meine Einschätzung der Persönlichkeit wenige Tage später durch meine verarbeitende Distanzierung vom ursprünglichen Eindruck und eventuell auch der Beurteilung abweichen kann. Es wäre ein lohnendes Forschungsprojekt, solche in unterschiedlichem zeitlichen Abstand vom gleichen Psychoanalytiker erstellten Berichte zu untersuchen, weil hier der psychoanalytische Arbeitsprozeß recht unmittelbar sichtbar würde.

Das Täschchen
Schuld und Schuldgefühl

Eine Patientin, die mich anrief, mußte wohl zuvor in mehreren Erstgesprächen in Kollision mit einigen meiner Kollegen geraten sein; das ließ sie mich wissen. Der Charakter der Kollisionen war wohl eher der von Kollusionen. Ihre Anfrage klang traurig und zugleich gereizt und provokant. Das bewirkte bei mir, daß ich ihr einerseits rasch einen Termin einräumte und den Weg erklärte, da sie ziemlich weit entfernt in einer kleinen Stadt wohnte. Andererseits jedoch mußte ich sehr bestimmt gesprochen haben. Mein Ton drückte wahrscheinlich eine Spur Ärger in Reaktion auf mein durch die Vorinformation Einbezogen-Sein aus und einen daraufhin vielleicht zu mütterlich bestimmenden Entschluß, als müßten sie und ich jetzt aber aus dieser Situation herauskommen. Sie kam, ein bißchen vor der Zeit. Weil sie nichts dazu sagte, empfand ich das als eine leicht provokative Demonstration, mir gehorcht zu haben. Sie wirkte groß auf mich, und es schien mir, als hätte sie diese Größe in ihrer Kleidung vernachlässigt. Letztere machte zwar einen unaufdringlichen, aber für ihr Alter und ihre Stellung allzu bescheidenen Eindruck. Ihre warmen braunen Augen und das harmonische, auch ausdrucksvolle Gesicht, um das mißlungene braune Locken fielen, nahmen mich für sie ein. Es war, als hätten wir einen Moment lang Blicke ausgetauscht, die etwas sagten wie: »Ein Glück, daß sie da ist.« Dann aber schüttete sie lauthals Ärger, Vorwurf, Anklage aus, auch über mich und meine Art am Telefon. Ich mußte mich innerlich zurücknehmen, und ich tat es auch äußerlich und rutschte in meinem Sessel zurück. Es wäre sinnlos gewesen, mich in diesen Strudel ziehen zu lassen. Ich mußte mich umorientieren, mir klarmachen, daß das, was sich abspielte, ein Leid, eine Kränkung, etwas schwer Erträgliches aus anderer Zeit, von anderer Herkunft ausdrücken mußte. Auch was sich akut mit meinen Kollegen ereignet hatte, konnte nicht der Grund dessen sein, was sie hergeführt hatte, was leidvoll sein mußte und sie so aufbrachte. Während ich mich innerlich zurücknahm, fiel mein Blick auf ein Täschchen mit einem langen Trageriemen, das sie auf den Tisch zwischen uns gelegt hatte, was ich als ungewöhnlich empfand. Es war ganz eindeutig ein geliebtes Täschchen mit den Spuren des Gebrauchs, so daß mir fast schon das Wort »mitgenommen« dafür in den Sinn kam. Doch es war für sie wesentlich genug, um zwischen uns zu liegen. Es war, als würde in all der verwirrenden Aufgeregtheit des Anfangs mein Sinn dort wieder zu sich finden. Auch die Patientin fand zu sich, wechselte die Tonlage und begann von sich zu erzählen.

In den Mittelpunkt ihrer Erzählung rückte sie ihre Mutter und berichtete, diese habe eine übermäßige Bindung an sie. Nun sei sie schon lange über das Alter hinaus, in dem man das Zuhause verlassen hat, aber ihre Mutter übe einen Anspruch auf sie aus und glaube, über sie bestimmen zu können. Viel schlimmer noch sei, daß sie sich selbst davon nicht wirklich lösen könne. Immer habe sie Schuldgefühle, es der Mutter nicht recht zu machen. Als sie nun erzählte, sie sei gerade leitende Oberärztin an einer internistischen Klinik geworden, drängte es mich, nach der Mutter und deren Ausbildung zu fragen, ehe wir uns weiter auf ihre Tätigkeiten und Fähigkeiten einließen; denn sie war für die berufliche Position, die sie angab, noch verhältnismäßig jung, was mich ihre Zielstrebigkeit und Tüchtigkeit erkennen ließ. Die Mutter, so sagte sie, war eine »einfache Frau – Hausfrau, Ehefrau und Mutter« zweier Töchter, von denen die Patientin die ältere war. Ein Bildungsweg mit Abitur und Studium sowie eine aktive und verantwortungsvolle berufliche Tätigkeit, wie sie die Patientin ausübte, lag jenseits eines Vergleichs. Auch der Vater war ein sicher redlicher und fleißiger Mann, der von einer Selbständigkeit in seinem erlernten Beruf nicht einmal geträumt hätte. Das stellte die Patientin ergänzend auf meine Frage zur Mutter dar. Um so erstaunlicher war es für meine innere Beurteilung, daß die Patientin sich so abhängig fühlte. Religiosität und moralische Strenge, die die Mutter vertrat und zu der sie die Tochter gemahnte, banden Mutter und Tochter aneinander, das sagte die Patientin so. Sie versicherte, sich schon mit dieser Problematik weiter befaßt und auseinandergesetzt zu haben, sie könne jedoch dieses Problem und auch die überfrachtete Bindung nicht lösen. Jedesmal, wenn sie eine wichtige Station in ihrem Leben erreicht habe, wie zum Beispiel das Abitur, sei die Mutter krank geworden, sehr krank sogar. An sich hatte die Mutter seinerzeit Wert darauf gelegt, daß die Tochter zum Gymnasium kam. Rückblickend sei ihr das klargeworden. Sie habe der Mutter versichern müssen, sie nicht im Stich zu lassen, nicht zu gehen. Die Mutter war doch nicht allein, der Vater lebte, und so ging ich der inneren Frage nach, ob das alles gut von der Patientin zurechtgelegt sei, sozusagen psycho-logisch. An der Heftigkeit der Reaktion der Mutter war dagegen kein Zweifel, ungewöhnlich jedoch das abverlangte Versprechen. Angefangen habe es beim Abitur der Patientin mit einem Unfall der Mutter, einem Wirbelbruch. Das hatte der Mutter sozusagen vorübergehend den Halt genommen. In kaum mehr als einem Jahrzehnt habe sich die Häufigkeit von Erkrankungen dann bis zu einer vorzeitigen Hilfsbedürftigkeit gesteigert. Ich suchte innerlich nach dem Lösungsversuch der Patientin und dem Grund für die übergroße Bedeutung, die sie als Tochter für die Mutter hatte. Ihre Erzählung ging über in die Geschichte ihrer Partnerschaften, womit sie meiner inneren Frage nach der Lösung nachkam. Sie hatte derzeit eine seit mehreren Jahren bestehende »Beziehung auf Distanz«, wie sie es nannte. Diese bestand darin, daß sie und ihr Partner zwar vieles teilten und auch gern teilten, aber daß sie ihr Interesse und ihre Arbeit ganz bewußt auseinanderhielten; auch menschliche Probleme peilten sie aus unterschiedlichen Perspektiven an, während ihre Hingabe an die Arbeit von der gleichen Intensität und Selbstverständlichkeit waren. Doch klagte sie dann darüber, daß ihr Freund für ein Familienleben keinen Sinn habe, während es ihr sehnlicher Wunsch sei, doch eines Tages eine Familie zu haben. Sie wünsche sich eine »normale Familie und also auch Kinder«. Als sie dann von ihrem früheren Freund und der sicher – wie sie sagte – allzu engen Beziehung zu erzählen begann und dabei weinte, schienen sich die Gegensätze abzulösen. Der frühere Freund habe lange ganz eng mit ihr gelebt. Wechselseitig hätten sie sich die Wünsche von den Lippen abgelesen. Es sei nicht leicht gewesen, in dieser Bindung, die eher eine Verpflichtung darstellte, Kraft genug für den beruflichen Weg zu finden. Diese langjährige Beziehung sei abrupt aufgelöst worden. Erneut begann die Patientin zu weinen, sie habe so große Schuld, sagte sie. Ich war überrascht, erschrocken, und die Patientin erzählte nun von diesem Freund, der in der späten Schulzeit ihr erster Freund war. Sie hätten sich sehr geliebt. Sie sei völlig unerfahren gewesen. Die einzige »Aufklärung« durch ihre Mutter habe in der Ermahnung bestanden, daß sie kein uneheliches Kind bekommen dürfe. Sie habe erst ihre Gefühle als verliebte Gefühle begreifen müssen und sei dann zu einem Arzt gegangen, um sich die Pille verschreiben zu lassen. Dieser habe gemeint, sie brauche sie nicht, sie bekomme sowieso keine Kinder. Dafür gab er anatomische Gründe an, die bei ihr vorgelegen hätten, und als damals Achtzehnjährige habe sie das »gläubig« hingenommen. Kurze Zeit später sei sie schwanger gewesen. All das fiel in die Zeit ihres Abiturs, das sie mit 18 Jahren früh ablegte. Sie habe keinen Weg für das Kind gesehen und sich rasch zur Abtreibung entschlossen. Ahnungslos war sie, daß ihr Freund ihr das zu späterer Zeit sehr übelnehmen würde und ihr – wie sie weiter erzählte – vorhielt, sie habe ihn um sein Kind gebracht. Nicht nur dieser die Freundschaft beendende Aspekt der Schuld, sondern auch das Schuldgefühl, ihr

Kind abgetrieben zu haben, habe sie seither nicht mehr losgelassen. An dieser Stelle der Erzählung weinte sie sehr. Als sie mich schließlich erwartungsvoll ansah, sich wohl ganz schuldig fühlte, verstand ich nicht nur, daß sie eine Antwort erwartete, die sie möglicherweise endlich von der Schuld entbinden würde, ich verstand gleichzeitig den Weg, der uns zu diesem Punkt geführt hatte. Begonnen hatte er zwischen uns mit einer Art Gezeter und meiner Entschiedenheit, daß sie aber jetzt hierherkommen solle. Das ähnelte wohl verschiedenen Verhaltensaspekten zwischen ihr und der Mutter. Ich konnte ihr nun einen größeren Zusammenhang aufweisen und hatte dabei ein auch meine Anspannung lösendes Empfinden. Ich sagte, daß ihr vielleicht etwas später Lösungsversuch von der Mutter mit 18 Jahren, wenn die Bindung vorher sehr intensiv war, ein doch ganz »normaler« war, zumindest im Sinn ihrer Mutter, nämlich einen Freund zu haben und ein Kind zu bekommen. Diese Lösung habe ihrem Gefühl, ihrem Alter, der Vorstellung ihrer Mutter entsprochen, nur nicht ihrer Vernunft, die eine größere berufliche Zukunft aufzubauen und auszufüllen plante. Diese beiden Wege seien schwer miteinander vereinbar, jedenfalls in jenem Lebensalter; sie habe den »vernünftigen« Weg vorgezogen. Diese Wahl aber habe ihr – und daran habe sie zuvor nicht gedacht – Schuld eingebracht und ein Schuldgefühl, das sie nicht mehr losgelassen habe. Letzteres, weil sie sich nach den moralischen Maßstäben ihrer Mutter beurteile, und das stelle ein Stück ihrer Verbindung, ja Treue zur Mutter dar. Die Patientin berichtete, daß sie mit ihrer Mutter darüber gesprochen hatte und diese das nie habe verstehen können. Sie könne sich sehen, wie sie die Stimme der Mutter übernommen habe und vielleicht noch strenger mit sich geworden sei als die Mutter früher. Sie habe doch zugleich so dringend Ärztin werden wollen. In diesem Wunsch war viel Bereitschaft enthalten, für andere dazusein und zu helfen, auch der Mutter. Ihr Wunsch, die mit hoher Verantwortung befrachtete berufliche Aufgabe voll zu erfüllen und eine eigene Familie zu haben, bedeutete eine große Anforderung. Für das Leben ihrer Mutter war solches gar nicht vorstellbar gewesen. Die Patientin hatte es bisher vermieden, sich im Hinblick auf ihr Gewissen mit der Bedeutung dieser Anforderungen, die ein völlig verändertes Leben mit sich brachte, auseinanderzusetzen. Die Welt ihrer Mutter hatte sie durch Abitur und Studium zu weit hinter sich gelassen, als daß noch die Regeln und Gepflogenheiten einer eng und einzig aufeinander bezogenen Familie für ihr heutiges Leben hätten gelten können. Sie hatte eine große Entwicklung gemacht, die sie aus ihrem Gewissen heraus – sie verließ die Eltern ja nicht nur äußerlich – noch nicht fassen konnte. Das nicht ausreichend von ihr modulierte Gewissen externalisierte sie daher in jedes ihr autoritär erscheinende Gegenüber. Als ich das aufzeigte, konnte ich mit der Patientin sehen, wie sehr sie eingangs meine Hilfe und meinen Appell gegenüber den anderen aufrief, um sich dann mit mir anzulegen. Sie konnte nun erzählen, daß sie mit der Zusage, zu mir zu kommen, plötzlich lauter Vorhaltungen verbunden hatte. Entsprechend hatte sie sich über mich empört. Das gleiche mußte zuvor mit den anderen Analytikern, mit denen sie nicht zurechtgekommen war, geschehen sein. So erhellte sich dieser inszenierte Anfang, an dem wir hätten scheitern können. Es war für die Patientin wie für mich klar, daß diese konflikthafte Verflechtung mit der Mutter so gravierend war, daß früher weder der Vater, noch später die Vater-Figuren, die sie in den Analytikern aufgesucht hatte, ihr heraushelfen konnten, und diese Verflechtung in einer Analyse zu einer bearbeitenden Klärung und Akzeptanz ihre Zeit brauchte. Darüber bedurfte es keiner weiteren oder besonderen Verhandlung mehr.

Psychoanalytische Überlegungen

Als ich am nächsten Tag das Interview aufschrieb, erschien als erstes in der Erinnerung vor mir die kleine mitgenommene Tasche mit dem langen Schulterriemen auf dem Tischchen zwischen uns. Jetzt begriff ich diese Tasche als Bild ihrer so mitgenommenen weiblichen Identität, um die es die ganze Zeit gegangen war. Ich versuchte, mich zu erinnern, was ich eigentlich zu dieser Tasche gedacht hatte. Neugierig auf sie war ich nicht gewesen, ich hatte sie nur nachhaltig wahrgenommen, so wie sie da lag. Eine Stunde lang war es um sie, die Patientin und ihre weibliche Eigenständigkeit, gegangen. Ich hatte nicht konkret bemerkt, worauf ich schaute, doch mußte ich das Zentrale ihres Problems mit meinem auf dem Täschchen verweilenden Blick erfaßt haben. Es war nicht nötig und – selbst, wenn es mir bewußt geworden wäre – unmöglich, das *ad hoc* zu übersetzen. Es hätte zu einfach und unglaubwürdig gewirkt, wie ein Wissen aus dem Symbollexikon. Doch daß ich es wahrgenommen hatte und mich später an ein so herausragendes symbolisches Bild als erstes erinnerte, bestätigte mir nachträglich den fruchtbaren Ablauf des Gesprächs, dem die Patientin und ich uns hingeben konnten, die schwere Aufgabe, zwei in so unterschiedliche Richtungen gehende, dennoch sehr weibliche Identifikationen zu verwirklichen: Ärztin und Mutter.

In diesem Erstgespräch hatte sich in einer knappen Stunde für die Patientin und mich ein Verständnis ihrer Problematik entwickelt. Sie war zwischen ihr und mir bereits am Telefon aktuell geworden: Wer kümmerte oder sorgte sich um sie; oder wie bei den Analytikern, die sie vor mir aufgesucht hatte: man verstand sie nicht und vernachlässigte sie. So jedenfalls hatte es sich aus ihrer Sicht ereignet. Mein daraufhin vielleicht leicht betontes Verhalten, etwa nach dem Motto: »Also wenn, dann kommen Sie jetzt!«, in Reaktion auf ihre Informationen, zeigte die Wucht ihres inneren Bedürfnisses, angenommen zu werden und Gewissensanteile zu externalisieren. Um so nachdrücklicher konnte sie sich dann wehren, wenn sie Gängelung und Vorwürfe im anderen wahrzunehmen vermeinte. Das drohte so weit zu gehen, daß die Entscheidung zu einer Analyse beinahe verworfen worden wäre. Die Indikation zur Analyse brauchte der Patientin nach dem Erstgespräch nicht empfohlen zu werden. Sie selbst hatte erlebt, wie sie mit ihrem moralischen Problem umging, wie sehr sie, dieses Problem projizierend, die Menschen um sich veränderte. Ich hatte erlebt und gesehen, wie sie sich auch mit mir zu verwickeln drohte. Gar nicht eingreifend, hatte ich mich zurückgelehnt, um mir und ihr Zeit für einen anderen Eindruck zu lassen, noch ohne jede innere Verpflichtung, Worte finden zu müssen oder Worte für das, was geschehen war. Ich hatte das Gezeter geschehen lassen. Daß es richtig war, zeigte der Verlauf des Interviews. Meine nur für mich und innerlich gestellte Frage beantwortete sich sukzessive in der Erzählung, wie sie mit ihrer Schuld und dem Schuldgefühl nicht fertig wurde. Zuerst stellte sich die Verwicklung mit mir dar, als hätte ich etwas von ihr verlangt oder ihr das Scheitern mit meinen Kollegen vorgehalten. Als ich auf einen so frühen Versuch der Auslegung oder Klarstellung verzichtete und mit meiner Haltung zu verstehen gab, sie dürfe erzählen, sprach sie von der Bindung an die Mutter. Als ich überlegte, ob Lösungsversuche stattgefunden hatten, führte sie das Gespräch auf die tragische Geschichte der in sich natürlichen Lösungsversuche in ihren Freundschaftsbeziehungen. Doch in ihnen war das Scheitern vorprogrammiert. Mit dem Freund aus der späten Gymnasialzeit bestand die Bindung nach der Modalität, in der die Patientin an die Mutter gebunden war. So hatte sie ihm das Recht allein auf seiner Seite eingeräumt, wenn auch nicht ausdrücklich, sie moralischer Verfehlung wegen zu verurteilen. In dieser Beziehung mußte sie sich ganz nach dem anderen richten. Als sich die Freundschaft ihrer Schuld wegen auflöste, wählte sie eine Beziehung, die im Hinblick auf die Nähe völlig im Kontrast zur ersten stand. Eines wurde dann geteilt – und das entstammte ebenfalls ihrer alten Beziehung zur Mutter –: beide fühlten sich ethisch-moralisch in höchstem Maße der je eigenen Arbeit verpflichtet. Und das ließ keinen Platz für ein Kind, für ein familiäres Leben. Auf diese Weise hatte sie nicht sehen müssen, wie sehr sie selbst *im Kampf* mit der Moral und Gläubigkeit der Mutter stand. Vielen Forderungen kam sie nach, ohne zu merken und einzuschätzen, daß es zu viele waren. Der scheinbaren moralischen Niederlage oder dem Anspruch ihres Gewissens und Ichideals entging sie, wenn sie diese Ideale und Forderungen nicht mehr für sich selbst vertrat. So hatte sie die Möglichkeit, all das in einem Außen bekämpfen zu können. Das war eine Fehlentbindung von Anforderung und Schuld, weil sie selbst als die Frau, die sie inzwischen war, das Maß des eigenen Anspruches und Wunsches setzen und regulieren mußte. Meine Deutung, die auf ihre mangelnde innere Auseinandersetzung und fehlende Einschätzung zielte, daß es nicht leicht sei, zwei durchaus weibliche Aufgabenbereiche, die äußerlich so unterschiedliche und unabdingbare Forderungen stellen, miteinander zu verbinden, hatte sich ganz auf dieses Problem der Überlastung gerichtet, das sie im Grunde schon vor der Konzeption bedrückt hatte.

Vater und Schwester waren in der Erzählung nicht vorgekommen. Das hätte das Erstgespräch auch gar nicht gefaßt. Soweit sie die Abfolge der Krankheiten der Mutter genannt hatte, war verständlich, warum die Tochter als Älteste wahrscheinlich einen so gewichtigen Stellenwert für die Mutter hatte. Mehr darüber zu wissen, war zunächst nicht notwendig. Vielleicht hatte die Mutter ein inneres Wissen um ihre mangelnde Widerstandsfähigkeit. Die Auswirkungen der Bindung an die Mutter waren vorrangig. Schon am Telefon hatte ich eine bewahrend-aufnehmende Haltung gegenüber ihren Attacken eingenommen, die dann nochmals sehr nötig wurde, als sie gleich zu Beginn eine Streiterei anzetteln wollte, die ich zu diesem Zeitpunkt ungedeutet ließ. Daß sie streiten *wollte*, hatte sie ja wohl selbst gemerkt. Die Notwendigkeit, die Rolle eines »containers« (Melanie Klein) einzunehmen, zeigte sich nachträglich daran, daß die Patientin fähig geworden war, mir und sich den Faden der Verursachung kontinuierlich aufzurollen: die überstarke Bindung zwischen ihr und der Mutter, die schuldhafte Lösung und die dadurch erneute Rückbindung. Mit dem gewonnenen Verständnis war auch ich entbunden von weiterem Bewahren von Ärger und einem Übermaß unklarer Vermutungen. In dieser Atmosphäre konnten die Patientin und auch ich arbeiten, indem ich mich gar nicht bewußt auf das verließ, was sich zwischen uns ermöglichte. Dieses Vertrauen erwies sich als sinnvoll; vorbewußt hatte ich wohl wahrgenommen, daß diese Frau ihr Leben ernst nahm. Die Frage nach dem Gelingen beziehungsweise Nichtgelingen der ödipalen Konstellation löst Überlegungen aus. Daß die Patientin in ihren Partnerbeziehungen in Extreme verfallen war, symbiotisierend oder später so sehr auf Distanz lebend, und sie trotz ihres Wunsches nach einer Familiengründung dies nicht ermöglichte, sprach für auch prägenitale Störungsanteile beziehungsweise für ein nicht ausreichend aufgelöstes Mutter-Tochter-Verhältnis. Der Ausdruck des hingelegten Täschchens ist das eines Zeigenmüssens, aus Schuld, aber auch aus dem adoleszenten Bedürfnis, auf die eigene Sexualität als eigene Identität zu verweisen, um sich von den Primärobjekten zu lösen, also um geradezu darauf zu bestehen und sich damit zu definieren. Das war noch notwendig und geschah symbolisch.

Ich möchte nicht an der Wahrnehmung der Patientin zweifeln, daß die Mutter ein eigenes Bedürfnis an einer intensivierten Beziehung zur Tochter hatte und daran festhalten wollte. Die Patientin hatte möglicherweise als das erste Kind für die Mutter eine besondere, Halt gebende Bedeutung. Das aber hatte die Patientin auch gestärkt und wertete sie auf. *Ge-*

braucht zu werden war, was sich in der ersten Freundschaftsbeziehung so deutlich widerspiegelte, zur Modalität geworden, das Selbstwertgefühl zu stärken. Der abrupte Wechsel zu einem Freund auf Distanz, der ihre altersentsprechenden Wünsche nach Familie nicht teilte, ein Lösungsversuch, polar zur vorausgegangenen Beziehung, bestätigt nur die nicht voll gelungene Individuierung und die ihr innewohnende aggressive Tendenz zur Wiedererstellung symbiotisierender Beziehungen. Diese Umschläge aktualisierten sich unmittelbar in der Kontaktaufnahme zu mir mit der Verkennung meines Angebotes und der Einbeziehung meiner Person in ein Konfliktgeschehen, in dem frühe Abwehrmechanismen wie Projektion und projektive Identifizierung zunächst vorherrschten. Demgegenüber gab es synthetisierende Ichanteile, die, sobald ausreichende Entlastung bestand, die Patientin analytisch arbeiten ließen, was sich daran zeigte, daß sie die Problematik sinnvoll entwickeln und darstellen konnte. Sie litt an dem gescheiterten Lösungsversuch von der Mutter, der sie nach dem Trauma der Schwangerschaftsunterbrechung durch zusätzliche Schuldgefühle paradoxerweise noch mehr der Mutter und ihrem Wertesystem verpflichtete. Durch diesen verschleppten und vergrößerten Konflikt war die Patientin, trotz ihrer beruflichen Entwicklung, die dem inneren Beziehungsmuster zur Mutter in gewisser Hinsicht in dem Gebraucht- und damit Aufgewertetwerden auch entsprach, unzufrieden, wenn sie es indirekt beklagte, keine Familie zu haben, und ihre weibliche Identität nicht zu dieser natürlichen Entfaltung gekommen war.

Wahrscheinlich war die Mutter krank, bedurfte der ältesten Tochter im Hinblick auf äußere wie innere Hilfe, und in der Folge konnte sie die Orientierungsversuche der Tochter mit ihren Fehlschlägen im Kindesalter wie auch später nicht wie eine Mutter bewahren. Weil mir das offensichtlich gelang, ein *containing*, konnte die Patientin rasch zur Verständigung über sich mit mir fortschreiten. – Dennoch denke ich, daß auch umfassendere Probleme prototypisch in diesem Fallbeispiel enthalten sind. Es ist möglich, vom Erstgespräch aus zu schließen, daß die Wahl der Patientin, Ärztin zu werden, zumindest partiell das Bedürfnis der Mutter nach Nähe und Hilfe in sublimierter Form löste. In dieser Form entfernte sie sich gleichzeitig ungeahnt weit von der Mutter und auch vom Vater, eine Aufstiegsproblematik, die nicht selten ist. Forderungen und Verpflichtungen, in die diese Kinder treten, von völlig anderer Natur als im ehemals engen, aber überschaubaren Familienkreis mit seinen gültigen Normen erlebt, sind überhaupt nicht mehr mit jenen Normen und Werten in einer völlig anders gearteten Arbeitswelt vergleichbar. Die Moral der Mutter kann in der konkreten Weise, wie die Mutter deren Erfüllung verlangt, nicht mehr für die Tochter mit so viel weiter gesteckten Aufgabenbereichen gelten. Die innere Verbindung zur Mutter an diesen Krisenpunkten – Trennung und Moral – war geblieben, was sich die Tochter nicht klargemacht hatte. Selbst wenn sie in der Welt der Mutter mit einer ausschließlichen Zuwendung zu einer Familie verblieben wäre, hätte sie Normen und Werte, die für sie heute gültig sein sollten, überprüfen müssen. Das galt um so mehr für den anspruchsvollen beruflichen Weg, der bereits begann, als sie mit zehn Jahren aufs Gymnasium kam. Die Entfremdung, an der beide leiden, Mutter wie Tochter, macht die in diesem Falle wahrscheinlich nicht zufriedenstellende innere Lösung der Tochter für die Mutter noch schwieriger, und zwar so lange, wie sie sich nicht ausreichend vor Augen hält, daß die Tochter in ihrer Welt lebt mit neuen andersartigen Anforderungen; Anforderungen, die die Mutter sogar einmal bejahte, als sie die Wahl des Besuchs des Gymnasiums akzeptierte. Die Mutter könnte in Wirklichkeit stolz auf die Tochter sein, die einen so weiten Weg bereits eigenständig und von Arbeit ausgefüllt zurückgelegt hatte. Solche Kinder haben es schwer, weil ihnen so leicht niemand eine Orientierung in dieser neuen Welt gibt, womit ich auch einen

Blick zurück auf den seiner Diagnose und seines Wissens so sicheren Arzt werfe.

Theoretische Quellen und Ergänzungen

Das Thema *Schuld* läßt den Psychoanalytiker zuerst an unbewußte Schuldgefühle denken. Zu diesem Thema gehört auch, viel allgemeiner, der Umgang mit Schuld überhaupt, sowie die Frage nach erträglichen und unerträglichen Schuldgefühlen. Schuld ist ein Grundthema psychischen Lebens und psychischer Entwicklung. Deshalb möchte ich im Hinblick auch auf die nachfolgend dargestellten Erstgespräche und ihre innere Problematik ausführlicher Literaturauszüge wiedergeben, und zwar aus Vorträgen der 1986 stattgefundenen London-Weekend-Conference der Britischen Psychoanalytischen Gesellschaft unter dem Thema: »Schuld und ihre Schicksale (Guilt and its Vicissitudes)«.

Anne-Marie und Joseph Sandler gaben unter diesem Titel »Schuldgefühle und ihre Schicksale« (1987) eine Zusammenfassung über die Entwicklung von Freuds Begriff der kritischen Instanz über die erste und zweite topische Theorie. Im Anschluß daran stellen sie ihre eigene Auffassung dar:

Schuldgefühle und ihre Verlaufsgeschichte

[...] Wir alle verbinden bewußte oder unbewußte Schuldgefühle mit einer inneren psychischen Situation, in der ein Teil der Psyche einen Angriff gegen einen anderen Teil richtet (oder eines solchen Angriffs für fähig gehalten wird). Darin kommt eine Idee zum Ausdruck, die seit jeher zum Grundbestand der Psychoanalyse gehört. Sie werden sich an den frühen Begriff der Hysterie erinnern, die bedingt war durch einen Konflikt, der aus Gefühlen der Abneigung und des Ekels über die zunächst lustvollen und erregenden und später als pervers und unannehmbar erscheinenden Erinnerungen und aus den damit verbundenen und zurückgehaltenen Emotionen bei einer Person entsteht. Diese Auffassung der Situation, in der das Subjekt unverträgliche, energiebesetzte Ideen abwehrt, blieb bei der Einführung der (ersten) topischen Theorie im Jahre 1900 dieselbe, nur daß jetzt die unverträglichen Ideen, die eine kritische Reaktion und eine Rückwendung von Kräften gegen die eigene Person auslösen, als unterdrückte sexuelle Wunschphantasien aus der Kindheit angesehen wurden. Zwar kam der Begriff des *Gewissens* in den psychoanalytischen Schriften bereits an prominenter Stelle vor, rückte aber noch mehr in den Mittelpunkt, als Freud in seinem Aufsatz über den »Narzißmus« (1914c) das Ichideal einführte. Freud trennte damals das *Ichideal* begrifflich vom Gewissen, verschmolz jedoch nach und nach beide zu einem einheitlichen Begriff *Ichideal*, der 1923 in *Das Ich und das Es* (1923b) in das Über-Ich der strukturellen (der zweiten topischen) Theorie transformiert wurde. Es ist erwähnenswert, daß Freud seine neue Theorie unter Bezugnahme auf die *negative therapeutische Reaktion* einführte, die er mit einem unbewußten, aus einem Konflikt zwischen Ich und Über-Ich entstehenden Schuldgefühl verknüpfte. Freud legte nunmehr ein größeres Gewicht auf die Rolle der aggressiven und destruktiven Kräfte im Seelenleben, und das Über-Ich wurde als eine durchgängig *kritische* Instanz innerhalb der Psyche angesehen, durch die ein Großteil der Aggression und Destruktivität des Individuums gegen dieses selbst gerichtet wird.

Auch wenn Freuds Formulierungen zum Über-Ich von größter Bedeutung waren, wurden sie in der nachfolgenden Entwicklung der psychoanalytischen Theorie Veränderungen unterzogen. Besonders die Arbeit von Melanie Klein hat auf die Bedeutung primitiver innerer, verfolgender Objekte aufmerksam gemacht sowie auf die Transformationen, die ihnen im Verlauf der frühen Entwicklung zugeschrieben werden. Unter starker Betonung des Todestriebs haben Melanie Klein und ihre Nachfolger der Verlaufsgeschichte früher aggressiv-destruktiver Kräfte und Phantasien bei der Bildung des Über-Ichs besondere Aufmerksamkeit gewidmet. Und sicherlich kann heute niemand mehr das Über-Ich als eine psychische Institution betrachten, die erst im Alter von fünf oder sechs Jahren als Folge des Kampfes um die Auflösung des Ödipuskomplexes entsteht.

[...]

Unseres Erachtens haben sowohl die Kleinianischen als auch andere Entwicklungen die Theorie des Über-Ichs und damit auch die Theorie des Schuldgefühls in eine objektbeziehungstheoretische Richtung vorangetrieben, bei der die Objektbeziehung als eine Beziehung anzusehen ist, die zwischen dem Selbst und den inneren Objekten oder Introjekten besteht. Obwohl sich Freud darüber klar war, daß die das Ich konstituierenden elterlichen Objekte keine exakten Widerspiegelungen der Eltern sind, sondern durch die Projektionen des Kindes verzerrt werden, würden wir heute fast alle sagen, er habe seinen Begriff des Über-Ichs doch stärker mit der Außenwelt verknüpft, als wir es heute tun würden. Der Begriff des Über-Ichs als Struktur wird – zumindest in diesem Land [England] – für weniger brauchbar gehalten, als der Begriff der inneren Objektbeziehungen, der Beziehungen zwischen dem Selbst und inneren Objekten der Autorität und der Unterstützung. Solche Introjekte kann man zwar teilweise als auf Realitätswahrnehmung beruhende Elemente betrachten, in einem erheblichen Maße sind sie aber als Produkt von Figuren anzusehen, die das Kind in der *Phantasie* entwickelt. Man kann folglich von ihnen annehmen, daß sie sich in der psychischen Organisation und Struktur in einer Form niederschlagen, die wir als Introjekte oder innere Objekte bezeichnen. Die Wahrnehmungen und ihre phantasiebedingten Verzerrungen strukturieren die Introjekte, und die Introjekte ergeben wiederum eine Grundlage für die Phantasiebildung. Diese Introjekte enthalten vermutlich substantielle Entäußerungen [Externalisierungen] und Projektionen von Aspekten des Selbst, so daß die Ähnlichkeit der realen Eltern mit den Phantasiefiguren, die sie hervorbringen, äußerst schwach werden kann.

Im Zusammenhang des ständig ablaufenden Phantasiedialogs, der die Interaktion zwischen Selbst und Introjekten widerspiegelt, finden wir natürlich das gesamte Spektrum von Gefühlszuständen vor. Libidinöse und aggressive Lustempfindungen, Liebe und Haß, narzißtische Lust und Gefühle des Wohlbefindens kommen auf einer breiten Skala vor. Andererseits finden wir aber auch alle schmerzlichen Affekte – die aufgrund von vielfachen Ursachen oder verschiedenen Ängsten mit Schmerzgefühlen verbunden sind, oder Gefühle der Schuld, des schlechten Gewissens, der Scham, der Demütigung, der Kränkung, der Verlegenheit usw. Wir werden uns später noch genauer mit dem schmerzhaften Affekt des Schuldgefühls befassen;

für den Augenblick soll der Hinweis genügen, daß das Schuldgefühl lediglich Teil eines ganzen Spektrums verwandter schmerzhafter Gefühle ist. Erwähnenswert ist auch die Feststellung, daß es einen Gefühlszustand gibt, den wir als das genaue Gegenteil des Schuldgefühls postulieren können, nämlich einen objektbezogenen Gefühlszustand des moralischen Wohlbefindens, dem unseres Erachtens in der gegenwärtigen psychoanalytischen Theorie nicht genügend Platz eingeräumt wird. Wenn wir Schuldgefühle haben, dann besitzen wir auch das Potential für ihr Gegenteil.

Schließlich möchten wir noch darauf hinweisen, wie wichtig der Versuch ist, so eng wie möglich mit den Affekten des Patienten in Kontakt zu bleiben. Wir kommen in der Analyse unbewußter Schuldgefühle nicht sehr weit, wenn der Patient sich nicht zunächst jener Schuldgefühle bewußt wird, die mit irgendeinem Bestandteil seines gegenwärtigen Lebens zusammenhängen. Und auch bei diesen Schuldgefühlen gilt, daß die Elemente des Hier und Jetzt in der Übertragung für die analytische Arbeit die wichtigsten sind.

Den Aspekt der entwicklungsfördernden Verarbeitung von Schuldgefühlen für psychisches Wachstum hat Terttu Eskelinen de Folch (1988) auf der gleichen Konferenz hervorgehoben:

Das Auftreten von Schuldgefühlen in einer Kinderanalyse

Wenn wir das Ausmaß von Schuldgefühlen erwägen, das unsere erwachsenen oder kindlichen Patienten zu ertragen vermögen oder nicht, betrachten wir es entweder im Hinblick auf die Stärke ihres Ichs und ihre Fähigkeit, Angst zu ertragen, oder, bei scheinbar unerträglichen Schuldgefühlen, im Hinblick auf die Eigenart der primitiven und starken Abwehrmechanismen, die diese Patienten einsetzen, und den *Circulus vitiosus* aus Abwehr und Angst, der sich dadurch einstellt.

Melanie Klein (1927-1945) beschreibt, wie das Bewußtwerden von Schuldgefühlen, die depressive Leiden verursachen, dazu nötigt, den einer geliebten Person zugefügten Schaden in Phantasie und Realität wiedergutzumachen und Impulse und Gefühle zu modifizieren. Die Wiedergutmachung lindert den Schmerz über Schuldgefühle und macht diese erträglicher.

Um zu einer Wiedergutmachung fähig zu sein, muß das Individuum das Schuldgefühl lange genug ertragen können, um sich sowohl über die in ihm selbst liegenden Ursachen als auch über die Folgen der eigenen, destruktiven Impulse bewußt werden zu können. Anders gesagt, das Individuum muß in der Lage sein, die von Melanie Klein so bezeichnete »depressive Position« zu erreichen, die der damit verbundenen depressiven Leiden wegen so genannt wird. Das Individuum braucht ein gewisses Vertrauen, daß Liebe und wärmere Gefühle den Haß in jenem »ewigen Kampf« »zwischen dem Eros und dem Destruktions- oder Todestrieb« mildern können, den Freud in *Das Unbehagen in der Kultur* (1930a, 492) als letzte Ursache der »verhängnisvolle[n] Unvermeidlichkeit des Schuldgefühls« beschrieben hat.

Bei jeder echten Wiedergutmachung wird das Ich gestärkt und damit in die Lage versetzt, mehr Leid und Unglück ertragen zu können, weil neben der Wiedergutmachung an äußeren Objekten stets eine Wiedergutmachung und ein neuer Ausgleich in der inneren Welt und an inneren Objekten erfolgt (Melanie Klein, 1940). Wiedergutmachung läßt sich als ein lebenslanger Prozeß betrachten.

Wird das Schuldgefühl unerträglich, dann fühlt sich das Individuum gezwungen, das Bewußtsein von der realen Natur seiner Impulse sowie die Wahrnehmungen des Schadens loszuwerden, den es den Objekten zugefügt hat. Es kann sich dann mit einer manischen, unechten Wiedergutmachung behelfen oder beispielsweise Schuldgefühle bei anderen auslösen oder die Angst erotisieren. Die schwer gestörte, psychotische Person erlebt die durch Schuldgefühle hervorgerufene Angst als eine Bedrohung ihres eigenen Wesens, ihres Ichs. Melanie Klein und Hanna Segal haben gezeigt, wie dies beim Schizophrenen auftritt, der im akuten, durch den geringfügigsten Hinweis auf Schuldgefühle ausgelösten Angstzustand sich gegen seine eigene Psyche wendet, sie fragmentiert und in einen wahnhaften Zustand gerät (Klein 1960; Segal 1956).

Für den Umgang mit aufkommenden unerträglichen Schuldgefühlen gibt es ein ganzes Spektrum von Manövern. Ihnen allen ist gemeinsam, daß sie sowohl gegenüber den Objektbeziehungen als auch gegenüber der Ich-Integrität und der psychischen Realität destruktiv wirken. Statt das Schuldgefühl zu mildern, umgehen sie es und produzieren somit andere, stärker durch Verfolgungsvorstellungen bestimmte Ängste. Darüber hinaus müssen diese Manöver die äußeren Objektbeziehungen so beeinflussen, daß sie präokkupiert vom Konflikt keine konstruktive Unterstützung bieten können. Das Individuum wird in dem andauernden Zirkel der paranoid-schizoiden Position gefangengehalten: in dem falschen Zirkel von Schuld und Verfolgung oder dem von Schuld, manischer Reparation und Verzweiflung. (Aus dem Englischen von Max Looser)

Dem Studierenden der Psychoanalyse, der sich weiter mit den Arbeiten der Nachfolger Melanie Kleins vertraut machen möchte, sei der Vortrag von John Steiner (1990) vom gleichen Kongreß empfohlen, der später unter dem Titel »Pathological Organization as Obstacles to Mourning: The Role of Unbearable Guilt«, im *International Journal* veröffentlicht wurde. Im weiteren ist Herbert Rosenfeld, insbesondere mit dem 1987 postum herausgekommenen Buch zu nennen: *Sackgassen und Deutungen. Therapeutische und antitherapeutische Faktoren bei der psychoanalytischen Behandlung von psychotischen, Borderline- und neurotischen Patienten.* Ebenfalls ins Deutsche bereits übersetzt ist: *Melanie Klein heute. Entwicklungen in Theorie und Praxis* (Bott Spillius, 1990).

Eine Analyse für zwei
Eine hysterische Neurose

Eine Frau rief mich an. Ein wenig zu vertraut schien mir ihre Art, mit mir zu sprechen. Doch ich erfuhr rasch den Grund, sie sagte mir nämlich, daß sie eine mehrjährige Analyse gemacht habe. Sie wollte sehr wahrscheinlich damit ausdrükken, daß sie die Gepflogenheiten einer psychoanalytischen Praxis kenne. Dennoch bestand sie darauf, für ihren Mann einen Termin zu einem Erstgespräch mit mir zu vereinbaren: Ihr Mann wolle jetzt eine Analyse beginnen. Nachdem wir uns darüber verständigt hatten, daß ihr Mann selbst diesen Termin bei mir wirklich wünschte, jedoch ein solches Gespräch seinerseits vom Büro aus nicht führen könne, ließ ich mich unter der nachdrücklichen Betonung der Ausnahme darauf ein, mit *ihr* einen passenden Termin herauszusuchen.

Der Ehemann kam. Sein Umgangsstil wie seine Kleidung waren hochkorrekt, letztere mit weißem Hemd, Krawatte und einem Anzug in Mitternachtsblau. Von Beruf war er Manager, was er mir unaufgefordert angab, und sein Alter benannte er auch: 39 Jahre und 365 Tage. Einen Moment lang mußte ich überlegen: Ja, sagte er, er sei gestern 40 geworden. Diese nicht ganz gelungene Originalität setzte sich nicht fort. So war klar, daß die vermiedene Altersangabe von 40 Jahren eine Bedeutung haben mußte. Wenn seine Einleitung bis hierher etwas ungelenk war, was er selbst zu bemerken schien, fand er dafür rasch eine Erklärung: die, daß er noch nie mit einem Analytiker oder, wie hier, einer Analytikerin gesprochen habe. Dann bezog er sich wohl – so verstand ich es – indirekt auf das erreichte Alter und meinte, wenn es noch einmal eine Veränderung geben könne, dann jetzt. Das stimmte mich hoffnungsvoll, und der Patient erzählte auch weiter: Ganz früh hätten er und seine Frau geheiratet, noch während seines Studiums. Seine Frau habe sich in den fast zwei Jahrzehnten Ehe ungeheuer verändert, während er früh ein bestimmtes Ziel vor Augen gehabt habe, immer darauf ausgerichtet gewesen sei und dieses Ziel auch erreicht habe. Und so sei er heute noch. Im Grunde aber müsse er sagen, er habe nicht nach rechts und links geschaut. Als er seine Frau geheiratet habe – er habe sie sehr geliebt und liebe sie auch noch –, sei sie Sekretärin gewesen. Sie hätten es sich bald erlauben können, daß sie sich die Zeit für das Nachholen des Abiturs nahm, denn auch sie wollte studieren. Das sei ja der Sinn der Sache gewesen. All das war möglich geworden, so weit, daß sie heute ein eigenes, gutgehendes Übersetzungsbüro führe, berichtete er. Sie sei vor fünf bis sechs Jahren in Analyse gegangen, weil sie damals meinte, es stimme etwas nicht oder es fehle ihr etwas. Lange, sehr lange sogar, habe sich seine Frau ein Kind gewünscht, und einige Zeit nach Beginn ihrer Analyse habe sie endlich empfangen und ein Kind bekommen. Auch er sei sehr glücklich gewesen, und sei es heute noch. Er hänge an seinem Sohn, der gerade drei Jahre alt sei. Seiner Frau gelinge es, neben der Versorgung des Kindes, der Familie, des Haushalts die berufliche Tätigkeit aufrechtzuerhalten. Er müsse sie bewundern, all das habe sich entwickelt und sei kein Plan gewesen. Das sei der Gegensatz zwischen ihnen. Im Vergleich zu ihr sei er völlig anders: er habe einen völlig geradlinigen Weg hinter sich, möchte er sagen.

Nach dieser Schilderung all dessen, was im Werdegang ihrer Ehe sozusagen erreicht worden war, sowie der Unterschiedlichkeit ihrer Charaktere, begann er spontan seine frühere Geschichte zu erzählen: Seine Eltern seien von »extrem bürgerlicher Einstellung und Auffassung, auch heute noch«. Er habe Geschwister, jüngere und ältere. Er stehe sozusagen in der Mitte. Sie hätten immer gut zusammengehalten. Sein Vater als Beamter hätte stets eine Auffassung nach dem Motto vertreten: man weiß doch, auf welcher Schiene der Zug fährt.

Nach dieser Art habe auch er seinen Beruf aufgebaut. Er erzählte, daß er Jura studiert und später ergänzende Kurse zur Betriebswirtschaft absolviert hatte. Nie habe er Scheitern gekannt, das galt ebenso für seine inzwischen langjährig ausgeübte Berufstätigkeit. Eine Spitzenposition indessen, so räumte er ein, habe er nicht erreicht. Das betonte er nachdrücklich. Ob er sie wünschte oder vielleicht bewußt vermied, blieb für mich offen. Seit einiger Zeit blicke er auf diese Entwicklung zurück und müsse sagen, er habe nicht gemerkt, daß er jahrelang weder nach rechts noch nach links geschaut habe; eine Bemerkung, die er hier wiederholte. So habe er außer der Tageszeitung, natürlich mit dem Wirtschaftsteil, wenig gelesen, sei selten ins Theater oder gar ins Konzert gegangen, Sport habe er auch nie vermißt. Jetzt, wo der Junge da sei, habe er gemerkt, daß es ein anderes Leben gebe. Der Junge habe das Leben regelrecht ins Haus gebracht. Der Junge bringe es fertig, ihn zum Spielen zu bewegen. Über diese Veränderung sei er froh, sie sei ihm unvorstellbar gewesen. Vor Jahren, als seine Frau sich zur Analyse entschloß, habe sie zu ihm gesagt, sie habe mehr von ihrem Leben erwartet als den »sturen Durchgang«, den sie beide bis dahin lebten.

Obwohl er so viel Stures zu beschreiben schien, erlebte ich ihn nicht als stur. Ich hatte bis zu jenem Punkt im Erstgespräch nichts gesagt, auch nichts zu sagen brauchen. Ich dachte mir, daß er eine innerlich schöne Frau haben mußte, die so viel zu bewirken wußte, bis dahin, daß er jetzt hier saß. Und so, wie ich an seine Frau dachte, sprach er im gleichen Moment von ihr, von seiner und auch ihrer, also der gemeinsamen Sexualität. Hier hatte seine Entwicklung nicht mehr Schritt halten können, und er beschrieb das zunächst damit, daß so manches bei ihm eingeschlafen sei. Dazu schilderte er die sexuelle Symptomatik der *Ejaculatio retarda*. Nach einer kurzen Pause machte er eine erstaunliche Wendung und räumte ein, vielleicht habe er hier, in der unmittelbaren Beziehung zu seiner Frau, auch etwas Wesentliches nie wirklich begriffen. Vielleicht habe er hier wie in einem größeren Rahmen das Leben, das, was der andere bedeute, was sein Sinn sei, aber auch den gemeinsamen Sinn, weder bedacht noch begriffen. Er führte diese allgemeinere Betrachtung noch ein wenig aus und geriet zwar in ein Nachsinnen, aber doch ein wenig fort von sich selbst.

Ich verstand schließlich das Schweigen zwischen ihm und mir als einen Raum, in dem ich mich äußern sollte. Eines war mir klargeworden: mit seiner Geradlinigkeit hatte er sich den Zweifel erspart, die Angst, das Risiko; er war unschuldig geblieben. Ich sagte daher scheinbar ganz simpel: Seine Art zu leben ließe sich als *naiv* bezeichnen. Dadurch sei er schuldlos geblieben, aber auch nicht wirklich gereift. – Fast fiel er mir ins Wort, als es aus ihm herausdrängte: genau das habe er immer gefürchtet und zugleich gewußt. Einmal, das habe er geahnt, würde das jemand wirklich zu ihm sagen. Er holte sein Taschentuch hervor, und ich ließ ihm Zeit. Eine Weile später kam der Patient in diesem Zusammenhang auf die Geschwister und seine Situation unter ihnen zurück. Erneut erzählte er, wie sie als Geschwister immer zusammengehalten hätten, Streit sei selten gewesen, und immer hätten sie etwas gemacht, etwas unternommen. Er denke gern an seine Geschwister und diese Kindheitssituationen zurück. Doch jetzt sehe er, daß er immer von der Initiative der anderen gelebt habe. Seine Schwester habe vieles mit der Mutter gemacht, sie habe an ihr gehangen, und die beiden wiederum hätten zu Hause für das Leben im ganzen gesorgt. Von diesen Erinnerungen kehrte er in seine heutige Situation mit seiner Frau zurück und sagte, seine Frau habe recht, wenn sie sich beschwere, daß sie zu allem den Impuls geben müsse. Sie wehre sich inzwischen entschieden, der Motor für beide zu sein. Zuerst sei ihm das völlig unverständlich, emanzipatorisch oder ähnlich vorgekommen. Aber er wisse inzwischen, so einseitig gehe es nicht. Fast könne er sagen, seine Brüder und der Vater hätten die Mutter regelrecht verbraucht. Hier deutete sich, noch versteckt hinter der Gemeinsamkeit mit den Brüdern, sein eigenes Verhältnis zur Mutter an, das er auf seine Frau übertragen hatte. Das Ende der Stunde war nahezu erreicht. So spät aber war dieses wichtige Thema nicht mehr ausreichend zu entfalten. Zudem stand die Überlegung, ob er eine Psychoanalyse machen wolle, noch immer im Raum, hatte er doch durch seine Frau diese Absicht mitteilen lassen. Mehreres also stand offen und bedurfte eines weiteren Gesprächs. Um den zentralen Stellenwert des Themas seiner Passivität mit der Verschiebung der Aktivität auf seine Frau wie die Überlegung seiner möglichen Analyse zu erhalten, suchte ich nach einem baldigen Termin.

Zur Zeit des vereinbarten zweiten Gespräches, genau im Abstand von einer Woche und zur gleichen Stunde, wartete ich vergebens. Der Patient kam eine Stunde später. Diese Stunde konnte ich ihm nicht ermöglichen, weil sie vergeben war. Er hatte mich bei der Vereinbarung des zweiten Termins wissen lassen, daß er und seine Familie einen Tag später für mehrere Wochen in Ferien fahren würden. Das bedeutete in dieser Situation, daß unser vorausgegangenes, noch offengebliebenes Gespräch lange auf Fortsetzung und Abschluß hätte warten müssen. Es war genau das, was ich zu verhindern gesucht hatte. Ich fürchtete, daß das Gewonnene zerrinnen würde. So sah ich mich genötigt, noch am gleichen Abend einen Termin einzurichten. Ich hatte dabei leichte Schuldgefühle, weil dieser Termin auch als aufgedrängt erlebt werden konnte. Doch er nahm ihn an, und als er kam, erschien er legerer, farbiger, das vorherrschende Mitternachtsblau war verschwunden, und bewegt begann er zu erzählen, welch gute Woche er gehabt habe. Im Geschäft habe er nein sagen können, etwas, was ihm sonst sehr schwerfalle, er habe gute Entscheidungen getroffen, und das Wichtigste für hier – damit meinte er mich und das Gespräch mit ihm – sei wohl, daß er ein ungemein kritisches Gespräch mit seiner Frau gehabt habe. Sie beide hätten das Thema am nächsten Tag wieder aufgreifen können, und er müsse sagen, es sei nicht nur für ihn entlastend, sondern für sie beide schließlich konstruktiv geworden. Freitags habe dieses Gespräch begonnen, samstags habe es sich fortgesetzt bis in den Sonntag hinein. Dann habe ihn seine Veränderung auch in seinem sexuellen Verhalten regelrecht beeindruckt. Es sei ihm nie in der Bedeutung klar gewesen, daß er in der Sexualität mit seiner Frau nicht initiativ sein wollte. Er habe sicher Angst gehabt, aggressiv zu sein, sich das aber nie eingestanden. An dieser Stelle griff ich sein heutiges Zuspätkommen auf und daß ich eine spätere Stunde der Reise wegen initiieren, ja sogar zumuten mußte, damit er und ich heute noch zusammenkommen konnten. Nicht nur der Anschluß an die vorausgegangene Stunde, sondern auch die Bedeutung seines Zuspätkommens heute als Darstellung seiner Symptomatik in der Beziehung zu mir, wäre verloren gewesen. Er hatte mich sehr gut verstanden, wenn er jetzt lachte und sagte: »Und das erste Mal – damit meinte er den ersten sexuellen Kontakt mit ihr – mußte es meine Frau machen.« Sofort fiel mir seine Kontaktaufnahme zu mir ein: Seine Frau mußte für ihn anrufen.

Nachdem er im weiteren eher berufliche Veränderungen erwog, meinte er, er müsse mutiger werden, es komme jetzt darauf an, eine »männlichere«, er korrigierte, »bessere« Position zu gewinnen und zu bekleiden. Ich dachte bei mir, daß er die eindrucksvolle, klischeehaft-männliche Kleidung schon hatte fallenlassen. Während er über den möglichen neuen beruflichen Einsatz erzählte, erschien in einem Nebensatz der Entschluß zu einer Analyse neben diesem Neuen ganz selbstverständlich klar. Daher leitete ich über zu den äußeren Bedingungen beziehungsweise Erfordernissen einer Psychoanalyse, die ich ihm grundsätzlich zu unternehmen schon anriet, ihm auch einen Platz bei mir anbot, allerdings mit einer gewissen, nicht allzu langen Wartezeit. Ich ging auch ein Stück auf die Schwierigkeit des wirklichen Einrichtens ein, weil der berufliche Alltag seine Vorrangigkeit behaupten würde. Die kommenden Ferien schienen mir als eine günstige Zeit für all diese Überlegungen, und damit konnten er und ich uns gut verabschieden.

Psychoanalytische Überlegungen

Im nachhinein kamen mir Bedenken, ob der zeitliche Aufwand einer Analyse für einen Manager überhaupt einrichtbar sei. Als ich mit ihm gegen Ende des zweiten Gesprächs diese formalen Punkte berührte, äußerte er sich sehr zuversichtlich im Hinblick auf die Einrichtung der äußeren Modalitäten. Ich hatte die Möglichkeit einer Analyse in gar nicht einmal allzu entfernter Zeit angeboten. Lange erhielt ich keinen Bescheid, bis mich ein freundlicher Brief mit der Mitteilung seiner ihn im Moment ganz zufriedenstellenden Situation erreichte. Damit hatte sich sehr wahrscheinlich eine weitere analytische Arbeit für ihn erübrigt.

Es ist denkbar, daß dieses Gespräch mit nur einer einzigen Deutung, die die Naivität herausstellte, eine Wende gebracht hatte, die, im Moment jedenfalls, für das weitere Leben auszureichen schien. In sich bedeutet die Naivität eine »Entrüstungsersparnis« (vgl. auch Freud, 1905c, Der Witz und die Arten des Komischen). Es hatte eine zweite mögliche Einsicht gegeben, als der Patient sein sexuelles Symptom in der Objektbeziehung zu mir aktualisiert hatte, indem er zu spät kam. Als ich das benannte, schien das, was er aus seiner sexuellen Geschichte erzählte, die Aggressionsvermeidung und gleichzeitige Herausforderung des anderen, seine Ahnung zu bestätigen, wobei sein Affekt, sein Lachen, die Einsicht in seine ihn entlastende Verschiebung, im Grunde eine Schuldverschiebung, kundtat. Seine Ehefrau mußte – durch ihre eigene Analyse wissender geworden – in Gesprächen und im Umgang mit ihrem Ehemann große innerpsychische Vorbereitungen für Einsichten auf seiner Seite ermöglicht haben. Seiner aggressiven Hemmung, die sich als Passivität kundtat, konnte auf ihrer Seite nur ein übermäßiges kompensatorisches Aktivitätsbedürfnis entsprochen haben. Das war ihr sehr wahrscheinlich in ihrer Analyse einsichtig geworden sein. Meine Deutung erreichte offenbar etwas, das zwischen ihm und seiner Frau jetzt einen bewußtseinsnahen Konfliktcharakter trug. Ein Gegenüber, im Grunde ich als Dritte, der er Kompetenz einräumen konnte, mußte dieser Ahnung seines Konflikts einen Namen beziehungsweise Begriff und damit Gültigkeit geben. – Es läßt sich durchaus denken, daß dies vorläufig genügte, auch unter dem Gesichtspunkt, daß er an seiner Ehefrau wie dem Leben fordernden Kind weiter reifen würde, wenn er an dieser Einsicht festhalten konnte. Wahrscheinlich sogar hätte eine Analyse dem sich endlich mehr verwirklichenden Leben seiner Familie Kräfte, also Libido, vorläufig wieder entzogen. Die Analyse der Ehefrau war im Resultat eine Analyse für zwei. Es scheint, daß diese Analyse ein Nachkommen des Partners ermöglichte, dem ein wichtiger Sprung fehlte. Diesen Konflikt aufzuzeigen, bedurfte es eines Dritten, außerhalb der Ehe. Dennoch bleibt bei mir als Psychoanalytikerin ein gewisses Unbehagen zurück. Mit Unbehagen hatte die Anmeldung und auch das zweite Gespräch begonnen. Möglicherweise wäre es gut gewesen, den zentralen Konflikt wenigstens in einer analytischen Fokaltherapie vertiefend zu bearbeiten.

Daß es sich um eine hysterische Charakterstruktur mit aggressiver und sexueller Hemmung handelt, ist eindeutig. Zu ihr gehört, sich nicht zu zeigen, hinter dem anderen, in der Sprache des Körpers hinter dem Präputium versteckt zu bleiben. Auf beruflichem Gebiet entsprach das seiner Nicht-Spitzenstellung, die er mir ausdrücklich nannte – eine Hemmung, die im Sport den »ewigen Zweiten« charakterisiert.

Niemals können zwei Erstgespräche für den Psychoanalytiker als Behandlung allein zufriedenstellend sein – in diesem

Fall auch deshalb nicht, weil der Patient an einer klassischen Neurose litt, die erwartungsgemäß gut zu behandeln wäre, und zudem der Wunsch nach einer Psychoanalyse ausgedrückt wurde. Es könnte bei diesem Patienten möglich gewesen sein, daß er wirklich ein stückweit – nahezu kontraphobisch im Hinblick auf eine Analyse – etwas in seinem gehemmten Verhalten überwinden konnte. Die Frage bleibt hier offen, ob die Angst doch so groß war, daß der Patient sogenannte Fortschritte aus dem Berufsleben wie aus der intimsten Situation im Zweigespräch auf den Tisch legte, um nicht weiter gesehen und erkannt zu werden. Er hatte erzählt, wie er sich hinter der Mutter und der älteren Schwester nachgeordnet empfand, die beide so vieles für die Familie initiierten. Seine Frau hatte eine Analyse gemacht. Aus seiner Sicht hätte er sich vielleicht in einer Analyse bei mir wieder zwei in diesem Metier bewanderten Frauen nachgeordnet gefühlt, während er doch die Mutter eigentlich allein und direkt für sich haben und besitzen wollte. Seine sexuellen Strebungen mußte er als dicht bei der Aggression liegend erlebt haben, und damit waren sie nicht zulässig. Er rächte und bestätigte sich an und gegenüber mir wie seiner Frau, die er unter Umständen als bedrängend erlebte, wenn er, anders als angekündigt, mutig nun seinen, einen anderen Weg fand. Seine Absage war ein später Beleg für die gestaute Aggression. Er mußte sich offensichtlich jetzt gegen die sicher von seiner Frau für ihn erwogene Psychoanalyse wie gegen mein Anraten wehren. In dieser Situation eine Psychoanalyse aufzunehmen, wäre ihm wahrscheinlich wie eine Unterwerfung vorgekommen. Von dort aus wurde, psychoanalytisch gesehen, die Angst vor femininen oder gar homosexuellen Impulsen deutlich. – Auch die Frage, ob es besser gewesen wäre, den verfehlten Termin verfehlt sein zu lassen und erst nach seiner Reise ein weiteres analytisches Gespräch zu führen, ist letztlich nicht zu entscheiden.

Theoretische Quellen und Ergänzungen

Die Krankheit der Hysterie bei der Frau wie beim Mann hat die Psychoanalyse von Anbeginn beschäftigt. Die Stellung der Hysterie ist so zentral, weil ihre Symptome beziehungsweise die in den Charakter aufgenommenen sexuellen Probleme ein Leben prägen und überschatten, und das nicht nur für diesen Menschen allein. Zu denken ist dabei an den Partner, die Kinder und etwa die Menschen aus dem beruflichen Umfeld. Psychoanalyse als Behandlungsmethode und Wissenschaft ist an der Hysterie entdeckt und entwickelt worden.

Nachdem in Deutschland 1933 von den Nationalsozialisten die Psychoanalyse als Behandlung und Forschung verboten worden war und sie mit Freuds Vertreibung 1938 aus Wien eine totale Unterbrechung erfahren hatte, konnte die Wiederaufnahme der Psychoanalyse in Deutschland nach dem 2. Weltkrieg allein in einer orthodoxen Form erfolgen. Es dauerte ziemlich lange, bis 1966, sechzehn Jahre nach der Wiederaufnahme psychoanalytischer Arbeit in Deutschland mit der Wiedergründung eines Zweiges der Internationalen Psychoanalytischen Vereinigung, Pieter C. Kuipers Buch *Die seelischen Krankheiten des Menschen. Psychoanalytische Neurosenlehre* (1966) mit der theoretischen Darstellung dieser Wissenschaft und ihrer klinischen Anwendung den jungen Analytikern, insbesondere den Kandidaten in der psychoanalytischen Ausbildung wie interessierten Ärzten und Psychologen, eine Einführung und einen Überblick gab.[1] Ich zitiere aus diesem Lehrbuch – das aus der Zeit vor der Weiterentwicklung durch die verschiedenen Narzißmustheorien stammt, die nach 1970 einsetzten – eine Ausführung über das Krankheitsbild der Hysterie und insbesondere den negativen Ödipuskomplex:

1 Sigmund Freuds *Gesammelte Werke* im S. Fischer Verlag, Frankfurt am Main, waren seit 1960 verfügbar.

Bei den Störungen der Liebesfähigkeit wird es so besonders deutlich, wie sehr unaufgelöste Probleme aus allen Stadien der Entwicklung daran beteiligt sind. Hemmungen und Verdrängung, falsche Scham, das Unvermögen zu geben, übermäßige Abhängigkeit, eine Haltung, die die Angelsachsen so treffend mit »dependend and demanding« bezeichnen; das alles kann der Bildung einer erwachsenen Liebesbeziehung im Wege stehen. Auch bei den sexuellen Störungen im engeren Sinne können sich Faktoren geltend machen, die mit den verschiedenen Phasen der Libido-Entwicklung zusammenhängen. (114)

Der negative Ödipus-Komplex

Weder das eigene Geschlecht noch das Erwachsensein können von ihr [der Frau] akzeptiert werden. Das letzte gilt nun auch für den neurotischen Mann. Er kann weder die eigene Geschlechtsrolle noch das Erwachsensein akzeptieren, und hierin hat die gesamte Symptomatologie ihre Wurzeln.

Wenn der positive Ödipus-Komplex dadurch nicht gut bewältigt werden kann, daß die Schuldgefühle und die Kastrationsangst zu groß sind, sehen wir häufig, daß der kleine Junge seine aktiv erobernde Haltung aufgibt, nicht mehr mit seinem Vater konkurriert, sondern sich ihm unterwirft und viel zu ängstlich ist, sich seiner Mutter aktiv werbend als ein kleiner Ritter zuzuwenden. Meist kehrt er der Heterosexualität nicht ganz den Rücken, aber sie bekommt bei ihm einen passiven Charakter, und er wird Phantasien entwickeln, in denen er zum Beispiel gehegt und gestreichelt wird. Neben der passiven Heterosexualität entwickelt sich auch eine starke passiv-homosexuelle Gefühlsströmung. Das alles führt dazu, daß im sexuellen Erleben dann die »Triebe mit passiven Zielen« die Überhand bekommen und daß Konkurrenzsituationen durch Unterwerfung gemeistert werden. Diese Unterwerfung wird sexualisiert und dadurch masochistisch. Es ist diese passiv-feminine-masochistische Haltung, die den Kern vieler neurotischer Störungen beim Mann bildet, der an seine ödipale Problematik und an den Kastrationskomplex fixiert geblieben ist.

Diese Problematik wird als Passivitätsproblematik bezeichnet, eine Ausdrucksweise, die nicht klar ist, weil das Wort passiv zu viele Bedeutungen hat. So wird der Mann als passiv bezeichnet, wenn man das harte Wort homosexuell nicht aussprechen will. Passiv, wenn er nicht ausreichend aktiv oder zu weiblich oder abhängig wie ein kleines Kind ist. So bedeutet passiv also gleichermaßen homosexuell, nicht aktiv, weiblich und kindlich-abhängig. Obendrein spricht man dann noch von Trieben mit passiven Zielen, von dem Verlangen nach Wärme, Gestreicheltwerden, Sicherheit-Bekommen und Gehegtwerden. Das Wort passiv scheint darum so brauchbar, weil man oft all diese Formen von Passivität gemeinsam auftreten sieht in einer nur ungenügend aktiven männlichen Haltung, in einer femininen Einstellung, in homosexuellen Zügen und Bedürfnissen mit passivem Triebziel. Alles das sind Aspekte des negativen Ödipus-Komplexes. Aber gerade weil sie so oft gemeinsam vorkommen, muß man sie doch unterscheiden.

[...]

Der neurotische Mann verwendet die gleichen Gefühle von Abhängigkeit und Anhänglichkeit, die er früher schon als kleines Kind in seiner Beziehung zur Mutter erlebt hat, um seinen positiven Ödipus-Komplex zu überwinden oder besser gesagt, um ihm aus dem Weg zu gehen. Er unterwirft sich dem Vater, und die Abhängigkeit bekommt dadurch einen quasi femininen Einschlag. In die passiv-feminine Haltung ist die frühinfantile Bindung an beide Eltern eingegangen. Weibliche und kindliche Züge, Passivität als solche sind nicht neurotisch. Man muß doch passiv sein können, um zum Beispiel rezeptiv sein zu können. Diese Abhängigkeit und Unterwerfung wird eben oft nur sexualisiert und dazu verwendet, Heterosexualität und gesunde Kampflust abzuwehren. In diesem Fall haben wir es dann mit einer neurotischen Lösung zu tun. Kurz gesagt: Passivität im Sinne von Rezeptivität ist für die Gesundheit notwendig, die sexualisierten masochistischen Formen der Passivität sind neurotisch und stören die Anpassung. (167-168)

Um den Leser darauf hinzuweisen, daß dennoch so leicht keine Klarheit zu gewinnen ist, zitiere ich zusätzlich Freud aus der Arbeit *Einige psychische Folgen des anatomischen Geschlechtsunterschieds:*

Daß die Ödipus-Einstellung des Knaben der phallischen Phase angehört und an der Kastrationsangst, also am narzißtischen Interesse für das Genitale, zugrunde geht, habe ich an anderer Stelle [(1924d)] ausgeführt. Eine Erschwerung des Verständnisses ergibt sich aus der Komplikation, daß der Ödipus-Komplex selbst beim Knaben doppelsinnig angelegt ist, aktiv und passiv, der bisexuellen Anlage entsprechend. Der Knabe will auch als Liebesobjekt des Vaters die Mutter ersetzen, was wir als feminine Einstellung bezeichnen. (Freud, 1925j, 21)

»Der Schatten des Objekts fiel ... auf das Ich«[1]
Melancholie eines Ersatzkindes

Mit jugendlich klingender, doch deutlich verhaltener Stimme meldete sich ein Patient am Telefon und bat ausdrücklich um eine Beratung. Die Diskrepanz zwischen seiner Verhaltenheit und seiner offenbar klaren Vorstellung von »Beratung« hatte mich neugierig gemacht; nach meinem Verständnis ließ ein solcher Wunsch mir und ihm Raum und vereinnahmte mich nicht sofort. Doch wie sich später herausstellte, war das nicht so. Zum Erstgespräch erschien ein sehr großer junger Mann von kräftiger Gestalt. Die Haut seines Gesichtes war nahezu weiß, und die rötlichen Spuren frischer Aknepusteln und älterer Aknenarben signalisierten Sensibilität und ständige Verletztheit. Sein fast weißblondes Haar, mehr noch seine hochmodische, doch farblose Kleidung vermittelten einen anspruchsvollen, aber unwirklichen Eindruck, der im Widerspruch zu seiner unübersehbaren Körperlichkeit und seinen geschmeidigen Bewegungen stand. Er trug einen weißen Anorak, in dessen Blousonschnitt er völlig versteckt war, eine hellgraue Hose mit einem hellgrau-weiß-gestreiften Pullover; weiße Lederschuhe rundeten das Bild des Besonderen ab. In den kleinen Sessel lehnte er sich mit ausgreifenden Gesten zurück.

Nach einem kurzen Augenblick setzte er mit einem einzigen Satz seine Beschwerde zwischen uns: »Ich habe keinerlei Beziehungen, weder zu Menschen noch zu Dingen.« Da stand ein schwerwiegender, lastender Satz. Ob dieser uns trennen oder verbinden würde, wußte ich nicht. Nach meinem Empfinden bedeutete die Schwere dieses Inhalts eine Aufforderung, ihm nahezukommen, ihn zu begreifen, zu er-

---
1 Freud, 1916-17g, 435.

forschen – eine Aufgabe für mich. Dabei fühlte ich mich allein, als könnte ich nicht mit seinem Zutun rechnen, als hätte ich die Aufgabe der psychischen Erweckung eines Säuglings, die zu spät kam und möglicherweise zu schwierig war. Mein Patient mußte um die Massivität der Aussage und des darin enthaltenen Anspruchs wissen. Im Rahmen seines Studiums war er durchaus mit Psychologie in Berührung gekommen. Bei der Aufnahme seiner Daten, Adresse und Geburtsdatum, hatte er auch sein Studienfach genannt. Wenn er diesen Anspruch wirklich nicht spürte, mußte er sehr verzweifelt sein. Ganz flüchtig war er mir, obwohl er doch erwachsen war, auch wie ein Kind vorgekommen, das noch dazu schwerkrank war. Wenn ich daran dachte, daß er studiere, dann versuchte ich mit diesen Gedanken, mich von der Wucht der Aufgabe zu befreien. Sein Anspruch, den er ausstrahlte, und seine passive Naivität erschienen nach außen; in ihm herrschten offenbar depressive Stimmung und Apathie. Ich wußte so wenig wie er, was werden sollte und wurde in Gegenidentifizierung aktiv, weil mich sonst seine Depressivität und seine Ratlosigkeit zu ergreifen drohten. Vorsichtig fragte ich ihn, machte aus meiner Wahrnehmung, Neugier und Handlungsorientiertheit Andeutungen; denn ich sah ihn doch vor mir, und er mußte schließlich etwas tun. Ich dachte an einen möglichen Freund, eine Freundin, eine Lieblingsbeschäftigung und fühlte mich scheitern, bis er endlich etwas sagte. Daß ich seinen eigentlichen Part meinerseits übernehmen sollte, daß ich es sein sollte, die etwas von ihm wollte, war mir zu diesem Zeitpunkt nicht klar; denn indem er beharrlich schwieg und ich für ihn sprach und Vermutungen anstellte, wie sein Leben aussehe und weshalb er gekommen sein mochte, war ich statt seiner aktiv. Diese Abtretung seines lebendigen Anteils vertrug er so jedoch auch nicht. Endlich redete er selbst, über sein einziges Interesse, die Musik. Er sagte, er wolle Choreograph werden. Mich mußte diese Äußerung entspannt haben, weil sie Leben und ein Ziel bedeutete. Damit war etwas zwischen uns erreicht, die stumme Beziehung hatte eine Ausrichtung bekommen, ich konnte teilhaben und mir etwas vorstellen. Er erzählte, daß er musiziere und in einer Gruppe tanze, und fügte hinzu, daß er seine Kenntnisse fundieren wolle, aber zweimal durch eine Aufnahmeprüfung gefallen sei. Ich vergegenwärtigte mir, daß Musik und Tanz averbale Darstellungsformen der Kunst sind. Mit seiner Sprachlosigkeit, ja Stummheit mir gegenüber konnte ich das dennoch nicht in Einklang bringen.

Nachdem ich seinem Berufsziel gerade innerlich so sehr zugestimmt hatte und erleichtert gewesen war, schien es, als bräche alles wieder zusammen. Er griff zurück auf die Schule, erzählte von seinem Abitur, von seinem Abiturzeugnis. Er habe zum Teil sehr gute Zensuren, zum Teil sehr schlechte bekommen. Er sagte das eher beiläufig; denn wenn er etwas nicht möge, setze er sich auch nicht dafür ein. Wieder war ich zwischen Hoffnung und Ratlosigkeit hin- und hergerissen. Der kräftig und körperlich dynamisch wirkende junge Mann, der in seiner hochmodischen Eleganz so viel versprach, der eine Beschwerde vortrug, die ihm selbst alle Lebendigkeit abzusprechen schien, der den besonderen, aber auch anspruchsvollen Wunsch hatte, Choreograph zu werden, der zweimal bei einer Aufnahmeprüfung durchgefallen war, der gute Zensuren bekommen hatte und dann wieder schlechte, wenn er sich für ein Gebiet nicht interessierte, verzehrte meine Hoffnung. Mein Gefühl war, daß alles im Raum verhallte. Die mir angetragene Unwirklichkeit seiner Person war angesichts seiner Körperlichkeit und seiner Zukunftspläne nicht glaubhaft.

Der Patient ging näher darauf ein, daß er die Aufnahmeprüfung zu einer Musikausbildung nicht bestanden hatte: Der Professor habe ihm die Schulmusik empfohlen. Unvermittelt sprach er dann von seiner Vordiplomarbeit. Er absolvierte zunächst das – so kam es mir vor – für ihn doch farblose Studium eines Grundschullehrers. Sein Interesse für Musik hatte er bewahrt und als Thema »Die Bedeutung der Musik in der Gesellschaft« in seine Vordiplomarbeit eingebracht. Er erzählte, der Professor habe ihm vor drei Monaten gesagt, die Arbeit sei »zu groß«. Das habe dazu geführt, daß er seitdem für die Arbeit nichts mehr gelesen und getan habe. Wieder wußte ich nicht konkret, was mit »zu groß« gemeint war, ob er nun etwa auch hier durchgefallen war oder aber eine ganz großartige Arbeit geschrieben hatte. Ich fragte mich, ob er hochbegabt sei, und sagte mir, daß ich spüre, daß er einerseits anspruchsvoll sei und andererseits zu energielos, um sein Vorhaben aufzubauen. Ich merkte, wie intensiv ich mit ihm beschäftigt war, wie ich ihn zu begreifen, mit meiner Vorstellung, mit meinen Fragen in ihn einzudringen versuchte, als könnte ich sein momentanes Scheitern nicht ertragen. Dadurch scheiterte ich in dieser Situation selbst. Obwohl er so nachdrücklich leibhaftig war, war das Unwirkliche zwischen uns nicht auszuräumen. Um endlich Anker zu werfen, bot ich ihm unwillkürlich als Erklärung für die nicht bestandenen Aufnahmeprüfungen die Frage an, ob er *verwöhnt* worden sei. Der Patient ging überraschend darauf ein und bejahte; er führte aus, man habe ganz großartige Erwartungen an ihn, seine Eltern und seine Schwestern fänden alles, was er mache, ganz wunderbar. Zum ersten Mal bekam sein Hintergrund deutlichere Konturen, und spontan machte er mich genauer mit seiner Familie bekannt: Er habe »vier, nein, drei Schwestern«.

Das war zweifellos eine Fehlleistung. Von sich aus oder durch meine überraschte und interessierte Mimik veranlaßt, erzählte er, er habe auch einen Bruder gehabt, doch der sei gestorben. Mit zwölf Jahren sei der Bruder an Leukämie gestorben. Er und die Mutter seien zum Sterbebett gekommen, der Bruder aber sei schon tot gewesen und habe wie eine Puppe dagelegen. Er sprach immer mehr von der Krankheit und dem Sterben, und ich hörte nur noch zu. Er sagte, er habe ihn nicht mehr anfassen können. Bei der Beerdigung habe er immer gedacht, der Bruder sei nicht in dem Sarg. In seiner

Unsicherheit habe er hinterher seine etwas jüngeren Schwestern gefragt, was sie empfunden hätten. Sie hätten geantwortet, für sie sei der Bruder gestorben und beerdigt worden. Es sei unglaubhaft für ihn gewesen, daß der Bruder, den er so geliebt habe, tot sei. An dieser Stelle begriff ich, daß für ihn der Bruder noch lebte und gewissermaßen eine Puppe stellvertretend begraben worden war. Das bedeutete, daß er den Tod, den Verlust und den Schmerz darüber verleugnete, und betraf jenes Unglaubhafte, das ich früh gespürt hatte.

Während dieser Erzählung hatte der Patient seine leger zurückgelehnten Arme und Beine aus der dahinfließenlassenden in eine konzentriertere Haltung zurückgenommen. Er war auf dem Stuhl ein Stück weit nach vorn gerutscht, geradezu auf mich zu, die ich ihm schräg gegenüber saß, und in seinem Gesicht stieg eine leichte Röte auf. Das kam mir wie ein Zeichen der Belebung vor. Seine Ellenbogen hatte er auf die Knie gestützt, und als er vom Sarg des Bruders sprach, waren ihm die Tränen gekommen.

Die Zeit war inzwischen weit fortgeschritten, und ich sah mich genötigt, mich mit ihm zu verständigen, wann und mit welchem Ziel wir uns wiedersehen würden. Als ich schließlich aussprach, wir müßten jetzt ein Ende finden, und ihm einen Termin in wenigen Tagen vorschlug, schien er das nicht oder nur kaum zu hören. Ich fühlte mich veranlaßt, etwas wie einen Trost zu geben. Indem ich gedanklich seine Frage nach der Beratung wiederaufnahm, sagte ich, daß er sicher analytische Hilfe brauche; dies war ein größeres Angebot als nur eine Beratung, was auch bedeuten sollte, er könne auf längere Sicht wiederkommen. Es schien, als erreiche ihn mein Angebot in der Situation der anstehenden Trennung nicht. Ohne Verständigung zwischen uns mußte ich ihn für mein Gefühl abrupt verabschieden, so daß es war wie damals, als der Bruder starb. Das war mir unmittelbar bewußt, doch erwog ich, daß ich ihn bei der Verabschiedung mit einer Deutung, die diese Inszenierung enthielt, überfordern würde, einer Deutung, die für ihn wegen der Kürze der verbleibenden Zeit nicht mehr verständlich werden würde. Es war zu spät wie ehedem bei der Beerdigung, als die Eltern oder ein Elternteil dem kleinen Jungen über alle folgenden Geschehnisse nach dem Tod hätten Aufklärung und Beistand geben müssen. Die Beziehung, die er zu mir hergestellt hatte, in der er so Bewegendes erzählt hatte, mußte jetzt genügen, zumal er in drei Tagen wiederkommen würde.

In der Zwischenzeit stellte ich ein Rechenexempel auf. Der Bruder des Patienten war zwölf Jahre alt geworden. Der Bruder war drei Jahre älter als er. Da sein Bruder vom 6. Lebensjahr an krank gewesen war, hatte er von seinem dritten bis zu seinem neunten Lebensjahr die zum Tode führende Krankheit des Bruders erlebt. Der Patient war in seinem 21. Lebensjahr gekommen, also zwölf Jahre nach dem Tod des Bruders. Diese Spanne von zwölf Jahren umfaßte so viel Zeit, wie der Bruder gelebt hatte. Mir schien, als habe er das Leben des Bruders noch einmal mit sich getragen. Dieses etwas variierte Anniversary-Phänomen machte mich sehr nachdenklich und brachte mich zu der günstigen Prognose, daß es genau jetzt der Zeitpunkt war, an dem der Patient in der Schwellensituation stand, in sein eigenes Leben einzutreten.

Als der Patient wiederkam, stellte er sein Fahrrad dicht vor meine Haustür, die ich den Patienten selbst zu öffnen pflege. Er war etwas zu spät und so atemlos, daß er in den ersten Minuten nicht sprechen konnte. Während er sich dann, schon im Sitzen, intensiv suchend im Zimmer umsah, berichtete er, daß er, als er das letzte Mal gegangen war, gleich das Gefühl gehabt habe, etwas hier liegengelassen zu haben. Er war ganz überzeugt davon und erstaunt, als ich ihm versicherte, nichts gefunden zu haben. Es sei merkwürdig gewesen, sagte er, er habe doch alles bei sich gehabt, die Jacke etc. Ich erinnerte mich an seine Jacke, die mir viel zu groß vorgekommen war, und kam auf die Idee, daß es möglicherweise eine Jacke für zwei war, in der ein Zweiter, sein Bruder, für mich unsichtbar, gegenwärtig war. Seine Vorstellung, etwas bei mir gelassen zu haben, zeigte, daß sich im analytischen Dialog mit mir etwas zwischen ihm und mir ereignet hatte. Durch mein Drängen auf sprachliche Verständigung hatte der Patient über seinen Bruder gesprochen: Dieser war bisher für ihn nicht tot. Die falsche Vorstellung, bei mir etwas liegengelassen zu haben, war nach der falschen Nennung der Zahl seiner Schwestern die zweite Fehlleistung des Patienten, die mir sagte, daß das nur seinen Bruder betreffen konnte. Der Patient hatte bisher nie mit jemandem darüber gesprochen, daß der Bruder für ihn nicht tot war, und auch die Antwort der Schwestern unmittelbar nach dem Tod des Bruders hatte diese Ansicht für ihn nicht korrigiert. Indem er mit mir erstmals nach Jahren über den Bruder und seinen Tod sprach, war ein toter Teil des Patienten bei mir gleichsam von ihm abgefallen und dageblieben. Seine innere Arbeit am Tod des Bruders hatte längst, bevor er sich bei mir zur Beratung angemeldet hatte, begonnen. Auch er hatte – sicher nicht bewußt – gezählt und war zu mir gekommen, als eine Zeit abgelaufen war, die Beendigung und einen neuen Anfang für ihn bedeutete. Ich dachte daran, daß er am Telefon nach Beratung gefragt hatte. Damit hatte er sehr wahrscheinlich die Beratung gemeint, wie sein eigenes Leben weiterverlaufen könnte. Er mußte mich für mein vorbewußtes Verständnis so intensiv gefragt haben, daß er mir neben der Rolle, die den Toten tot sein lassen kann, die Rolle der Aktiven, der Erweckenden zugespielt hatte. Da ich ja nichts von ihm wußte, wollte ich etwas erfahren, aber der tote Bruder in ihm konnte nicht antworten, und er selbst, mit diesem identifiziert, hatte es schwer, Lebensäußerungen zu geben.

Bevor er sein Leben eindeutiger und zielstrebiger in seinen Händen würde fassen können, so war mir klar, gab es noch eine ganz andersartige Arbeit. Schmerz und Trauer waren zu ertragen, wenn er innerlich selbst den Bruder begraben mußte. Nachdem wir in der ersten Begegnung über ihn und seinen Bruder gesprochen hatten, verriet die Fehleinschätzung, er habe etwas liegenlassen, daß ich an seiner Stelle den Bruder angenommen hatte. Er war alleine fortgegangen, hatte mir den Bruder in den Schoß gelegt und damit etwas verloren, das er liegengelassen zu haben glaubte. Noch gehörten beide, der Patient und der mir überlassene Bruder, eng zusammen. Infolgedessen gehörte nun auch ich dicht zu dem Patienten, weil er mich zum Empfänger und Bewahrer seines toten Teiles, des Bruders, gemacht hatte. Weil aber der Bruder in ihm noch lebendig war, hatte ich die Rolle eines Lebendigen und Toten in einem. Trotz dieses Versuchs einer Abspaltung konnte er jedoch nicht ohne weiteres der sein, der er wirklich war. Während er immer wieder stumm, für mich unwirklich oder geradezu tot war, war ich die Aktive, Fragende, die dem Leben und damit der Zukunft Verpflichtete. Seine Eltern hätten ihn, so berichtete er, immer an den Platz des Bruders gestellt. Er war also das *Ersatzkind* und wurde verwöhnt; so hatten auch seine Eltern unwissend das Ihre dazu getan, daß der Bruder in ihm weiterlebte – das waren meine Gedanken. Alle Hoffnungen, die die Eltern in den offenbar sehr geliebten älteren Sohn hineinverlegt hatten, galten nun ihm, so dachte ich weiter. Ich ahnte, wie wichtig es werden würde, auch den *Neid* des Patienten auf den Bruder zu sehen, der ihn seinerseits in diese Rolle getrieben hatte, als sein Platz durch die fortschreitende Krankheit allmählich frei geworden war. Der Patient hatte sich die in den Bruder gesetzten Hoffnungen zu eigen gemacht. Er hatte den älteren Bruder für besser als sich selbst gehalten, obwohl dieser krankheitsbedingt in seiner Entwicklung mit Sicherheit zurückgefallen sein mußte. Die Bemühungen der Eltern um den Bruder angesichts der Krankheit hatte er ganz offensichtlich als ein »Mehr« fehlinterpretiert, das ihm nicht zuteil wurde. Auch die Erwartungen der Eltern, daß der Älteste gesund werden würde, mußten ihn in dem Sinne stimuliert haben, wie stark und fähig der Bruder sei, obwohl diese Hoffnungen illusorisch gewesen waren und mit ihnen die Schwere der Krankheit verleugnet worden war.

Darüber, daß er vermeint hatte, etwas bei mir liegengelassen zu haben, konnten wir jetzt endlich sprechen, und ein bewegtes Gespräch entfaltete sich. Ich konnte mir mit der Zeit vieles vom Leben der Brüder vorstellen, die sich lange Zeit sehr gern gehabt haben mußten. Erschöpfungszustände und Funktionsausfälle hatten einen ständigen Aufenthaltswechsel des Bruders zwischen Krankenhaus und zu Hause bedingt. Nie habe man richtig gewußt, wie gut oder wie schlecht es ihm gegangen sei. Einen Tag vor dem Tod des Bruders hätten sie sich eine Kissenschlacht geliefert. Damit äußerte der Patient für mein Verständnis Gedanken der *Schuld* am Tode seines Bruders, den er überfordert, ja vielleicht damit überrundet hatte. Es war ja eine »Schlacht« gewesen. Diese Überlegung behielt ich für mich für einen späteren Zeitpunkt. Der Patient und ich blieben noch bei dem Thema der Erbschaft des Bruders, der Verwöhnung durch die Eltern. Diese sei für ihn angenehm gewesen, doch fühle er, daß dabei etwas nicht gestimmt habe. Der Bruder sei es gewesen, der gemeint war, und nicht er. Damit sprach er das Unwirkliche aus, das auch in der Familie war. Ausgesprochen wurde nun auch, daß er den Bruder bei mir gelassen hatte, wenn im Gespräch mit mir der Tod des Bruders konstatiert wurde. Das Gefühl der Eltern, versagt zu haben, das Kind nicht groß bekommen zu haben, mußte mit seinem Neid auf den Bruder korrespondiert haben. Er war nach dem Tod des Bruders zu dem geworden, auf den man wirklich setzen konnte. Das hatte zu Verwöhnung und Erwartung zugleich geführt. Er mochte weder auf die Verwöhnung verzichten noch die Erwartung enttäuschen. Das hatte ihn anspruchsvoll und depressiv in einem werden lassen. Doch Verwöhnung und Erwartung galten nicht ihm. Er war das Ersatzkind. Er war nicht er selbst, sondern *er war er und der tote Bruder* in einem. Sein spät entwickeltes »falsches Selbst« war der Versuch einer Ausfüllung der familiären Vorstellung all dessen, was der Bruder hätte sein können. Die Choreographie hätte wahrscheinlich dem ständigen Versuch dieser stummen Inszenierung gedient. Das Bild des Bruders wollte sich dennoch nicht eindeutig ergeben, es blieb blaß. Diese Leichenblässe drohte fortwährend das Tun des Patienten zu überlagern und war sehr wahrscheinlich der Grund für sein Versagen in Situationen, die er nicht richtig einschätzte oder für die er sich nicht interessierte. Der tote Bruder in ihm unterbrach seine innere Kontinuität. Am Ende der Stunde sagte ich zu dem wie beim ersten Mal Gekleideten: »Aus weiß muß schwarz werden.« Trauer mußte getragen werden. Die Trauer galt nicht nur dem Bruder, sondern auch der besonderen, aber unwirklichen Rolle, die er als Brudernachfolger als Gratifikation in der Familie innehatte. Nur die Trauer konnte von dem Objektverlust, der sich durch die Identifizierung mit dem Bruder in einen Ichverlust verwandelt und damit sein Ich verändert hatte, zu einer eigenen Entwicklung seines Ichs hinführen.

Offensichtlich hatten der Patient und ich uns im zweiten Gespräch über etwas ganz Wesentliches verständigt: das Paradoxon, daß der Bruder tot war und dennoch lebte. Weil ich jedoch die in ihm ausgelöste, noch zu leistende innere Arbeit als nicht leicht für ihn einschätzte, hatte ich noch eine dritte Stunde mit ihm vereinbart. Ich hatte recht damit, denn vor diesem nahen Termin platzte er mitten in die Stunde eines anderen Patienten herein. Mit schneeweißem Gesicht setzte er sich dann während meiner Pause spontan auf die Couch und sagte mit leiser Stimme, er könne nicht mehr, er glaube, daß er sterben müsse, er müsse eingeschlossen werden, um vor sich selbst bewahrt zu sein. Ich solle ihn in die Klinik bringen. Das sagte er wörtlich.

Eine so stürmische Entwicklung hatte ich nicht erwartet. Ich hatte nicht bedacht, daß ich ihm mit meiner Deutung »Trauer muß getragen werden« den bei mir zurückgelassenen Bruder wiedergegeben hatte. Wie zur eigenen Sicherheit wollte er eingeschlossen werden, um seinen eigenen, noch so schwachen und unzureichend aktiven Teil zu schützen und nicht mitbeerdigen zu müssen. Ich versuchte, mit ihm zu reden. Er blieb bei seinem Wunsch; mein Angebot, er könne täglich wieder zu mir kommen, schien nicht das richtige zu sein. Langsam konnte ich folgen, als er meinte, er könne nicht mehr nach Hause. Mir wurde klar, daß er dort erneut mit dem toten Bruder identifiziert würde, und so entschloß ich mich, seinen Wunsch ernst zu nehmen.

Glücklicherweise ließ sich sein dringlicher Wunsch realisieren. Ich konnte den Patienten in einer Klinik unterbringen, in der ich ihn in guten Händen wußte, in der man seine Situation verstand und gut damit umging. Zwei Wochen später war er zurück und kam gleich zu mir. Er war verändert. Mir schien er größer geworden, er hatte etwas Ausstrahlendes an sich, das ihn wirklicher erscheinen ließ. Ich merkte, daß er jetzt tatsächlich anwesend war, und er erzählte ganz selbstverständlich, wie es ihm in der Klinik ergangen war. Drei Tage hatte man ihn ganz nach seinem Wunsch und Bedürfnis belassen. Er habe unendlich viel schlafen, habe allein mit sich sein wollen. Dann habe er mehrfach mit dem Arzt gesprochen, und sie hatten sich über weiteres, für mich Neues verständigen können. Nachdem er in der Klinik offensichtlich zu sich gekommen war, stand fest, daß er und ich auf seinem eigenen Weg ohne Verzug durch Wartezeiten weitergehen, weiterarbeiten würden und mußten und daß nur noch der äußere Rahmen zu vereinbaren übrig blieb.

Psychoanalytische Überlegungen

Die drei Erstgespräche waren nichts anderes als der Auftakt seines Aufbruchs zu sich selbst zu einem inneren Zeitpunkt, der das Ende einer langen Zeit der *Melancholie* war. Mir oblag es dabei zunächst, all dem Gefühlten Sprache zu geben, indem ich die mir wechselnd zugespielten Identifizierungen, gleich ob die des Toten oder des Lebenden, erkannte, realitätsgerechter mit ihnen umging und dem Patienten das einsichtig machte. Seine Psychoanalyse hatte mit dem ersten Kommen begonnen und sich mit den ungewöhnlichen Geschehnissen innerhalb der drei ersten analytischen Dialoge fortgesetzt. Ich fühlte, daß der Patient über eine gute Basis verfügte, d. h. über gute frühe Erfahrungen mit dem Objekt. Auf diese Grundstruktur war für ihn und mich Verlaß, dies um so mehr, wenn ich an die Zumutungen einer weiteren aufklärenden Behandlung und die Veränderungen dachte, die für sein künftig eigenes Leben wichtig waren. Er hatte mich als ein von ihm getrenntes Gegenüber finden können, das nicht wie sonst Ansprüche und Erwartungen auf ihn ablud, d. h. unmerklich auf ihn projizierte und einforderte. Auch das war als ein prognostisch günstiges Zeichen zu werten.

Es läßt sich mit dem Analysanden immer nur so weit gehen, wie sein Ich im Moment neu zu sehen, zu fassen und zu verarbeiten, d. h. zu metabolisieren imstande ist. Dieses neu herstellbare Gleichgewicht muß ich als Psychoanalytikerin spüren und achten. Es wäre sinnlos, ja sogar traumatisierend, brächte ich, wo immer es vom latenten Zusammenhang her psychoanalytisch denkbar wäre, mein analytisches Sehenkönnen ein, das im Moment darüber hinausgehen kann. Nicht alle im Erstinterview erscheinenden Konfliktbereiche können erfaßt und zu ihrem Nachweis mit Deutungen versehen und vom Patienten vertieft werden. Die Dynamik eines Konfliktes reicht immer weiter. Das psychoanalytische Verständnis leitet sich vom Aktuellen, das situativen Charakter trägt, ab. D. h., der Analytiker muß sich auf die jeweilige psychische Oberfläche einstellen und sie zu deuten suchen. Der aktuelle Konflikt führt weiter, weil sich nach seiner Deutung die damit zusammenhängenden Konfliktbereiche aktualisieren. Das geschieht unabhängig davon, ob der Patient wie hier seinen Konflikt so eindrucksvoll mit mir inszeniert oder ob er eher und mehr zu erzählen scheint. Beide Darstellungsweisen sind beherrscht von der sich anbahnenden Übertragung; im Falle der Inszenierung ist sie wie hier oft so viel sinnfälliger. Alle weitere Bearbeitung ist als Durcharbeiten Aufgabe der künftigen Psychoanalyse. Entlang den in der Übertragung aktualisierten, entscheidenden psychosexuellen Konflikten wird die Entwicklung der Struktur in der Beziehung zum Analytiker, der genannten Übertragung beziehungsweise Übertragungsneurose, zugänglich und einschließlich ihrer Widerstände in einem die Behandlung ausmachenden Prozeß analysierbar.

Ich kann einige Konfliktbereiche dieses Falles benennen, die sich an die Thematik des Erstinterviews anschließen. Eine solche Betrachtung ist als Einschätzung der anstehenden Arbeit für die Indikation einer Psychoanalyse sinnvoll. Wenn ich rekonstruiere, daß der Patient drei Jahre alt war, als sein damals sechsjähriger Bruder erkrankte, so befand er sich am Beginn der phallischen und damit ödipalen Phase mit der dafür typischen exklusiven Liebe zur Mutter, die den Jungen unvermeidlich in die Rivalität zum Vater bringt. In seiner Stellung als zweiter in der Geschwisterreihe kann es nicht leicht gewesen sein, die Mutter zu erreichen, zumal sie in dieser Zeit erneut schwanger wurde. Er hatte ja noch drei jüngere Schwestern. In den Augen des Patienten konnte sehr wahrscheinlich der kranke Bruder als Ältester die ihm eingeräumte Schonung und Rücksicht wie eine besondere Liebe genießen. In der Folge wird der Patient seine Liebe zur Mutter und seine Rivalität gegenüber dem Vater auf den Bruder verschoben haben. Er war wie der Bruder, als ich ihn in die Klinik bringen sollte. Gleichzeitig, in der Identifizierung mit der Mutter, liebte er wie sie das von ihr geliebte kranke Kind, den Bruder. In dieser fürsorglichen Art war er der Mutter nahe. Durch eine heimliche Konkurrenz mit dem Bruder entging er der Rivalität mit dem Vater. Das entsprach der Tatsache, daß der Vater in der Abfolge der drei Erstgespräche unerwähnt blieb und damit völlig bedeutungslos schien. Abgesehen von seinem vorbewußten Wunsch, wie der Bruder zu sein, führte er möglicherweise den Vater, als er um die Aufnahme in einer Klinik bat, als eine zunächst anonyme Institution ein, zu der ich ihn gehen lassen sollte, weil sie ihm vielleicht mehr Schutz versprach als ich. Aus der Klinik kam er zu mir zurück und hatte »Neues« mit einem Arzt wie einem Stellvertreter des Vaters gesprochen. Dieser Arzt war ihm während der Klinikzeit sehr wichtig geworden. Die Liebe zum Bruder, eine Form altruistischer Abtretung, hatte ihn in seiner Enttäuschung, dieses »Mehr« von der Mutter nicht zu bekommen, in der Kindheit erleichtert. Diese altruistische Abtretung hatte sogar gänzlich seinen Neid dem älteren Bruder gegenüber aufgehoben. Der Neid mußte vorhanden gewesen sein, war der Bruder ihm in seiner Stellung als Ältester doch anfänglich voraus. Um so folgenschwerer war es für ihn, daß sich das Vermächtnis des Bruders später wirklich als Erbe anbot. Es auszuschlagen, war gar nicht denkbar. So erschien er lieb, gefällig, ja sogar gefügig. Niemand – auch nicht er selbst – durfte von dem Neid etwas bemerken. Sein Altruismus hatte seine eigenen Ichgrenzen weit überschritten. Das hatte wahrscheinlich begonnen, als sein Bruder krank war und er mit der Mutter für ihn sorgte und die Krankheit zu erleichtern half. Seine Ichgrenzen wurden aber noch weiter überschritten, als er das Bild des toten Bruders in sein lebendiges Ich aufnahm und den Stand und die nie ausformulierten Fähigkeiten oder Ziele des noch viel zu kleinen und zu kranken Bruders, also Illusionen, übernahm. Er liebte den Bruder so sehr, daß er mit ihm partiell verschmolzen war, eine Fraternisierung, die über den Tod hinausging. Die für ihn wichtigen Aufnahmeprüfungen, die er hätte bestehen können, hatte er wahrscheinlich auf diese Weise nicht bestanden – ein Ausdruck seines Ichverlustes. Nicht einmal die Ballettgruppe hatte ihn ausreichend aus der Fixierung an die häusliche Situation durch die Konstellation der dortigen Objektbeziehungen lösen können. Das Vermächtnis des Bruders übernehmen zu können, bedeutete einerseits eine Verführung, andererseits eine Festschreibung in Form einer Präjudizierung. Er war also in der Situation einer von einer komplexen und scheinbar für ihn günstigen Abwehr verdeckten Form des negativen Ödipuskomplexes verblieben. Diese Anpassung an die Mutter könnte man auch als eine Form der späteren Entwicklung eines »falschen Selbst« bezeichnen. Die Identifizierung mit der Mutter stellte eine Abwehr durch Unterwerfung unter sie dar, nämlich das zu tun, was sie tat, unter weitgehendem Verzicht auf Rivalität und eigengerichtete Aktivität. Das zeigte sich in der Unsicherheit der Verfolgung eigener Ziele. In der partiellen Identifizierung mit der Mutter schien es, als unterwerfe er sich auch dem Vater, den er in Wirklichkeit übertrumpfte. War er der Mutter doch so nahe, wenn sie beispielsweise mit ihm an das Sterbebett seines Bruders ging. Infolgedessen mußte die Schuldthematik sehr bedeutsam sein. Die Erinnerung an die Kissenschlacht beinhaltete geradezu einen Mordgedanken und verriet damit auch seine Ambivalenz und die folgenden unbewußten Schuldgefühle dem Bruder gegenüber. Er wußte in dieser paradoxen Situation, in der von allen so viel geleugnet wurde, nicht, daß der darin enthaltene Impuls für ihn auch ein lebensbejahender war, daß der Bruder endlich sterben sollte, damit er leben konnte; hatte er ihn doch längst überrundet. In der Opferung seiner selbst wurden unbewußte Schuldgefühle längst gebüßt. Aufgrund dieser hochempfindlichen masochistischen Thematik vermied ich es, schon im Erstinterview die Schuld anzusprechen, die sich zeigte, als er von der einen Tag vor dem Tod des Bruders stattgefundenen Kissenschlacht sprach. Obwohl er von ihr in so engem Zusammenhang mit dem Tod des Bruders erzählte, vermied er doch, die Bedeutung aufzugreifen – ein Zeichen dafür, daß er diesen unbewußten Schuldgefühlen noch nicht beggnen konnte.

Seinen gesunden Teil zu vertreten, aktiv, neugierig auf eigenes Erkennen ausgerichtet zu sein, hatte er mir in der unmittelbar stattgefundenen Übertragung zugewiesen, ein im eigentlichen Sinne aggressives Verhalten. Damit hatte ich die Rolle, diesen seinen Teil ihm zurückzugeben, ihn zu ermutigen, den toten Teil in ihm als solchen zu erkennen, schließlich zu verlassen und zu betrauern. Der stillschweigenden Aktivität, den toten Teil bei mir liegenzulassen, also an mich abzutreten, damit ich für ihn trauern sollte, war ich deutend begegnet, indem ich sagte, daß bei ihm aus Weiß Schwarz werden müsse, d.h. Trauer unvermeidbar sei.

Mit einer bewußten Absicht hatte dieser Patient als Kind in seiner Entwicklung jene Vorteile, die in der Rolle des Ersatzkindes zu liegen schienen, sicher nicht übernommen. Eine Unwissenheit oder ein geradezu Nicht-Wissen-Wollen der Eltern, ein Verkennen ihrer elterlichen Aufgaben wirkte sich auf die Strukturentwicklung des Kindes aus. Es war, als hätten sich die Eltern nie klargemacht, was eine chronische Krankheit und der Tod eines Kindes für die Geschwister bedeutet. Sie vermieden für sich und die Kinder die Orientierung über die Realität, den drohenden Ausgang der Krankheit, und ihre Bedeutung für die ganze Familie. Das auf den Tod des ältesten Kindes folgende Weihnachtsfest wurde gefeiert, indem man erstmals in eine sonnige Gegend fuhr, um nicht an Weihnachten erinnert zu werden, um alles ganz anders zu haben und zu erleben: um zu vergessen. Das füge ich als Beleg für mein entwickeltes Verständnis aus dem späteren Material der Behandlung hinzu. Die Eltern ertrugen den Tod des Kindes selbst nicht und konnten folglich ihren Kindern in der anstehenden Aufgabe, die Trauer zu ertragen, nicht helfen. Für die Mutter war es angenehm, daß ihr der andere Sohn in all den Nöten, der Pflege etc., zur Seite gestanden hatte. Sie merkte nicht, daß er seinen eigenen Weg dabei nicht finden konnte. Niemand in der Familie merkte, daß der zweite Sohn, der in die Stellung des ersten aufrückte, über eine ungemein lange Zeit – noch einmal die gesamte Lebensdauer des Bruders – Trauer für alle trug, wobei der Bruder zum *inneren Doppelgänger* geworden war, der das eigene und lebendige Ich in einer *Reunion* zu verzehren drohte. Seine Lösung von der Familie, also die Lösung der verschleppten ödipalen Situation mitsamt ihrer Schuldthematik, wie seine Individuierung standen an, und er wußte, daß er dazu Hilfe brauchte, die er anzunehmen imstande war. Die Psychoanalytikerin als Ersatzobjekt annehmen zu können und nicht auf der Hilfe durch das Primärobjekt, die Mutter, zu bestehen, ist eine Fähigkeit im Dienste der Icherweiterung. Die Lösung, ja die Befreiung auch von der Mutter würde, verschoben auf mich, viel gleitender möglich, was sich in der Abfolge der drei Dialoge bereits entwickelte.

Theoretische Quellen und Ergänzungen

Zu dieser Thematik der Trauer im Kindesalter möchte ich den Leser auf einige wichtige Literatur verweisen: Neben der Monographie von Erna Furman (1974), *Ein Kind verwaist*, ist Humberto Nagera (1970) wichtig, der in der Arbeit »Childrens Reactions of the Death of Important Objects: A Development Approach« nachweist, daß Kinder zwischen zweieinhalb und fünf Jahren noch keine Trauer leisten können, sondern frühestens in der späteren Pubertät, wenn sie von ihren Eltern gelöst sind. Er schildert, daß in jedem Fall eine schwere Unterbrechung beziehungsweise Störung der Entwicklung eintritt, und zwar der physischen, psychischen wie emotionalen. Martha Wolfenstein (1969) verweist in der Arbeit »Loss, Rage and Repetition« auf die Phantasie der Reunion, das heißt einer Wiedervereinigung, bei Kindern, die einen Elternteil verloren haben. – Ergänzend sei die klassische Stelle aus Freuds Arbeit *Trauer und Melancholie* (1916-17g, 435) zitiert:

Es hat dann keine Schwierigkeit, diesen Vorgang zu rekonstruieren. Es hatte eine Objektwahl, eine Bindung der Libido an eine bestimmte Person bestanden; durch den Einfluß einer realen Kränkung oder Enttäuschung von seiten der geliebten Person trat eine Erschütterung der Objektbeziehung ein. Der Erfolg war nicht der normale einer Abziehung der Libido von diesem Objekt und Verschiebung derselben auf ein neues, sondern ein anderer, der mehrere Bedingungen für sein Zustandekommen zu erfordern scheint. Die Objektbesetzung erwies sich als wenig resistent, sie wurde aufgehoben, aber die freie Libido nicht auf ein anderes Objekt verschoben, sondern ins Ich zurückgezogen. Dort fand sie aber nicht eine beliebige Verwendung, sondern diente dazu, eine Identifizierung des Ichs mit dem aufgegebenen Objekt herzustellen. Der Schatten des Objekts fiel so auf das Ich, welches nun von einer besonderen Instanz wie ein Objekt, wie das verlassene Objekt, beurteilt werden konnte. Auf diese Weise hatte sich der Objektverlust in einen Ichverlust verwandelt, der Konflikt zwischen dem Ich und der geliebten Person in einen Zwiespalt zwischen der Ichkritik und dem durch Identifizierung veränderten Ich.

Das wechselseitige Alibi
Magersucht und Erbrechen

Die Mutter einer 18jährigen rief mich an. Sie wünschte einen Termin für ihre Tochter, weil diese – die Mutter sagte es wörtlich – magersüchtig sei und seit mehreren Wochen erbreche. Rasch zog sie mich in ein Netz weiterer Informationen, aus dem ich mich mit Mühe befreien mußte, um ihr zu sagen, es sei günstiger, wenn sich ihre Tochter, eine junge Erwachsene, selbst bei mir anmelden würde. So leicht akzeptierte die Mutter das jedoch nicht, und ich mußte eine weitere Flut bedrängender Worte erdulden. Als ich schließlich erklärend hinzufügen konnte, daß junge Menschen empfindlich seien und der eigene Schritt, sollte das eine Behandlung werden, ganz wesentlich sei, schien Beruhigung einzutreten. Ich nutzte sie und sagte, an einer solchen Krankheit seien immer zwei beteiligt. *Lege artis* war das nicht; denn Deutungen sollten nicht am Telefon gegeben werden. Ich fühlte mich jedoch so genötigt, daß ich mir auf diese Weise Luft schaffen mußte. Ob die Mutter es gehört und auch verstanden hatte, blieb offen.

Ich merkte mir den Familiennamen und wartete in der nächsten Zeit auf den Anruf der Tochter. Statt dessen war einige Tage später wieder die Mutter am Telefon, wieder mit der Bitte um einen Termin, wieder mit der vorwurfsvollen Klage, Martina, die Tochter also, erbreche erneut, sie erbreche immer in Handtücher, die sie, die Mutter, dann außerhalb des Hauses finde. Es war mir peinlich, so in den Konflikt zwischen Mutter und Tochter hineingezogen zu werden, Intimes durch einen anderen als die Patientin zu erfahren und dadurch gleichsam beauftragt zu werden, die Tochter zu überführen. Ich sah, daß die Mutter sich zwar in Sorge befand, aber auch, daß sie einfach über einen anderen bestimmte, indem sie erneut für Martina einen Termin bei mir festlegen wollte. Als die Mutter mich überwältigend dann vor eine neue Tatsache stellte und meinte, ich könne hier, jetzt, mit Martina sprechen, sie stehe hinter ihr, mußte ich meinen inzwischen angewachsenen Ärger deutlich beherrschen. Mit dem Gefühl, überrumpelt worden zu sein, mußte ich mich trotz dieser Vermittlung der Patientin gegenüber wohlwollend einlassen. Augenscheinlich hatte das junge Mädchen seinerseits hier mitgespielt. Ich stellte mich ihr vor und nannte auch meinen Beruf, damit sie ein Gespräch bei mir nicht mit einer ärztlichen Untersuchung verwechseln möge und sich unter Umständen unverhofft und unwillentlich aufgefordert sähe, über Persönliches zu sprechen. Ich teilte ihr mit, daß ihre Mutter wiederholt einen Termin für sie vereinbaren wollte, und fragte, ob das auch ihr Wunsch sei. Sie bejahte, und so vereinbarten wir einen Termin. Dabei schien jedoch die Bedingung zu bestehen, daß sie mit dem Auto zu mir gefahren werden würde, daher mußte der Termin auch für die Mutter möglich sein. Sie entschuldigte diese Umständlichkeit halbwegs mit der Bemerkung, daß sie selbst noch nicht Auto fahren könne. Für mein inneres Verständnis sagte sie mir damit: ich bin noch nicht groß genug, um allein zu Ihnen zu kommen. Dabei wohnte sie nicht etwa so, daß sie mich nicht mit einem öffentlichen Verkehrsmittel hätte erreichen können.

Der Termin lag am frühen Abend eines milden Sommertages. Weit vor der Zeit standen Mutter und Tochter vor meiner Haustüre. Einen Moment lang kämpfte ich um meine Orientierung, wer hier den Vorrang hatte und wem ich zuerst die Hand anbieten sollte. Möglicherweise hatte mir die Mutter mein ärztliches Selbstverständnis, der Patientin als erste die Hand zu reichen und sie zu begrüßen, durch ihre jetzt sogar konkrete Nähe erschwert. Ich sagte, daß wir noch eine Viertelstunde Zeit hätten und setzte einen Moment später hinzu, daß das Erstgespräch nicht ganz eine Stunde in Anspruch nähme. Damit versuchte ich, indirekt zum Ausdruck zu bringen, daß die Mutter Zeit genug habe, spazierenzugehen oder in der Stadt zu bummeln. Weil es zu keiner Entscheidung kam und für mein Gefühl nur die anspruchsvolle Erwartung »wir sind da« im Raum stand, drückte ich sogar diese Vorschläge aus. Sicher tat ich das auch, weil ich mich bedrängt fühlte und ich die vorübergehende Trennung während des Gesprächs als sinnvoll erachtete. Oder wollte die Mutter gar mit ins Analysenzimmer kommen? – Die Mutter konnte sich nicht entschließen, etwas davon aufzugreifen und zog es vor, hierzubleiben und zu warten. Einen Moment lang spürte ich nach dem Scheitern meiner vermittelnden Angebote meine Ohnmacht gegenüber diesem bedingungslos fordernden Anspruch auf Eindringen in ein persönliches Vorhaben der Tochter wie auch in die Art meiner Tätigkeit. Sollte ihr die Tochter unmittelbar nach dem Gespräch unter die Augen treten? Sollte sie dann keinen Moment Zeit haben, ihre Gedanken und Gefühle in sich hineinzunehmen? War mein Vorschlag nicht eine indirekte Bitte, einen freien Raum einzurichten? Ich litt darunter, daß hier ein Beginn, der für die Tochter so wichtig sein könnte, auf das empfindlichste gestört wurde. In mir wuchsen Ärger und Empörung, doch versuchte ich rasch, das möglichst gut zu beherrschen, um der Tochter in weitgehender Unabhängigkeit zur Verfügung zu sein.

Als wir uns dann im Analysenzimmer gegenübersaßen, begann die junge Patientin und sagte: sie fürchte, Probleme zu haben, obwohl sie die Krankheit derzeit überwunden habe. Das eingeräumte: »derzeit« sei die Krankheit vorüber, erschien mir prognostisch günstig. Sie mußte eine Ahnung davon haben, daß ihr Kranksein nicht an einem momentanen Befinden zu beurteilen war. Ich unterließ jede Frage oder Ermunterung, über die Probleme oder die Krankheit zu erzählen, und sah sie nur an mit einem Ausdruck, der aus der Haltung resultierte, möglichst keinerlei Erwartung zu haben und alles so zu akzeptieren, wie es zur Zeit war oder möglich war. Das gelang mir und ermöglichte eine größere Ausführlichkeit.[1] Die Patientin erzählte mir nun, daß sie vor drei Jahren erkrankt sei und etwa zwei Jahre lang Untergewicht, »aber nie ein Gewicht unter vierzig Kilogramm« gehabt habe. Ich merkte, daß sie die Krankheitsbezeichnung »Magersucht«, die ihre Mutter so selbstverständlich gebraucht hatte, vermied und wohl voraussetzte, daß die Mutter mir das gesagt hatte. Ich spürte an ihrer Wendung, daß sie um diese Krankheit und ihre konkreten körperlichen Gefahren, wie auch um den Bezug dieser Krankheit zu ihrem psychischen Befinden wußte. Sie ließ mich mit diesem Satz wissen, daß sie eine ganz beachtliche Fähigkeit zur Kontrolle besaß, wenn sie diese *Sucht*, abzunehmen, so gut kontrollieren konnte. Eigentlich hätte ich mir sagen können: Das hat sie der Mutter abgeguckt. Da Inappetenz mit dem folgenden Untergewicht bei Mädchen in diesem Alter nur ein Symptom neben anderen im Krankheitsbild der Magersucht ist und hinter dieser Diagnose stets eine psychische Struktur steht, die in ihrer Entwicklung früh gestört worden ist, konnte meine Sorge um diese Patientin im aktuell gebesserten Zustand nicht aufgehoben sein. Das gleiche hatte sie in der eingangs genannten Befürchtung, Probleme zu haben, ebenfalls zum Ausdruck gebracht. Das berechtigte mich zu hoffen, daß sich das Gespräch über ihre eigentlichen Probleme zwischen uns vertiefen würde. Ihre Mitteilung, wie sehr sie selbst die Krankheit in der Hand habe, wurde dann zunächst weiter bekräftigt, als sie, wie um mich zu beruhigen, sagte: aber seit einem Jahr wiege sie fünfzig oder auch knapp über fünfzig Kilogramm. Das entsprach

---

1 Ihre Gestalt und ihre Kleidung – das merkte ich erst, als ich meine erste Niederschrift las – hatte ich zu beschreiben vergessen. Diese Tatsache erklärt sich für mich dadurch, daß sich einerseits der Eindruck der Mutter so stark vor die Patientin geschoben hatte, und andererseits bei der Patientin selbst der Wunsch nach körperlicher Verflüchtigung pathognomonisch war.

meinem Augenmaß, und wäre sie nicht fortgefahren, daß sie dennoch seit einem Jahr erbrechen müsse, wäre ich in meiner Funktion vielleicht doch unnötig gewesen, eine Befürchtung meinerseits, nachdem die Mutter zuvor alles so dramatisch und dringlich geschildert hatte. Mir drohte, daß ich in der Auseinandersetzung zwischen Mutter und Tochter lächerlich gemacht würde, und diese Befürchtung war nicht ganz unberechtigt, als sie jetzt sagte, das Erbrechen habe seit vier Wochen aufgehört. Offenbar brauchte die junge Patientin die damit betonte Unabhängigkeit von mir, um mir aus ihrem Leben erzählen zu können. Sie berichtete, sie stehe mitten im Abitur, es stünden nur noch die letzten Prüfungen an. Das erzählte sie in einem Ton, in dem keine Angst mitzuschwingen schien. Das Abitur zu bestehen, erschien ihr selbstverständlich. Sie meinte, nach diesen Prüfungen sei es geschafft, doch fühle sie, so räumte sie ein, daß etwas anderes auf ihr laste, sie könne es gar nicht genauer sagen. Das ermutigte mich, eine Deutung zu geben; denn diese Belastung hatte sie mitgebracht. Sie hatte ihren Weg zu mir, zu einem möglichen ganz andersartigen Anfang, weder allein initiieren, noch heute abend ermöglichen können. So formulierte ich das, was sich bisher ereignet hatte: »Sie haben das Abitur fast in der Tasche, und die Mutter haben Sie hier vor der Tür, im Wartezimmer sitzen.« Damit sprach ich die Situation der Trennung von ihrem Zuhause an, vor allem die schwierige Trennung von der Mutter, und den damit verbundenen Beginn eines eigenen Neuen, einem Beginn, der bereits hier von der Mutter überschattet war. Das Gespräch kam plötzlich in Fluß, und sie erzählte von vielen kleinen Episoden: wieviel der Mutter daran liege, ununterbrochen alles mitgeteilt zu bekommen, jede Unternehmung zu begleiten. Sie mische sich in alles ein. Das Schlimme sei, daß die Mutter immer glaube, sie müsse alles wissen, nur sie allein könne die Dinge beurteilen; sie fühle sich zurückgestoßen, wenn sie, also die Tochter, etwas alleine mache, sie sei dann gekränkt; der Druck, der

Mutter gerecht zu werden, laste immerzu auf ihr. – Es wurde klar, daß die Patientin die Schuld der Trennung, die niemals loslassende Hand zurückzuweisen, nicht tragen konnte. Mit Schuldgefühlen wurde sie an die Mutter zurückgebunden. Das deutete ich, indem ich sagte: »Zu gehen macht auch schuldig, und diese Schuld zu tragen, ist nicht leicht.« Tränen kamen in ihren Augen auf. Sie fuhr dennoch fort, indem sie erzählte, wie sie Kleider kaufe und anziehe, von denen sie wisse, daß die Mutter sie mit Sicherheit nicht möge. Sie stelle sich dann vor die Mutter und frage, ob sie so gehen könne. Sie erzählte, daß sie manchmal so tue, als sei etwas Schwieriges in der Schule gewesen. Die Mutter sehe es als persönliche Schande an, wenn sie etwa eine schlechtere Zensur in einer Arbeit habe als zuvor oder als andere. Das sei im Grunde fast nie vorgekommen, und nie habe eine etwas schlechtere Note ihre Schulsituation bedroht. Die Mutter befürchte das aber immer. In solchen Fällen werde die Mutter ganz aufgeregt. Über die Kleidung klage sie fast jammernd, daß das unmöglich sei; und über die Schularbeiten gerate sie außer sich, und das, obwohl sie in Wirklichkeit ja doch nichts beurteilen könne. Beiläufig fragte ich, ob die Mutter selbst Abitur habe. Das verneinte sie; die Mutter habe auch keine berufliche Ausbildung.

Wenn ich hier erkannte, daß die Tochter für die Mutter einen Selbstanteil bedeutete, in den sie das von ihr selbst nicht Erreichte hineinverlegte, begriff ich auch, wie die Tochter die Besorgnis provozierte, um Trennung auch durch Demütigung der Mutter zu erreichen. Ihrerseits war sie, solange sie immer noch ein Selbstanteil der Mutter war, von ihr hoch geschätzt. Dies erklärte das Verharren bei der Mutter, weil die Schuld beim Weggehen zu groß wurde. Dazu aber würde beim Weggehen eine narzißtische Kränkung folgen, nämlich der Mutter nun weniger wert zu sein; denn, um von der Mutter aufgewertet zu werden, mußte sie den Preis ihrer Nähe, ihrer Verfügbarkeit, bezahlen. Sie würde mit der Trennung der Mutter wie auch sich selbst etwas ganz Wesentliches nehmen. Da sie sie so provozierte, war es klar, daß sie sie liebte und es genoß, so bedeutsam für die Mutter zu sein. Es war eine Krankheit zwischen zweien. So wird die Jugendliche auch die Mutter beim zweiten Telefongespräch provozierend vorgeschoben haben, wenn sie dann erst bereit war, mit mir zu sprechen; aber sie zeigte damit auch, daß es um zwei ging. Ich deutete ihr provozierendes Verhalten, mit dem sie die Mutter immer wieder zu veranlassen wußte, sich um sie zu kümmern, unter dem Hinweis, daß sie die Einmischung der Mutter liebe und wohl auch brauche, weil ihr das *Sicherheit* gebe, aber, fügte ich hinzu, *keine Freiheit*.

Die junge Patientin hatte das sehr wohl begriffen und meinte, sie habe ihrem älteren Bruder abgeguckt, wie man es macht, und sprach von seiner Trennung. Sie vermied es allerdings, den Begriff der Lösung oder Trennung zu verwenden, und im Konkreten verbleibend sagte sie, der Bruder sei nach Amerika gegangen, wo er seine ganze Ausbildung absolvieren wollte. Er sei aber vorzeitig zurückgekehrt, und damit habe er einen wichtigen Abschluß nicht gemacht, der für ihn so leicht hier nicht nachzuholen sei. Das sei ihr Vorbild und Warnung in einem. Das passiere ihr nicht. Hier rückte sie ein neues, entwicklungspsychologisch gesehen, reiferes Thema ein, das der Rivalität, und es war auffällig, wie sie verallgemeinerte, indem sie nicht mehr von ihm sprach, sondern meinte, das passiere ihr nicht. Sie habe vor, nach dem Abitur nach Amerika zu gehen, dort Sprache und Computertechnik zu erlernen. Sie stehe das durch, meinte sie. »Wenn ich etwas beginne, dann führe ich es auch durch.« Auch habe sie einige Freundinnen und Freunde drüben, fügte sie hinzu. Später wolle sie hier Städtebau studieren; Städtebau, das klang für mich wie die Gründung vieler möglicher neuer Zuhause. Diesen Plan konnte ich nur als sinnvoll beurteilen, doch wo blieb das, wozu ich ja aufgefordert war, sie für einen Anfang zu gewinnen, einen Anfang, sich selbst zu finden? Mit dem

Amerikaplan wurde gewiß die Mutter äußerlich, aber auch ich mit einem möglichen Behandlungsangebot abserviert. Das überlegte ich. Doch ich sah auch, daß dieses Verhalten der aktuellen Bewältigung ihrer Krankheit entsprach. Ich wollte ihre eigene Kraft, die Zukünftiges sinnvoll aufbaute, durchaus respektieren und ihr dennoch nahebringen, was sie mit mir tat oder wozu sie mich im Moment brauchte. Denn bei allem war klar, welch reaktiver Charakter diesem Heilungsversuch durch Entfernung innewohnte und wieviel freier sie sein könnte, würde sie es wagen, sich selbst anzusehen.

So ging ich in *medias res,* deutete das Übertragungsangebot, die Situation, die sie mit mir geschaffen hatte. Ich sagte ihr, daß sie mit mir ebenso provozierend umgehe wie mit der Mutter. Ich führte aus: »Wenn Sie kommen und sagen, Sie fürchten, Probleme zu haben, rufen Sie mich doch auf, mit Ihnen danach zu suchen und sie zu klären; gleichzeitig sagen Sie, daß Sie fortgehen, daß Sie gar nicht kommen können.« Ich zeigte ihr, daß sie mich brauchte und den Gebrauch gleichzeitig unmöglich machte. Sie war erstaunt, sie war sogar betroffen und meinte, so habe sie das nicht gesehen, doch das stimme im Grunde. Aber dann platzte geradezu aus ihr heraus: »Sie sind mein Alibi.« Dabei sah sie mich etwas fragend und spitzbübisch zum Lächeln geneigt an. Ich verbot es mir nicht, zu lachen, obwohl das, was sie mit mir machte, schon etwas durchtrieben war. Ich sah sie innerlich ja bereits gehen. Sie lachte dann laut. Im Moment also waren wir Kumpel. Ich hatte mich mit meinem spontanen Lachen mit ihr zusammen gegen das gewandt, was für sie und mich so erdrückend vor der Tür saß. Ich war momentan zur Freundin geworden, und notwendigerweise mußte ich auf meinen Platz und zu meiner Arbeit als Psychoanalytikerin zurück.

Alibi – das hatte die Bedeutung einer Rechtfertigung und eines Unschuldsbeweises gegenüber der Mutter. Das mußte jemand für sie übernehmen, sonst hätte sie die Trennung nicht leisten können. Wenn ich gelacht hatte, hatte ich damit zum Ausdruck gebracht, daß ich ihre Verschiebung der Verantwortung auf mich, ihren Mißbrauch meiner Rolle erkannt hatte, aber ich hatte ihn mit meinem Lachen auch zugelassen. Ich hatte nicht das Bedürfnis, dies weiter zu problematisieren. Die Patientin hatte mich ja mit ihrem Mitlachenkönnen verstanden. Ich hatte dagegen noch zwei Aufgaben zu bewältigen: die eine, ihr zu sagen, daß ich es für sinnvoll erachte, daß sie die Möglichkeit einer psychoanalytischen Behandlung für sich *nicht vergißt* und sie eine solche in Amerika wie später hier beginnen könne; und die andere, zu klären, wie sie und ich mit der Mutter, wenn wir uns jetzt trennen würden, sprechen sollten. Mit Sicherheit würde die Mutter etwas von mir hören wollen, und es war zwecklos, sie zu übergehen. Beides machte ich zum Thema. Ich sagte ihr, wenn sie ausgerechnet eine Analytikerin als Alibi benutze, dann müsse sie gewußt haben, daß sie sie im Grunde doch für sich brauche. Das bestätigte die Patientin und meinte, sie könne diese Abhängigkeit und Hilfe wahrscheinlich erst später akzeptieren. Jemanden zu brauchen, mache sie für ihr Gefühl so klein. Ich war glücklich, daß sie mir hier ihre Introspektionsfähigkeit zeigte. Es bedeutete für mich weiterhin ein prognostisch günstiges Zeichen.

Der zweite Teil meiner noch bevorstehenden Aufgabe war der schwierigere. Unverabschiedet konnte ich die Mutter nicht gehen lassen, und das erzwang irgendeine Information. Dieses Problem zeigte ich der Patientin auf. Für sie konnte es sich nur darum handeln, daß sie ihr Eigenes, ihren Wunsch zu gehen, der Mutter gegenüber vertrat. Daher betonte ich, daß all das, was in der vergangenen Stunde zwischen mir und ihr gesprochen, gedacht und gemeinsam erfahren war, ihr Eigenes war. Wenn sie es als Eigenes behalten wollte, mußte sie auch dafür eintreten und es vor einem Eindringen bewahren. Das sagte ich der Jugendlichen und schlug vor, daß ich der Mutter mitteilen könnte, wir hätten ein gutes Gespräch gehabt und uns verständigen können. Ich hielt diese, das Allgemeine beschreibende Wendung für eine angemessene Information meinerseits, und die Jugendliche stimmte mir zu. Wir verabschiedeten uns in meinem Behandlungszimmer und gingen dann gemeinsam zu der wartenden Mutter. – Sie stand nicht auf, als wir beide eintraten, sie schaute mich und die Tochter etwas ängstlich und zugleich erwartungsvoll fragend an. Ich sagte das, was ich mit der Tochter besprochen hatte und fügte hinzu, daß ihre Tochter sicher ein Stück Orientierung für ihre nächsten Schritte habe. Damit verabschiedete ich mich auch von der Mutter.

Als Analytikerin atmet man nach solchen Situationen auf. Aber so einfach war mir eine Erleichterung, eine vorläufige Lösung dieser Situation nicht gegönnt. Zwei Tage später rief die Mutter an und sagte, sie habe wieder Handtücher gefunden, in die Martina erbrochen habe. Es war, als hielte sie mir bildlich die Handtücher am Telefon hin. Diese Unmittelbarkeit in der Gesprächsaufnahme durch die Schilderung von Geschehnissen zeigte das Agieren der Mutter an wie ihre allein am Symptom, der Oberfläche, der Spitze des Eisbergs orientierte Sicht. Sie rivalisierte inzwischen mit mir, mußte sie doch befürchten, daß ich »die Bessere« sei, die Martina vielleicht ins Vertrauen gezogen hatte. Sie mußte böse darüber sein, daß sie äußerlich und innerlich zumindest für eine Stunde ausgeschlossen worden war und ich in dieser Zeit wichtiger für ihre Tochter geworden war als sie selbst. So mußte sie mir mein angebliches Versagen – ich hatte kein Wunder vollbracht – vorhalten, um wieder in den Stand der wichtigsten Person zu kommen, die alles überblickt und einzuschätzen weiß. Es war nicht leicht, höflich und möglicherweise auch für sie selbst hilfreich das Gespräch zu beenden, das sie mit immer wieder neu aufgegriffenen Berichten von Martinas Krankheit füllte, womit sie mir unausgesprochen sagte, daß es so mit ihrer Tochter nicht ginge, ich also nicht geholfen hatte. Deutungen sind am Telefon nicht erlaubt. Die Angst der Mutter vor Trennung, eine Kastrationsangst, mußte unendlich groß sein. Martina war ihre jüngste Tochter und das letzte Kind. Sie mußte mit Martinas Weggehen den Verlust ihrer eigenen Bedeutung verbinden, und deshalb wertete sie sich auf, indem sie mich in diesem klagend-anklagenden Gespräch so unbedeutend und unfähig machte.

Psychoanalytische Überlegungen

Es ist ein gar nicht so seltenes Ereignis bei Frauen beziehungsweise Müttern, daß sie heute, insbesondere wenn sie keinen Beruf erlernt haben, dies aber den Kindern ermöglichten, zum Zeitpunkt der Trennung dekompensieren. Hatte die Mutter die Tochter nicht auch als ein »Alibi« gebraucht, um mit mir zu sprechen? Im ersten Telefonat hatte ich das sogar aufgegriffen und ihr gegenüber angedeutet. Sie konnte es nicht für sich verwerten, so wie Martina das, was von der Mutter kam, nicht verwerten konnte. Ich nenne die Magersucht als Erkrankung daher gerne ganz allgemein eine *Verwertungsstörung*, die im Falle des Erbrechens, an sich ein Konversionssymptom, hier mit konkretisierter Abspaltung arbeitet. Wenn der Abwehrmechanismus »Spaltung« so vorherrschend ist, haben wir es immer mit einer schweren frühen Störung in der Strukturentwicklung zu tun.

Doch komme ich noch einmal kurz auf die Pathologie der jungen Patientin zu sprechen. Das Ausspucken dessen, was sie zu Hause zu ihrer Ernährung aufgenommen hatte, besaß den deutlichen Charakter der Verweigerung, des Zurückstoßens dessen, was von der Mutter kam. War es vielleicht gar nicht so selbstverständlich für die Mutter, zu geben, und spürte Martina mitschwingenden Neid? Hatte sich die Mutter gegen den eigenen Neid während des Fütterns einstmals stark gemacht, und erwachte er hier wieder, als Martina mit großen Berufsplänen gehen wollte? Man kann sich als Psychoanalytikerin überlegen, ob Martina, die in ein Handtuch erbrach, dieses wie ein Übergangsobjekt, also anstelle der Mutter, verwendete, um es dann im Garten, also immer noch auffind- und demonstrierbar, wegzuwerfen. Dieses Wegwerfen der Handtücher würde dann einen Trennungsversuch von der Mutter beinhalten. – Eine solche Bedeutung kann im Nachdenken über das Erstgespräch nur hypostasiert werden. Dennoch ist ein solches Detail in sich interessant und reizt zu der Vermutung, es könne einmal mehr Aufschluß über diese schwere Krankheit geben. Vielleicht war schon in ganz früher Zeit der Raum für ein Übergangsobjekt, das ist im allgemeinen der Teddybär, für das eigene Finden und Tun von der Mutter nicht freigegeben. Die Verifikation solcher Hypothese ist Aufgabe der späteren Psychoanalyse. – Martina verblieb in der Verweigerung auf einer entwicklungsmäßig gesehen frühen Stufe der Triebbefriedigung, dem oralen Ausstoßen, fixiert. Die Ambivalenz zwischen oraler Aufnahme und oralem Ausstoßen wiederholte sich in der Beziehung zu mir, wobei im Dienste der zu gewinnenden Autonomie das Ausstoßen überwog. Vom Vater, von Freunden hatte sie nicht gesprochen.

Sie und die Mutter waren eng verbunden, brauchten und nötigten sich gegenseitig. Es war an der Zeit, daß die Patientin sich löste. Die äußere Hürde war durch das fast bestandene Abitur bewältigt. Für den inneren Schritt brauchte die Jugendliche Unterstützung. Sie brauchte den Dritten, die Triangulierung. Und wenn ich auf das Interview zurücksehe, so erscheint dieser Dritte, der Vater, innerhalb des Interviews nicht. An seiner Statt wurde zwar der ältere Bruder genannt, dessen Vorbild aber nicht ausreichte. Sie gebrauchte ihn dennoch, um ihn zu übertrumpfen. Sie benötigte das erste analytische Gespräch beziehungsweise mich als die Dritte, um sich nicht nur mit ihren Plänen akzeptiert zu fühlen, um eine Bejahung zu erfahren, sondern eine Bestärkung bei dem gewagten

Schritt in ihre Autonomie. Sie kämpfte zudem um die Vermeidung von Schuldgefühlen. Die Trennungsaggression war im Erbrechen als Symptom gebunden und blieb beiden Beteiligten zwar emotional zugänglich, konnte aber nicht in Worte gefaßt werden, so wie sie dieses Symptom auch dem Gespräch mit mir entzog, indem sie behauptete, daß es seit vier Wochen vorbei sei. Die Bedeutung des Erbrechens, die mehr als auf der Hand liegt, durfte in dieser Beziehung nicht ausgesprochen werden, um so nachdrücklicher war natürlich der Akt selbst. Dem vergleichbar war auch das Handeln der Mutter, als sie mich nochmals anrief, um mir ihre Verachtung mit vielen Worten – ich möchte schon sagen – hinzuspucken.

Ein solches erstes Gespräch wie hier mit der jugendlichen Patientin kann einen Entwicklungsschritt ermöglichen. Wenn die Patientin nach Amerika ginge, würde sie Zeit gewinnen, um Eindrücke zu sammeln, zu lernen und sich vor sich selbst in einer neuen Situation zu bewähren. Sie war durch das Gespräch genügend orientiert, um notfalls psychoanalytische Hilfe zu suchen. Im Fall, daß, wie sie sagte, sie später besser die Abhängigkeit von einem Analytiker oder einer Analytikerin ertragen könnte, würde sie vielleicht wiederkommen oder den Weg zu einem anderen Analytiker finden. Dann hatte ich mit dem erstgeführten Gespräch vielleicht, soweit es jetzt möglich war, für eine spätere Zeit eine Psychoanalyse für sie vorbereitet.

Theoretische Quellen und Ergänzungen

Die Verweigerung des Essens stellt eine ganz grundsätzliche Verweigerung von Leben dar. Diese Verweigerung ist natürlich nur in einer Objektbeziehung möglich. So gilt die Verweigerung der Nahrung dem Essen spendenden beziehungsweise dem gebenden Objekt, in der Regel der Mutter. Es ist eine Form des Protestes, die die Annahme und Verwertung umschließt, die im frühen Säuglingsalter einsetzen kann und als Magersucht, *Anorexia nervosa,* ihre eindrückliche Ausgestaltung erfährt. In diesem Alter ist die gerade in Funktion getretene *sexuelle Entwicklung* mitbetroffen und wird eingestellt. Die vorhandene Substanz, der Organismus, verzehrt sich vor den erschrockenen Augen der anderen.

Das Krankheitsbild der Magersucht fasziniert oft manche Psychoanalytiker oder Psychoanalytikerinnen nur über eine gewisse Zeit hin, weil diese Krankheit nur schwer und den Analytiker sehr herausfordernd und immerzu enttäuschend und damit ungewöhnlich anstrengend zu behandeln ist. Die Krankheit befällt in fast 90 % der Fälle junge Mädchen beziehungsweise junge Frauen. Nach dem dreißigsten Lebensjahr tritt die Krankheit, jedenfalls mit der dazugehörigen psychischen Struktur, nicht mehr auf. Faszinierend ist diese Erkrankung zunächst, weil diese Mädchen und Frauen alle sehr intelligent sind. Die Faszination aber schwindet, wenn der Psychoanalytiker ununterbrochen mit der Thematik des Todestriebes konfrontiert wird. Das Krankheitsbild umfaßt im Bereich der Störung organischer Funktion immer Inappetenz, Gewichtsabnahme, sekundäre Amenorrhoe und schwere Obstipation, letztere oft begleitet von einem Abführmittel-Abusus. Die Kombination mit Erbrechen und Bulimie ist möglich. Krankheitszustände mit Gewichtsabnahmen bis zu einem Körpergewicht von dreißig Kilogramm und darunter werden in der Regel in den Kliniken behandelt und befinden sich mit der damit verbundenen gesamten körperlichen Abwehrschwäche im Bereich des möglichen tödlichen Ausgangs. Je mehr das Gewicht abnimmt, desto zwingender kreist die gesamte mentale Aufmerksamkeit um das Thema Essen und Gewicht. Der schwer reduzierte körperliche Zustand, der mitsamt der ausgetrockneten Haut keinesfalls mehr einen schönen Anblick bietet, wie auch das psychische Befinden, das depressiv ist beziehungsweise sein muß, wird in der erschreckendsten Weise konsequent geleugnet. Es wird sowohl auf bewußter wie unbewußter Ebene abgeleugnet und verleugnet. Verleugnung ist bei diesem Krankheitsbild der geradezu monolithische Abwehrmechanismus gegenüber einem inneren Chaos der widerstreitenden Triebansprüche. Dem Leser, der sich tiefer in dieses Krankheitsbild einarbeiten möchte, seien die beiden klassischen Monographien von Hilde Bruch (1973), *Eßstörungen*, und von Helmut Thomä (1961), *Anorexia nervosa*, genannt. Cremerius (1968) hat eine ausführliche und interessante katamnestische Studie auch der Ausgänge von Magersucht, beispielsweise in Fettsucht, Psychose und abnorme Persönlichkeitsentwicklungen, unter dem Titel: *Die Prognose funktioneller Syndrome*, 1968, veröffentlicht.

Kurze und anschauliche Darstellungen dieser Krankheit, die alle Konfliktbereiche wie Trennung und Individuation, Verlagerung der sexuellen Triebansprüche, Hemmung der Triebentwicklung umfassen, sind in einer Abfolge von vier Artikeln von Barbara Vogt-Heyder zu lesen (1983-84), unter den Titeln: »Die magersüchtige Patientin«. Teil I: »Einfluß der Familie auf Körperbild und Objektbeziehungen der Symptomträgerin«, Teil II: »Identitätssuche über Umwege«, Teil III: »Mutter und Vater behindern die Entwicklung zu einer autonomen Sexualität« und ein vierter Artikel 1990 unter dem Titel: »Eßverhaltensstörungen. Woran die Sexualität der Magersüchtigen leidet.«

Um Tod und Leben
Strukturbild einer Magersuchterkrankung

Telefonisch meldete sich eine Patientin bei mir, bezog sich auf die Empfehlung einer meiner Kolleginnen und ließ mich wissen, daß sie jetzt gerade für ein Erstgespräch Zeit habe. Sie äußerte die Absicht, eine Analyse machen zu wollen. Darüber hinaus teilte sie mir mit, daß sie über die Finanzierung Bescheid wisse; sie könne nach Ende der Kassenleistung selber zahlen. Für eine Anmeldung ist eine solche Bemerkung ungewöhnlich. Im Gegensatz zu der sonst üblichen und vereinnahmenden Frage: »Haben Sie einen Therapieplatz?« schien mir diese Anmeldung sehr ernsthaft.

Patienten, die offenkundig an mich empfohlen sind, bekommen des Patienten und des Kollegen wegen bald einen Termin. Viele der Anrufe in einer freien Praxis erweisen sich jedoch als nicht ernsthaft. Der notwendige innere und äußere Aufwand für ein Erstgespräch ist groß, weshalb eine gewisse Klärung am Telefon versucht werden muß. In diesem Fall ließ mich die gezielte Kontaktaufnahme und eine gewisse Aufgeklärtheit über Formales auf eine inzwischen gewachsene Motivation schließen; dennoch störte mich etwas, das ich zunächst nicht wahrhaben mochte: es klang alles zu selbstverständlich, eigentlich klang es altklug. Sie hatte zwei Wochen vor der Sommerpause bei mir angerufen, zu einer Zeit, in der Patienten, die in Psychoanalyse sind, vor der bisweilen schwierigen Trennung vom Analytiker möglichst noch »viel« bekommen wollen, also oft versuchen, für sie plötzlich noch Wichtiges zur Sprache zu bringen. Es ist eine Zeit, in der dem Analytiker von allen Analysanden gleichzeitig viel aufgebürdet wird und er selbst seine Arbeiten zu einem guten Abschluß bringen möchte, während er gleichzeitig die Ferien erhofft und benötigt. Ferien des Analytikers bedeuten immer eine Trennungssituation und haben in der Psychoanalyse einen besonderen Stellenwert. In dieser anstrengenden Zeit vereinbarte ich dennoch einen Termin, für den ich eigentlich keine Zeit und keine Kraft mehr hatte.

Als die Patientin kam, mußte ich ein wenig den Atem anhalten; denn für eine nunmehrige Medizinstudentin, die lange zuvor Sprachen, Philosophie und Soziologie studiert hatte – das erfuhr ich, als ich nach den persönlichen Daten fragte –, war sie »top« angezogen. Ihr Anzug aus Atlasseide und Lack in Schwarz und Weiß wäre für einen offiziellen Festakt oder ähnliches passend gewesen. Offensichtlich war sie in Feststimmung, in Hochstimmung. Doch so früh mochte ich dem nicht den Ausdruck einer manischen Abwehr beilegen, ich mußte meine offene analytische Haltung bewahren. Die junge Frau war groß, ihr Gesicht blaß, ihre Bewegungen und ihre Sprache, in sich durchaus zusammengehörig und stimmig, hatten etwas sehr Eigenbetontes, Getragenes, vielleicht auch Feierliches, was insofern zur Kleidung paßte. An dieser ganzen Komposition fiel mir durch das Schwarz-Weiß eine Überbetonung, eine Übersteigerung auf. Das in modischem Schnitt steil hochstehende schwarze Haar wirkte in der Verbindung mit der atlasseidenen Kleidung in dieser Situation wie ein i-Punkt. Etwas Überspanntes lag in der Atmosphäre, das ein Gefühl von Befremdlichkeit in mir auslöste. Obwohl sie groß war, nahm ich eigentlich nur den Kopf, den verhältnismäßig langen Hals und die, vom Zuschnitt der Kleidung her, extrem breit ausladenden Schultern wahr. Es war, als hätte ich alles andere ausgeblendet. Ich teilte also in ein »oben« und »unten« und tendierte dazu, das »unten« zu leugnen.

Nachdem ich Namen, Adresse und Geburtsdatum aufgenommen hatte, legte ich den Stift mit einer leicht betonten Geste beiseite, die der Patientin Raum für ihre Erzählung geben sollte. Wider mein Erwarten entstand ein überlanges Schweigen zwischen uns, das mich zwang, schließlich etwas zu sagen. Ich faßte in Worte, was sich augenblicklich ereignete. Beschreibend und zugleich fragend sagte ich: »Sie sind hierhergekommen?« Gewählt, gedehnt, langsam trug sie mir vor, was ich vom Telefonat her schon wußte: Sie wolle eine Analyse machen. Da sie danach wieder länger schwieg, konzidierte ich – es gibt viele Formen des Verkennens von Psychoanalyse –, daß sie die Situation jetzt eventuell als ihre bereits beginnende Analyse auffaßte und sie sich der Besonderheit der initialen Situation wegen dem freien Einfall gegenüber offenhielt. Doch das war eher meine Phantasie und ging an der Situation vorbei. Sie schien mich doch schließlich in ihre Geschichte einzuführen, indem sie bedeutungsvoll sagte, daß sie eine »Vorgeschichte« habe. Sie sei »bei einer Analytikerin«, jener Kollegin, die sie empfohlen hatte, »wegen einer Magersucht in einer Gesprächstherapie« gewesen. In dem erneuten Schweigen stellte ich mir dieses schwere Krankheitsbild vor sowie eine Behandlung, die nur dann hilfreich gewesen sein konnte, wenn dort manches zur Sprache gekommen war. Doch das war eine Abwehr unter Zugutehaltung ihres Bekenntnisses, so schwer krank gewesen zu sein. In Wirklichkeit ärgerte mich das Wort »Gesprächstherapie«, weil ich es als eine Entwertung ihrer Behandlung empfand. Da sie auch Soziologie studiert hatte, hätte man erwarten können, daß sie eine analytische Behandlung von einer Gesprächstherapie zu unterscheiden wußte. Obwohl ich diese Entwertung sah, wollte ich nicht daran denken, wer die nächste Entwertete sein würde. Der Konflikt zwischen ihr und mir als Übertragungsangebot entwickelte sich längst.

Die Worte »Vorgeschichte« und »Magersucht« klangen in mir nach und zwangen mich, Beurteilungen zu suchen, weil diese Krankheit besonders schwer, ja sogar tödlich ausgehen kann. Ich schätzte ab, daß sie sich derzeit in einem ausreichenden Ernährungszustand zu befinden schien. Dabei bemerkte ich eine auffällige Einseitigkeit: nicht sie, die doch vor mir saß, erzählte, sondern ich zerbrach mir den Kopf darüber, was gewesen war. Ich nahm ihr also die Arbeit ab, indem ich mir Vorstellungen und Orientierungen als Grundlage für eine Beurteilung ihrer Vorgeschichte zu schaffen suchte. Denn nur von dort aus konnten die Patientin und ich zu dem kommen, was denn *jetzt* »fehlte« – so jedenfalls pflegte früher der Arzt zuerst zu fragen. Sie enthielt mir ihre Beschwerde vor, und dadurch fühlte ich mich auf die Suche geschickt. Sie machte keineswegs den Eindruck, daß von ihren Studien her irgendwelche Schwierigkeiten bestünden. Schließlich drückte sie aus, die Behandlung habe ihr sehr gut getan, ohne diese wüßte sie nicht, ob sie damals überlebt hätte. Sie habe sterben wollen. Dann aber fügte sie hinzu: »Sie sollen nicht denken, daß es eigentlich so konkret ernst gewesen ist.«

Dieser Satz der Patientin rechtfertigte meine stumme innere Beschäftigung mit ihr und machte sie verständlich; denn was war nun wirklich? Sie hatte zu Beginn gleich etwas sehr Schwerwiegendes, Vergangenes, das sogar behandelt worden war, gesagt und stehengelassen. Jetzt vertiefte sie das und hob es zugleich durch einen Widerspruch, in den ich auch noch einbezogen wurde, auf. Der Ernst, der in der genannten Vorgeschichte und der Magersucht lag, dem ich mich nicht entzogen hatte, war ihrerseits mit der letzten Wendung wieder für ungültig erklärt. Daß alles nur im Fiktiven ernst gewesen sein sollte, unterstellte dem Gegenüber, mir also, einen Fehlschluß. Meine Gedankenarbeit versuchte, eine Leere zu füllen, die sie zu füllen im Gespräch nicht bereit war. Die Gegensätze ihrer äußeren Erscheinung wurden damit auch in ihrem inneren Erleben sichtbar. Der Moment, in dem sie mir gegenüber bruchstückhaft von sich berichtete, wurde gleich wieder aufgehoben, ich wurde wieder zu der nicht zu ihr in Beziehung stehenden Person, die für sich allein das Rätsel ihres Gegenüber im Nicht-Dialog lösen sollte. Es schien ihr darauf anzukommen, daß ich verfügbar und auf sie eingestellt war. Daß ich dabei zum Scheitern, zum Absterben verurteilt war, konnte und wollte ich noch nicht begreifen. Ganz offenbar war ich von ihr mit einer bestimmten Rolle identifiziert worden, und mit dieser Rolle ihres Gegenübers hatte sie bestimmte Absichten verbunden. Das bedeutete eine Abspaltung eines Teiles von ihr auf mich, eine Auslagerung des inneren Konfliktes, durch die ich meine Eigenständigkeit als Gegenüber verlor und vereinnahmt wurde. Wahrscheinlich hatte sie die Rolle, ausgeliefert zu sein und mit allem auf den anderen ausgerichteten Wollen nicht gesehen und angenommen zu werden, selbst einmal erlebt, sonst würde sie mir diese Rolle nicht antun müssen. Sie meinte dann, das alles sei eher »eine Stimmung gewesen als eine wirkliche Ausrichtung«, niemals habe das »eine Konkretisierung« erfahren. Trotz dieser doch wohl so lastenden Stimmung hatte sie überlebt, so hatte sie gesagt. Etwas, das keine Worte fand, stand in den Schweigepausen. Es fand auch keine sonstige Konkretisierung – letzteres Wort hatte sie in anderem Zusammenhang sehr betont. Etwas Drohendes und Unheimliches lag in der Situation. Wenn es nicht ihr Tod war, mit dem ich mich ständig beschäftigte, sogar dann, wenn ich mir ihre Fähigkeit zu studieren und einen tragfähigen Abschluß zu erreichen vorstellte – ging es um meinen Tod? Dann ging es um die Reaktualisierung des Absterbens einer Beziehung, begleitet von der damals wie jetzt vorhandenen Einsamkeit und Hilflosigkeit.

Nach diesem für mich endlosen und manieristischen Vorspann schien die Patientin zu ihrem eigentlichen Anliegen zu kommen und auszusprechen, was sie aktuell bedrückte. Die folgende Einleitung mutete mich wie die Ankündigung einer Beichte an, doch das zu erwarten war schon wieder eine von der Regel der gleichschwebenden Aufmerksamkeit abweichende Fehleinstellung, die verhinderte, wahrzunehmen, was mit mir geschah. Sie schien einzuleiten, daß sie meiner Kollegin nicht alles gesagt hätte. Unmittelbar darauf brach aus ihr heraus, sie sei homosexuell. Wie bei der Nennung der

Magersucht standen nun gleich zwei an mich gerichtete gravierende Tatsachen vor mir. Sie ließ mich wissen, daß sie zum einen unter einem Geheimnis gelitten habe, indem sie der früheren Analytikerin Wichtiges vorenthalten habe. Zum anderen enthielt dieses Geheimnis eine umfassende Pathologie. Es klang so, als sei ihre homosexuelle Einstellung ihre Möglichkeit zu leben, die sie bejahte und auch nicht angetastet wissen wollte. So wartete ich ab, welchen Einblick sie mir in dieses Leben geben würde. Doch sie verstummte. Schließlich mußte sich in mir ein Bedürfnis nach Konkretisierung gemeldet haben. Als ich fragte, wie tief ihr niedrigstes Gewicht gewesen war, eine Frage danach, wie bedroht ihr Überleben damals gewesen sei, sprang ich von dem manifesten Text aus gesehen zurück auf ein scheinbar abgehandeltes Thema. Meine vorbewußte Suche hatte sich auf die unausgesprochene Frage eingestellt, wie nahe sie dem Tod in ihrem Leben sei. In der lesbischen Beziehung würde sich ihr Leben nicht fortpflanzen, es würde steril bleiben, eine andersartige Form von Absterben. Dem Gefühl einer jetzt zum Tode verurteilten Beziehung zwischen uns mußte diese Frage entsprungen sein. Sie wurde von ihr nicht direkt beantwortet, sie sagte nur, daß sie nie unter 40 kg gewogen habe. Nach den weiteren Symptomen einer Magersucht, die ich als Ärztin wohl kannte, fragte ich nicht; denn ich wußte, daß meine Kollegin immer eng mit der endokrinologischen Gynäkologie zusammenarbeitete. Wahrscheinlich war die Patientin auf diesem Weg zu ihr gekommen, dann mußte sie entsprechende funktionelle Ausfälle gehabt haben. Mir ging es trotz der Todesthematik weiterhin darum, die Einstellung einer möglichen zukünftigen Analysandin zur Analyse zu fördern. Dabei kommt es auf eine komplettierende Aufzählung von Symptomen zunächst nicht an. Nach ihrer Auskunft, mit ihrem Gewicht nie in einen besonders gefährdeten Bereich gekommen zu sein, fiel mir dagegen auf, daß sich ihr Sprachfluß beschleunigte. Sie griff Aktuelles auf und erzählte erstmals in einem anschaulichen Zusammenhang von der Großmutter, die ihr – wie sie sagte – lieber und wichtiger als ihre Mutter gewesen war, die aber vor wenigen Wochen gestorben sei. Der Tod der Großmutter war, so hob sie hervor, für sie deshalb so schlimm, weil es sie erschütterte, wie die Großmutter gestorben sei. Das nähme sie heute noch mit. Daß sie durch den Tod der Großmutter einen Verlust erlitten hatte, sagte sie dagegen nicht. Die Patientin erzählte, sie sei an einem Nachmittag zur Großmutter gegangen, um sie wie üblich zu besuchen. Zunächst habe der Großmutter gar nichts gefehlt, sie habe beim Kaffee gesessen, Kuchen gegessen, doch plötzlich habe sie gesagt, daß ihr schlecht werde. Sie habe der Großmutter den Blutdruck und den Puls gemessen, und als sie die Diskrepanz zwischen beiden Werten wahrgenommen habe, sei die Großmutter schon bewußtlos gewesen. Sie habe Wiederbelebungsversuche unternommen, die Großmutter beatmet und das Herz durch den Brustkorb massiert. Die Großmutter sei dennoch ganz rasch unter ihren Händen gestorben.

Auf meine Frage, wie nah sie selbst dem Tod gewesen sei, hatte also die Patientin geantwortet, daß sie sich nicht selbst dem Tod gegenüber gesehen, sondern die Großmutter dem Tod überlassen mußte. Offensichtlich war sie angesichts dieses Todes verstört; denn wie die Großmutter gestorben war, damit hatte sie die Erzählung von ihrer Beunruhigung über diesen Tod eingeleitet. In der Situation selbst hatte sie wie ein Arzt gehandelt. Obwohl sie ihr Medizinstudium erst begonnen hatte, besaß sie bereits eine gewisse medizinische Ausrüstung, die sie mit sich führte. Während sie geglaubt hatte, mit einem Instrumentarium, dem Blutdruckmeßgerät und der Uhr, etwas ausrichten zu können, hatte sie versäumt, der Großmutter ein ruhiges Geleit in ihrem Sterben zu geben, hatte sie selbst eine »Rettung« versucht. Hätte sie den ärztlichen Notdienst gerufen, wäre die Rettung wahrscheinlicher gewesen. Es war um Leben und Tod gegangen. Diese Spannung zwischen Leben und Tod, Tod und Leben war die

Spannweite ihrer Ambivalenz. Das war es, weshalb sie kam. Die Art und Weise, wie die Großmutter gestorben war, ging ihr nahe. Sie hatte recht damit; denn das Leben der Großmutter hatte in ihren Händen gelegen. Die Patientin hatte ihre konkreten Möglichkeiten überschätzt und das eigentlich Nötige unterlassen. Nach dieser Erzählung war mir endlich eine annähernde Deutung möglich, und ich sagte ihr: »Sie gingen mit dem Tod Ihrer Großmutter um, dem Tod eines anderen Menschen.« An die innere Entwicklung des analytischen Dialogs zuvor anschließend, fügte ich hinzu: »Und das erzählten Sie, nachdem Sie und ich vorher von dem kritischen Stadium Ihrer Krankheit gesprochen hatten.« Diese Deutung tangierte die Todesabsicht gegenüber anderen und sich selbst, sie sprach sie jedoch noch nicht aus. Das Gespräch endete kurz darauf. Eigentlich hätten hier Gefühle der Betroffenheit, Schuldgefühl, ihre Depression oder schließlich das Gefühl der Trauer den Raum zwischen uns einnehmen müssen. Das geschah nicht. Die Patientin antwortete auch nicht darauf. In der entstehenden Leere empfand ich ein großes Unbehagen.

Diesem Gespräch mußte ein weiteres folgen; es stand alles offen. Der bevorstehenden Sommerferien wegen war das sogar sehr bald notwendig. Unter diesem Druck war es allerdings unmöglich, in der Zeit zwischen den Gesprächen zu dem inneren Nachklang und Eindruck zu gelangen, der für das umfassendere Verständnis notwendig ist. Ich vergaß offensichtlich die bei ihr selbst und der Großmutter heraufbeschworene Todesgefahr und Todesabsicht wieder und nahm mein eigenes Gefühl, an den äußersten Rand gedrängt worden zu sein, erneut nicht ernst genug. Ich hatte erst sehr spät in jener ersten Stunde eine für mich und die Patientin sinnvolle Deutung geben können, die ich auf sie als ein wahrscheinlich unerwünschtes Kind hätte erweitern können. Es war ihre erste Stunde bei mir, es ging darum, ob sie bei mir anfangen, *angenommen* werden und *wachsen* wollte. Sie dagegen sprach von der Unwirklichkeit – so ernst wie sie es sage, solle ich es nicht nehmen – und auch davon, welch ein *schlechtes Kind* sie war, wie schlecht sie nämlich mit der ersten Analytikerin und wie schlecht sie mit der Großmutter umgegangen war. Die Frage dabei war die, ob sie für das Verstehen und eine Einsicht innerlich bereit gewesen wäre, hätte ich ihr gedeutet, daß sie testete, ob sie als »schlechtes Kind« angenommen würde. Wäre sie wirklich bedürftig gewesen, hätte sie die Not, all das inszenieren zu müssen, auch in ihrer Kleidung ausgedrückt. Hier triumphierte ein großartiges Außen.[1] Sie hatte mir mit Schweigen, einigen hingestellten Begriffen und einer dann hastigen Erzählung den analytischen Atem genommen. Indem sie zu einem Zeitpunkt, an dem die meisten bald Ferien machen würden, auf Termine drängte, war das Scheitern zwingend vorbereitet; denn unter diesem Druck konnte auf solche schwerwiegende Themen nicht entsprechend eingegangen werden. Das sollte auch gar nicht anders sein. Obwohl nicht zu belegen, drängte sich doch die Vermutung auf, daß das die Situation ihrer Mutter angesichts der Schwangerschaft mit der Patientin war, in der sie das Kind schließlich bekam, keinen Raum dafür hatte und dadurch das Kind nur schwer lieben konnte. Der Leser wird am Ende dieser Darstellung die Herkunft dieses Gedankens verstehen, für den ich später Anhalt fand. Zum Verständnis der von der Patientin inszenierten Situation gehört er hierher. Wäre sie gesünder gewesen, hätte sie diesen Druck vermieden, weil sie hätte warten können. Sie hätte sich melden und sich mit mir darüber verständigen können, daß sie einen Termin bald nach den Sommerferien wünschte. Schon indem sie eine bedrängte Situation mit mir herbeiführte, wurde ihr tiefer Konflikt des

---

1 Im Fall der phobischen Patientin (Kapitel »Wie gewonnen – so zerronnen. Phobie«) habe ich eine solche zentrale Übertragungsdeutung gegeben, worauf sie zwar weinte, doch der Fluß der zu diesem Thema gehörigen Assoziationen möglich wurde. Dennoch konnte das Angebot, eine Psychoanalyse zu machen, nicht aufgenommen werden.

Angenommenwerdens wirksam. Weil sie fortwährend unter ihm litt, versuchte sie ihn wiederholend zu lösen, ohne daß ihr dabei bewußt gewesen wäre, was sie tat. Sie konnte ihn nur *inszenieren*, anstatt darüber zu *sprechen*: So erreichte sie, obwohl sie ihn in dieser Weise zu vermitteln suchte, zugleich die Bestätigung ihrer alten Erfahrung, *nicht* angenommen zu werden.

Das zweite Gespräch hob sich vom ersten ab. Sie sprach nicht mehr von der ihr so bedeutsam gewesenen Großmutter, sondern von ihrem Vater, den sie als ein »geniales Schwein« hinstellte. Er sei Künstler gewesen, habe seine Begabung aber heruntergewirtschaftet und sich merkwürdigen Kreisen angeschlossen, um »Geld zu machen«, was ihm auch gelungen sei. Doch das Geld habe er wieder »durchgebracht«. Seit diesen Vorkommnissen in der Zeit ihrer Jugend habe sie den Vater fast nicht mehr gesehen. Ihre Schilderung zeichnete von ihm das Bild eines Künstlers mit Erfolgs- und Mißerfolgsphasen, der verschwand, wahrscheinlich um mit neuen Verführten das gleiche Spiel zu inszenieren. Für mein diagnostisches Verstehen beschrieb sie einen Hochstapler. Sie mußte für ihn dennoch wichtig gewesen sein; denn es klang Bewunderung in der Schilderung durch. Mit seinem endgültigen Verschwinden hatte er die Mutter, aber auch sie fallengelassen. Das Verführen unter leichter Erpressung hatte sie gut von ihm gelernt, das war mit mir bereits am Anfang geschehen, als sie sagte, eine Analyse machen zu wollen und sie habe nur jetzt Zeit.

Während ich mir vorzustellen versuchte, was sie mit dem Vater erlebt haben mochte beziehungsweise wie sie ihn liebte, rankte sich ihre Rede immer höher in soziologische und philosophische Dimensionen. Dieser Monolog geriet völlig aus dem Bezug zu mir. Ich verstand nichts und wollte auch nichts mehr verstehen, ich wurde immer ärgerlicher und assoziierte bei mir mit einem nun meinerseits entwertenden Begriff aus der psychiatrischen Nomenklatur: »verblasen«. Ich hatte geglaubt, daß sie mit der Erzählung vom Vater mir etwas von ihrer Geschichte habe darstellen wollen – was sich wiederum als falsch erwies. Was sie beschrieb, agierte sie gleichzeitig mit mir. Sie wollte oder konnte nicht über die Bedeutung, die dieser Vater für sie hatte, sprechen. Meine angeblich mangelnde Bereitschaft, sie anzunehmen, auf sie einzugehen, war das bleibende, inszenierte Thema. Indem sie geistig hoch hinauszufliegen schien, zeigte sie mir, daß sie jetzt selbst der Vater war oder ihn sogar überrundete. Sie führte mir ihre geistige Hochstapelei vor. Mir war dabei ihre frühere Rolle zugewiesen: während sie in der Situation jetzt erhaben schien, wurde ich klein und lächerlich, weil ich nicht zu folgen wußte. Von all dem gefangen, konnte ich das nicht zur Sprache bringen, ich fand keinen Deutungsansatz. Die agierende Darstellung war zu durchschlagend, so daß ich in einer Gegenreaktion, ähnlich wie im ersten Gespräch, wieder scheinbar völlig außerhalb des Zusammenhangs eine Frage stellte, als sei sie ein Mittel, das fehlgegangene Gespräch zu erden. Während der Erzählung vom Vater nämlich hatte die Patientin mir unentwegt ihren rechten Daumen aufrecht entgegengehalten, der heute einen dicken Verband trug. Zwischen dem ersten und zweiten Gespräch mußte also etwas passiert sein. Im Kontrast zu der immer erstickenderen Hochgeschraubtheit fragte ich: »Was haben Sie da, was ist Ihnen passiert?« Meine Frage, ursprünglich aus einer ärztlichen Identität und Verantwortung entsprungen, versuchte eine Not aufzunehmen. Wenn sie mir einen verletzten Daumen so lange und aufrecht entgegenhielt, sprach sie dann nicht von einer Kastrationsthematik, die für sie weit generalisierter war, eine Existenzproblematik? War sie im übertragenen Sinn tödlich verletzt? Auf einer manifesten Ebene muß meine Frage für sie fürsorgend und mütterlich geklungen haben; denn sie berichtete nun im Tonfall eines Kindes: Eine Katze habe sie vor ein paar Tagen gebissen, und sie habe das Gefühl, daß es schlimmer geworden sei. Ich fragte sie, ob der Daumen sich heiß anfühle und ob es klopfe. Traurig nickte sie mit dem Kopf. So mußte ich weiter fragen, ob sie zur chirurgischen Wundrevision gegangen sei. Ein Katzenbiß nämlich geht in die Tiefe, und dringend ist dann eine Tetanusimmunisierung und andere chirurgische Versorgung angezeigt. Sie verneinte das. Damit aber befand sie sich in konkreter Gefahr, denn solche Verletzungen können sehr rasch zu ausgedehnten Entzündungen und Komplikationen führen. Ich hatte nicht erwartet, daß sie das als Medizinstudentin bisher versäumt hatte. Das Gespräch endete, indem ich sie nachdrücklich ermutigte, die notwendige ärztliche Hilfe unmittelbar aufzusuchen. Ich schickte sie sozusagen zu den Chirurgen und mußte mit solcher Konkretheit das Gespräch beenden. Damit waren wir unmittelbar vor meinen Ferien immer noch nicht zu einem Konsens über eine mögliche Analyse gekommen. In dieser völligen Offenheit der Situation mußte nochmals ein Termin vereinbart werden. Die äußere Verletztheit und die mangelnde, aber notwendige Versorgung hatte uns jetzt bestimmt.

Als sie wiederkam, war ihr verletzter Daumen gebessert. Spontan begann sie mit diesem Thema und sagte, sie neige dazu, Körperliches zu übergehen. Sie sei beeindruckt gewesen, daß ich als Analytikerin den Mut gehabt hatte, solch Konkretes, Dringendes aufzugreifen, sie zum Arzt zu schikken. Sie sei unmittelbar nach unserem Gespräch in die chirurgische Ambulanz gegangen und sei dort mit einer tiefen Wundrevision, Tetanusimpfung und Antibiotika versorgt worden. Es sei bald danach viel weniger schmerzhaft gewesen; denn die Wunde habe bereits in der Tiefe geeitert. In dieser Diskrepanz, die sich zwischen ihr und mir im Hinblick auf die Einstellung zum Leben zeigte, konnte ich ihr endlich ein Stück ihrer Abwehr ersichtlich machen. Ich zeigte ihr, daß sie sich als Philosophin und Soziologin über ihr angefangenes Medizinstudium dem leidenden Körperlichen, dem darin enthaltenen konkreten Leben zugewandt hatte und daß sie gleichzeitig ein Irreales, Unfaßbares, vielleicht sogenannt Höheres liebte und sich dahinein in der Not flüchte, wenn es wirklich um sie, ihr Leiden, ja sogar körperlich konkretes Leiden, ging. So war es hier nämlich geschehen. In der Not mit ihrer sterbenden Großmutter dagegen verzichtete sie nicht auf konkrete instrumentale Maßnahmen und hielt sich daran fest. Sie hatte nicht etwa die Großmutter in ihren Armen halten können. Diese zusammenfassenden Gedanken über sie und ihren Umgang mit ihrer Not, wie sie mir aus den zwei Stunden zugänglich geworden waren, führte ich ihr vor Augen. Doch wir verblieben nicht lange bei dieser Betrachtung ihrer inneren Nöte. Sie ging in ein Außen und Zukünftiges und sagte mir nun, sie wolle Chirurgin werden, das habe sie schon seit langem vor. Chirurgen arbeiten mit dem Messer, dachte ich, sie brauchen Patienten, die das zu erdulden bereit sind. Zwischen Zufügen und Erleiden besteht hier der Gegensatz zwischen Arzt und Patient am deutlichsten. Sogar das Bewußtsein des Patienten wird in der Chirurgie oft noch ausgeschaltet. Der Umgang mit dem Patienten geschieht möglicherweise dicht am Tod entlang. Doch das war wahrscheinlich nur mein vorbewußtes Bild. Mit einem derartigen Berufswunsch bestand sie nun geradezu auf konkreten Handlungen zur Rettung anderer; doch ohne Kenntnis des inneren Motivs.

Während die Patientin von ihrer neuen beruflichen Ausrichtung erzählte und das latente Thema Erleiden und Antun von Passivität in Aktivität umkehrte, lief ich wieder auf eine falsche Schiene: die der Hoffnung, daß diese Patientin etwas Realistisches anstrebe. Wenn sie auf diesem, ihr so wichtig erscheinenden Entschluß im Rahmen ihrer beruflichen Ausbildung ganz aktuell verharrte, dann hatte sie mich geradezu lautlos mit meinen analytischen Gedanken ins Banale verwiesen. Sie hob meine analytische Kompetenz auf, als ginge es um Berufsberatung, wenn sie die innere Bedeutung des Wechsels von Philosophie und Soziologie zur Chirurgie nicht sehen mochte; schon zuvor hatte mein notwendiges Verweisen an die chirurgische Poliklinik der Aufgabe eines Arztes für Allgemeine Medizin entsprochen und nicht der des Psychoanalytikers. Die Chirurgie wurde jetzt als erhaben hingestellt, sie machte sich bereits zu einer ärztlichen Kollegin, zu der ich aufschauen sollte, zumal Frauen selten in diesem Fachbereich der Medizin tätig werden. Mit dem verletzten und unversorgt gebliebenen Daumen, für dessen Versorgung ich mich einsetzen zu müssen glaubte, war ich längst vom Platz der Psychoanalytikerin gezogen worden. Statt der zukünftigen Analyse bei mir war die Chirurgie als Zukunft proklamiert worden, und ich war paradoxerweise geneigt, das als Möglichkeit für sie zu fördern, damit sie überhaupt zur Realität des Lebens käme, eine Abtreibung der Psychoanalyse um des Überlebens willen. Ich hatte die doppelte Bedeutung, die Identifizierung mit dem großartigen Vater, die Verletztheit ihrer Identität durch den Vater und die latent darin enthaltene Übertragungsbedeutung nicht verstanden: Ich nämlich hatte sie mit meiner Frage nach der Bedrohlichkeit ihres früheren Gewichtes, der Frage ihrer Einstellung gegenüber dem Leben und dem Tod, »gebissen«, und nicht umsonst hatte sie mir diesen Daumen in der zweiten Stunde, während sie vom Vater sprach, ununterbrochen entgegengehalten. Mit dem Hinweis auf ihre Sterblichkeit, der in der Frage nach dem Gewicht gelegen hatte, hatte ich eine ganz *existentielle* Kastration angesprochen.

Am Schluß der dritten Stunde sagte ich – ungeachtet dessen, daß wir zu keiner Zeit in einen analytischen Dialog gekommen waren, vielmehr allein angesichts der Schwere ihres Konfliktes und ihres wiederholten Kommens als möglichem Zeichen einer Suche oder Bejahung der Situation –, daß ich ihr eine Analyse vorschlagen würde. Ich machte sogar das Angebot, daß sie sich nach den Sommerferien melden möge. Wahrscheinlich fühlte ich mich innerlich zu diesem Angebot gezwungen, weil ich aus dem Dilemma dieser Gespräche vor den Sommerferien keinen anderen Ausweg sah.

Sie meldete sich nicht mehr. – Vielleicht wären hier noch mehrere vorbereitende Gespräche notwendig gewesen, die die Patientin zu einer Art Ahnung gebracht hätten, daß Einsicht erleichternd ist und aus der Verfangenheit führt, in der die Übertragung der alten Konfliktsituation zwangsläufig neues Mißverstehen auslöst. Daß sie mit ihrem Anliegen, das bei der Anmeldung als so vorbereitet, so klar erschien, das sich dann als so konfus, verwirrend erwies, unmittelbar vor den Ferien gekommen war, sprach für ein anderes: Diese momentane Inszenierung war nur die Fortsetzung eines Verhaltens, mit dem sie derzeit ihr psychisches Gleichgewicht, das heißt auch Überleben, ermöglichen konnte. Dabei wertete sie sich durch die Abwertung eines Anderen auf. Sie hatte mich zur wichtigen Figur gemacht: »Sie sind es«, das war der Inhalt der telefonischen Anmeldung. Diese wichtige Figur konnte sie dann mit um so mehr Effekt fallenlassen.

Psychoanalytische Überlegungen

Nach einiger Zeit, als es bereits unwahrscheinlich war, daß ich von der Patientin noch hören würde, begegnete ich auf einem Arbeitstreffen der Kollegin, bei der die Patientin vor mir in Behandlung gewesen war, und erfuhr, daß ihr die Patientin kurz vor ihrer Empfehlung an mich ein Geständnis abgelegt hatte. Es war das gleiche Geständnis, das ich schließlich auch gehört hatte, doch der Kollegin gegenüber war es um eine wichtige Dimension erweitert: Ihr Vater hatte von ihrer Homosexualität erfahren und sie deshalb schwer geschlagen, und daraufhin war die Magersucht aktuell geworden. Auch wenn hier nicht unbedingt sicher war, ob es sich um Phantasie oder Realität handelte, so hatte die Patientin den Übergriff des Vaters in ihr Leben gezeigt. Meine – auf manifester Ebene gesehen – »Themen«-wechsel im Interview stellten in gewisser Weise Übergriffe dar, zu denen die Patientin das Ihre hinzugetan hatte; dadurch war es zur Kontamination von Sinngebendem und Konkretem gekommen. Wenn die Patientin wirklich vom Vater als fast Erwachsene geschlagen worden war, mußten Kontraste wie Empörung und Kränkung sowie sexuelle Erregung ausgelöst worden sein. Wahrscheinlich war die Homosexualität Ausdruck für ihre Suche nach der idealen Mutter; wenn der Vater sich so konkret körperlich erlebbar dazwischen brachte, ließe sich vorläufig denken, daß die folgende Magersucht den Versuch eines leiblichen Entzuges darstellte. Auch mit dem zur Magersucht gehörigen Symptom der Amenorrhoe war es denkbar, daß sie sich der phantasierten Schwangerschaft entzog.[2] Sie kehrte dann ihre sexuelle Ausrichtung um und drohte ihrer Weiblichkeit das Leben zu nehmen.

Eine wichtige weibliche Person war in diesen drei Gesprächen nicht zur Sprache gekommen: die Mutter. Sie wurde in Stellvertreterinnen abgehandelt, in meiner Kollegin, in der Großmutter, plakativ angespielt in der Benennung der Homosexualität und in mir. Meine mütterliche Fürsorge um ihren Daumen hatte sie durchaus angenommen, dagegen hatte sie mich mit allen auf sie eingehenden Überlegungen scheitern lassen. Das völlig ungewöhnliche Ereignis einer Information von außen machte mir den Bogen der ihr sicher nicht voll bewußten Intention deutlich: mich nämlich fallenzulassen, weil sie meiner Vorgängerin schließlich das ganze Vertrauen geschenkt hatte. Diese Intention hatte alle drei Gespräche wie ein zwingendes Diktat in unterschiedlicher Weise beherrscht: Ich, eine Frau, der sie eine Bedeutung beimaß – sonst hätte sie doch nicht Analyse bei mir machen wollen –, mußte fallengelassen werden. Das war notwendig, nachdem die Patientin sich ihrer früheren Analytikerin voll eröffnet hatte. Nach einem Geständnis fühlte sie sich der ersten Analytikerin gegenüber klein, und sie benötigte mich, um sich über eine konfuse

---

2 Die Bedeutung der Schlagephantasien setze ich aus Freuds Arbeit (1919e): »Ein Kind wird geschlagen« für das Verständnis als bekannt voraus.

Aktion wieder groß und erhaben fühlen zu können. Damit war ihre eigene als entwertet gefühlte Weiblichkeit von ihr auf mich *abgespalten* worden. Ich hatte ununterbrochen die entwertende, ja destruktive Tendenz erfühlt. Es war ständig etwas zum Sterben verurteilt worden. Es starb ihre Analyse bei mir, die zum Leben führen sollte. Sie hatte sich wie eine Erwachsene am Telefon vorgestellt, die bereits über alles Bescheid wußte. Das ließ mich nicht so schnell an die existentielle Bedrohtheit einer angeblich geplanten Analyse glauben. Die Patientin brauchte zwar die Mutter beziehungsweise eine Mutterfigur, aber sie mußte sich ebenso sehr oder stärker noch gegen sie wehren. Dies stellte die Antinomie oder Paradoxie dar, in der die Patientin gefangen war, ein Leiden, das sie nicht wahrhaben wollte. Es hätte im Moment jedenfalls einen unerträglichen Schmerz für die Patientin bedeutet, sich des kontradiktorischen Charakters ihrer unterschiedlichen Bewußtseinsebenen bewußt zu werden. Sie fühlte sich stark genug, um das Leben zu bestehen, indem sie sich von der Mutter, stellvertretend von mir, unabhängig erklärte, indem sie die ihr so wichtige Großmutter letztlich sterben ließ, indem sie der früheren Analytikerin gegenüber lange ein Geheimnis behielt, indem sie mir mit einer Unwahrheit – der früheren Analytikerin das Wichtigste nicht gesagt zu haben – scheinbar Bedeutung zuschob und mich damit in eine von mir aus nicht zu klärende Situation brachte. Dann war sie wieder stärker als sogar zwei Analytikerinnen. Sie hatte nicht nur mich getäuscht und für dumm erklärt, sie hatte auch den Rat der früheren Analytikerin, jetzt Analyse zu machen, als irrwitzig auflaufen lassen. Sie konnte sich jetzt erhaben fühlen. Sie war im Festkleid zu mir gekommen, um – sicher unbewußt – den Triumph über die mütterliche Frau zu feiern. Wenn sie das dreimalige Kommen einzusetzen bereit war, konnte sie nicht ganz ahnungslos sein, daß dieser Triumph sie weiterhin in Unfreiheit halten würde: ihr Kommen enthielt eine Ambivalenz.

Der Hoffnung wegen, sie möge selbst die Einsicht gewinnen, gelang es mir nicht, auf der Schwere der Krankheit zu bestehen, die sich in diesen paradoxen Darstellungen äußerte. Die Verleugnung, die permanente Derealisierung, bei der das Gesagte als irreal erklärt wurde, hätte unter Umständen der Dramatisierung durch mich bedurft, um eine Wendung in die Realität zu bewirken. Während die Patientin mich nötigte, hätte ich sie zu der von ihr genannten Einsicht, Analyse zu brauchen, nötigen sollen. Ob man als Analytiker ein solches Mittel einsetzt, hängt von der gewachsenen Erfahrung und der persönlichen Art ab.

Sollte ich ihre unbewußte Motivation zur Analyse beurteilen, so ging die Patientin wahrscheinlich nicht davon aus, eine Analyse aufzunehmen. In der Vorwegnahme der finanziellen Frage, die für sie in Gänze geklärt erschien, eines sonst für die Realisierung oft kritischen Punktes, und daher, weil betont, eine Umkehrung, hatte sich die mangelnde unbewußte Motivation wahrscheinlich bereits verraten. Mich hatte sie von sich abhängig gemacht, indem sie Zeit erpreßte, indem sie mich im Erstgespräch wie in der notwendigen folgenden Serie von Dialogen hinhielt, indem sie mittels manischer Reden unerreichbar war, indem sie mir Falsches vorgab und schließlich mich im Ungewissen ließ, ob sie zu mir in Analyse kommen würde. Letzteres zu wissen, ist ein Stück weit für mich als Analytikerin existentiell. Genau das entsprach den Racheakten an dem in ihr lebenden und sie beherrschenden Bild, der Imago ihrer Mutter.

Später sah ich zufällig eine von ihr hergestellte Collage, die Sinn und auch Bestätigung für das gab, was ich mit ihr erlebt hatte: Ein schon weit entwickelter Embryo mit ausgebildeten Extremitäten, Händen mit Fingern, lag in Hüllen an einem Straßenrand, in der Gosse, neben dem Gehsteig, im Hintergrund der alltägliche rücksichtslose Verkehr. Äußerst vorsichtig und mit entschlossenem Griff hätte ein solcher Embryo aufgehoben werden müssen, um doch noch lebensfähig zu werden. Es war das Bild ihrer inneren frühen Ausgesetztheit von der Mutter. Nach diesem Bild mußte sie sich dem Tod ausgesetzt fühlen, beziehungsweise gefühlt haben, und daran festhalten. Erst auf den zweiten Blick war auf der Collage dicht neben dem Embryo ganz in seinem Blickfeld eine Pflanze sichtbar, ein Sproß, der zwei gegenständige Blätter gerade entwickelt hatte. In diesem Sproß schien sich ihre Stärke zu zeigen, vielleicht auch in der gegenständigen Anordnung der Blätter ihre innere Gespaltenheit. Sie hatte trotz der inneren Ausgesetztheit diese frühe Abhängigkeit überlebt. Die Pflanze brauchte keine Mutter, sie wuchs selbst, und diese *Selbsterschaffung* konnte ihrer unbewußten Phantasie entsprechen. Dann konnte sie mich abweisen, ohne zu merken, daß sie dabei mit der mütterlichen Abweisung identifiziert war. Als Abweisende hatte sie die Befriedigung der Machtausübung. Das gab ihr Sicherheit. Es war die Identifizierung mit einer von ihr als mörderisch empfundenen Mutterimago. Es mag sein, daß die Konkretheit der Patientin der mütterlichen Imago folgte, die sie möglicherweise als überaus nüchtern zupackend erlebt hatte. Das ist sogar eine Eigenschaft, die Chirurgen benötigen. Dazu stand sie in der Schuld der früheren Analytikerin, die »Vorgeschichte« mit der schweren Krankheit zunächst überhaupt überlebt zu haben. Es war, lebenszeitlich gesehen, der wichtige Punkt einer Trennung. Diese Grenzsituation zog sie sicher auch und wahrscheinlich nur vorübergehend zur Chirurgie. Sie schwankte in ihrer Suche zwischen einer vollständig konkret handelnden Identifikation, die beispielsweise in der Chirurgie sich zwischen Tod und Leben bewegen konnte, und einer geistigen Identifizierung, die wie im Erstgespräch jederzeit drohte, in eine Überspanntheit zu führen. Dann folgte sie der inneren Imago des hochstaplerischen Vaters und war geistig unerreichbar. Auch diese zweite Identifizierung erfolgte gegen eine lebendige und weiterführende Objektbeziehung. Die Aufnahme der Beziehung zu mir war darauf angelegt, sie ersterben zu lassen, um im Triumph als Sieger hervorzugehen. Folglich war ich auch keine Honorierung wert: den Krankenschein, mit dem sie die Erstgespräche honorieren konnte, erhielt ich erst später auf meine Aufforderung hin.

Das narzißtische Gleichgewicht der Patientin war zu gestört, um dem Anspruch des Erkennens gewachsen zu sein und die Erkenntnis zu ertragen. Das elementare Gefühl, nicht angenommen, unerwünscht zu sein, das auf Rache drängte, indem der andere bis zum Tode abhängig gemacht werden konnte, bewirkte äußerste Spannung und verbrauchte ein ungeheures Ausmaß an Energie für die Patientin wie für den Erkenntnisakt der Analytikerin. Ich mochte diese letzte Konsequenz, die agierte, d. h. nicht bewußte Phantasie, den anderen sterben lassen zu können, nicht glauben. Ödipale Phantasien zeichnen sich zunächst durch einen harmloseren Charakter aus. Die Patientin inszenierte im Erstinterview sowohl das nicht angenommene Kind als auch die sich möglicherweise mit Mordabsichten tragende Mutter. Ob ich diese doppelte und in sich konträre Ausrichtung – an sich Aufgabe für die Durcharbeitung in einer langen Analyse – ihr hätte nahebringen sollen, ist eine unbeantwortbare Frage. Ein solcher deutender Blick auf ihre doppelte Identifizierung hätte etwa lauten können: »Sie sind das nicht-angenommene Kind und die von Ihnen bis auf den Tod gehaßte Mutter in einem!« Eine solche Deutung sprengt die Art der heranführenden Deutung im Erstgespräch. Doch es stellt sich die Frage nach dem Umgang mit dem agierenden Patienten, dessen Ich noch nicht sehen und erkennen wollen kann. Der Krankheitsgewinn, der sich aus dem Agieren ableitet, stellte eine große Verführung dar, die den *Schmerz der Einsicht* vermeidet und verschiebt. An verschobener Stelle, an der Art, wie die Großmutter gestorben war, wurde ihr Leiden an ihrer Macht sichtbar und auch partiell benannt. Sie konnte nicht sagen, woran sie litt, daß sie nämlich nichts Besseres, nichts Erleichterndes für die Großmutter getan hatte. Wenn sie gesagt hatte, daß es schlimm war, wie die Großmutter gestorben war, wich sie der eigenen Beteiligung, die so auf der Hand lag, aus. – Der Drehpunkt dieser narzißtischen Neurose war mein Zum-Sterben-verurteilt-Sein. Gerade mit meiner inneren Bereitschaft, die Position der Hoffnung zu vertreten, erlitt ich das Schicksal der Großmutter, die es auch nur als Stellvertreterin der Mutter erlitten hatte.

Ihrem eigenen besseren Wissen konnte die Patientin – die doch von Analyse gesprochen hatte – zumindest zu jener Zeit noch nicht folgen. Spannung und Schmerz mußten externalisiert werden, und dazu bedarf es eines Empfängers. Auf diese Weise reinszenierte sich das konflikthafte Verhältnis von Tochter und Mutter, sie blieb an das sehr wahrscheinlich ursprüngliche Trauma des Unerwünschtseins fixiert.

Der Zwang zur Wiederholung, das Agieren und die Abwehr durch Externalisierung schwächte ihr Erkenntnis- und Urteilsvermögen. Sie sah – während sie vom eigengesetzlich arbeitenden Konflikt beherrscht wurde – nicht mehr, wie sehr sie körperliche und psychische Hilfe benötigte. Ihre Berufswahl, in der ich zuerst eine Selbstheilungstendenz gesehen hatte, begriff ich später besorgt als einen nicht ungefährlichen Kompromiß: Leben und Tod der anderen hätte sie immer wieder in ihrer Hand. Der Wunsch, die Mutter libidinös zu erreichen, war nur unter gleichzeitiger integrierender Akzeptanz der beidseitigen Mordphantasien, der wahrscheinlich frühen Mordphantasien der Mutter, wie sie sie in eigener Not in der Schwangerschaft gehabt haben mochte, wie der, die die Patientin in Rache ebenfalls entwickelt hatte, erfüllbar. Partiell hatte die Patientin mit der selbstzerstörerischen Magersucht die Aufgabe der Weiblichkeit versucht. Die Phantasie des Muttermordes und erst recht der Muttermord selbst stellen die schwerwiegendste Phantasie und den schlimmsten Mord im menschlichen Leben dar. In der Nähe des Todes, bedingt durch ihre Magersuchterkrankung, hatte sie keine Gefahr für sich sehen können, weil ihr Verhalten paradoxerweise der von beiden Seiten unbewußten phantasierten Wunscherfüllung entsprach. Dabei wurden auf seiten der Patientin wahrscheinlich Phantasien gepflegt, die auf seiten der Mutter längst überwunden oder vergessen waren. Doch das Unbewußte ist charakterisiert durch Zeitlosigkeit. Das »normale« Primärobjekt beschützt und fördert das Kind und ist im äußersten Konfliktfall durch Unterwerfung wieder gut zu stimmen. Beim Infantizidimpuls kommt es zwischen dem Mordimpuls eines Elternteils und dem libidinösen Triebwunsch des Kindes, den Elternteil zu erreichen, zu einem Zusammenschluß, der nur dem Unbeteiligten tragisch erscheint. In diesem Konflikt wird das Kind sich selbst beziehungsweise seinem Leben entfremdet bis dahin, daß ihm Teile seiner selbst enteignet werden oder es sich selbst aufgibt. Die volle Inszenierung dieses Konfliktes durch die Patientin verhinderte die analytisch klärende Arbeit. Ich hätte auf meiner Andersartigkeit, meinem nicht mörderischen Wunsch, meiner fälschlich in dieser Weise ins Spiel gezogenen Person und ihrem Verkennen bestehen müssen, um die schwere Verkennung zu durchbrechen. So hatte die Patientin einen Pyrrhussieg davongetragen. Die Abfolge der drei Gespräche erfolgte in einer einzigen Linie des Erringens einer scheinbaren, ihr Überleben sichernden Machtposition. Mit dem gescheiterten Versuch der Aufnahme einer Analyse war ihre innere Wirklichkeit und in deren Folge die äußere Wirklichkeit einschließlich der möglichen neuen und andersartigen Objektbeziehungen erneut verleugnet.

Theoretische Quellen und Ergänzungen

Ich brauche hier nicht mehr ausführlich auf die Literatur zum Krankheitsbild der Magersucht zu verweisen. Dieser Fall zeigt im Vergleich zu dem Kapitel »Das wechselseitige Alibi –

Magersucht und Erbrechen« eine Störung, in der die persönliche Struktur wesentlich stärker betroffen ist. Die Literatur, die noch zu nennen ist, bezieht sich auf Arbeiten, die sich mit dem Todestrieb befassen. Abgesehen von Freuds Arbeiten zu dieser Grundannahme (1916a, 1920g) zitiere ich aus einer der verhältnismäßig wenigen Arbeiten zu diesem Thema, einem Aufsatz von Max M. Stern von 1972. Er trägt den Titel »Trauma, Todesangst und Furcht vor dem Tod«.

Es ist wahr: kein Mensch hat je seinen Tod erlebt. Aber Psychologie handelt nicht von objektiven Tatsachen und Vorfällen, sondern davon, wie diese sich in der Psyche spiegeln. Und es ist nicht minder wahr, daß wir in der Angst vor dem Tod das Eintreffen eines Ereignisses fürchten, das wir unser ganzes Leben hindurch zu vermeiden suchen. Die Antizipation dieses Ereignisses könnte nicht von Furcht begleitet sein, wenn nicht in ihr eine Situation erinnert würde, in der das Ich etwas, was von da an seiner Angst vor dem Tod Inhalt gibt, erlebt hatte. Das Verständnis einer solchen Situation würde uns darüber Aufschluß geben, was in der Angst vor dem Tod gefürchtet wird.

Die These dieser Arbeit ist, daß die Angst vor dem Tod – die schon sehr früh im Kind auftaucht – im wesentlichen die Angst vor der Wiederholung einer von jedem Individuum erlebten traumatischen Situation des Verlusts des mütterlichen Objekts ist, in der unter Todesgrauen etwas wie die Vernichtung des Selbst erlebt wurde; daß – da dieser Situation Sterben wie Abwehr des Sterbens unterliegt – die Angst vor dem Tod die Angst vor der Wiederholung einer solchen Situation ist; und schließlich, daß die Anpassung an diese Angst, die, obwohl verleugnet, unser Leben formt, ein wichtiger Teil der seelischen Entwicklung, und ein Mißlingen dieser Anpassung eine wichtige Ursache der Neurose ist.

In der klassischen Theorie ist die Neurose eine Fixierung an obsolete infantile Ängste, die aus verdrängten infantilen Triebwünschen stammen. Diese Fixierung wird durch die Verdrängung unterhalten. Es scheint jedoch, daß eine wichtige zweite Quelle dieser Fixierung die Illusion ist, die Befriedigung infantiler Triebwünsche werde vor dem Tod schützen. Daher das hartnäckige Kleben der Patienten an diesen Wünschen, auch nach Aufhebung der Verdrängungen. Es ist die Angst vor dem endgültigen Trauma des Todes, welche die Angst aus den infantilen Traumata aufrechterhält. (902 f.)

Krank oder gesund
Deprivation und Begabung

Eine Patientin hatte schon mehrfach vergeblich, wie sie sagte, versucht, mich telefonisch zu erreichen; denn sie beabsichtigte, eine Analyse zu machen. Am Telefon ließ sie mich wissen, daß sie große Probleme mit ihrem Mann habe; sie sei schon beim Rechtsanwalt gewesen. Das Gespräch mit dem Anwalt hatte die Wendung gebracht, so sagte sie, daß sie »sich selbst noch einmal gründlich anschauen« möchte. – Ich räume möglichst innerhalb einer Woche einen Termin für ein analytisches Erstgespräch aus dem Grund ein, weil, wie in diesem Falle, dem Entschluß einschließlich des Schrittes zur Anmeldung ein langer innerer Reifungsprozeß vorangegangen ist.

Als sie kam, war ich von ihrer Erscheinung überrascht. Sie war verhältnismäßig klein, sehr zierlich und gewandt in ihren Bewegungen. Geradezu betont war ihre aufrechte Haltung, die Selbstverständnis, ja sogar ein wenig Stolz auszudrücken schien. Sie wirkte jünger als das Alter, das sie mir angab. Das Gespräch zwischen uns leitete sie mit der Bemerkung ein, daß sie lange an eine Analyse gedacht habe. Sie sei in den letzten Jahren jedoch so sehr in Anspruch genommen gewesen, daß sie gar nicht mehr an ihre *Verwirklichung* gedacht habe, doch es sei ihr ein Bedürfnis.

Im Kontrast zu der Sicherheit in ihrer Erscheinung und der Sicherheit, die in der Vorstellung ihres langgehegten Wunsches, eine Analyse zu machen, lag, zeigten ihre weiße, von Sommersprossen übersäte Haut, ihr hellblondes Haar, die schlanken Glieder und Gelenke insgesamt eine Zartheit, möglicherweise schon eine Empfindlichkeit an. Auch schien sie müde oder gar erschöpft. Als sie merkte, daß der Raum zwischen ihr und mir zum Erzählen frei war, füllte sie ihn mit einer nahezu ununterbrochenen Schilderung. Obwohl es aus ihr heraussprudelte, hatte alles seinen Aufbau, eine Gestalt, mit logischen, eigentlich bereits psycho-logischen Gedanken. Nie hatte sie ein psychologisches oder gar psychoanalytisches Buch gelesen, das sagte sie nebenher, um ihre Unkenntnis zu entschuldigen, aber dagegen ließ sie mich wissen, daß sie täglich seit der späten Kindheit lese. Bücher seien ihr immer schon von äußerster Bedeutsamkeit gewesen. Wenn die Kinder mittags schliefen, setze sie sich hin und lese.

Sie begann damit, wie leidvoll es für sie sei zu sehen, was sie mit ihren Kindern mache. Sie sei eine schlechte Mutter. Sie sehe es, könne es aber nicht ändern, und gerade das sei besonders schlimm. Weil es mit ihrem Mann so schwierig und belastend geworden sei, klammere sie sich regelrecht an die Kinder. Wenn der Älteste morgens in die Schule gehe, nehme sie die beiden Jüngsten weinend in den Arm und sei erleichtert, daß sie wenigstens die noch habe. Als sie heiratete, wie auch in der Zeit zuvor, habe sie gedacht, ihr Mann und sie, das sei die große Liebe. Es habe sich jedoch immer mehr in eine andere Richtung entwickelt, sie würden sich furchtbar anschreien, ihr Mann sei ihr fremd geworden, beziehungsweise sie habe früher nicht gesehen, wie fremd er dem Leben und auch ihr gegenüberstand. Seine scheinbare Sicherheit bezüglich seines Erfolges wie auch seine scheinbare Unkompliziertheit – er trieb Sport und war im Gegensatz zu ihrer Familie ganz und gar einer realen Welt zugewandt – habe sie geblendet. Und darüber, daß sie sich so errege, ginge manches zu Bruch, zuletzt die kostbare chinesische Vase. Es sei unerträglich, insbesondere weil sie – was neu für sie sei – in heftige Gegenwehr ob der zynischen und kalten Redensarten und der unbeteiligten Verhaltensweisen ihres Mannes verfalle, sie schreie und weine, so daß es den Anschein für andere und vor allem ihren Mann hätte, daß »sie die Verrückte« sei. In Wirklichkeit sei ihr Mann abgewandt, unbeteiligt und kühl, er wisse oder begreife nicht, was das Leben eigentlich sei. Er sei ein Spitzenmanager in der Wirtschaft, und als solcher lese er seinen persönlichen Wert allein von äusseren Erfolgen ab. Alles messe er am Geld. Das allein sei sein Wertmassstab. Ihm fehle die Erfahrung des alltäglichen Lebens. Als Schüler eines vornehmen und bekannten Internats habe er das wohl nicht mitbekommen. Später im Erstgespräch benannte sie diese ihrem Mann fehlende Lebenserfahrung so: das habe man sonst wohl in der Schule des Lebens gelernt. Als sie in Paris die Kunstakademie besuchte, habe sie ihren Mann kennengelernt, der dort an der Universität studierte. Sie weinte leise und nahm schliesslich ihr Taschentuch. Ich sagte nichts; ich war betroffen von der Erzählung und spürte, dass mein Empfinden ganz auf ihrer Seite stand; ich bedauerte es sehr, dass es bei dieser zarten Frau gezwungenermassen zu solchen Gröblichkeiten, Ausbrüchen, zu Fehlverhalten solcher Art gekommen war, das offenbar nicht die ihr eigene Art war. Sie nahm zu meiner noch besseren Vorstellung ihres Leides das Thema ihrer Inanspruchnahme der Kinder erneut auf. Innerlich war das für sie zum wichtigsten Anstoss geworden, jetzt eine Analyse zu machen, über deren Sinn wie äussere Weise sie ganz selbstverständlich Bescheid wusste. Sie wiederholte, dass sie die Kinder festhalte, manchmal umarme sie sie schluchzend. Das könne nicht gut für die Kinder sein, meinte sie; die Kinder wären ja nicht zum Trost für die Eltern da. Mir fiel auf, wie sie sich von ihrem Tun distanzieren und sich selbstkritisch sehen konnte. Sie müsse sogar sagen, dass sie eifersüchtig auf die Spielgefährten ihrer Kinder sei und manchmal versuche, die Kontakte ganz zu unterbinden oder zeitlich einzuschränken. Zu Hause mische sie sich da nicht ein, die Geschwister spielten miteinander oder der Älteste mache eben seine Schulaufgaben. Es genüge ihr, wenn die Kinder anwesend seien. Allerdings sei es mit den Hausaufgaben noch etwas anderes. Sie sehe die Schularbeiten ihres Ältesten nach und rege sich dabei oft sehr auf. Bemerkungen des Lehrers im Heft des Kindes beziehe sie auf sich, sie nehme sie persönlich. Darüber könne sie nicht hinwegspringen. Nüchtern betrachtet, sei das der ganz normale Ton eines Lehrers gegenüber dem Kind, doch sie gerate außer sich und schreie schließlich ihren Sohn an. Sie sei schon in der Schule gewesen und habe mit dem Lehrer gesprochen. Wenn es so weiterginge, hielte sie das nicht mehr durch. Mir schien, als wiederhole sich hier ein eigener drohender Zusammenbruch, wie sie ihn früher erlebt haben mußte. Was sollte ich zu all dem sagen? Sie sah sich ja ganz zutreffend, offensichtlich aber war sie gefühlsmäßig so erschöpft, daß sie die Kraft zum Ausgleichen nicht mehr besaß. Ich sah ihre Einsamkeit, die durch eine sich entzweiende Ehe tiefer und tiefer geworden war, und wie sie dadurch in die verschmelzende Nähe zu den Kindern geriet. Ich wußte nicht, was ich hätte deuten sollen, ich sah eine bemühte, aber total verzweifelte Frau vor mir. Ich schaute sie ruhig und lange an, und dann wandte sie sich von selbst der Darstellung ihrer Kindheitsgeschichte zu.

Sie erzählte nun, daß sie einem großbürgerlichen Hause mit langer Tradition entstamme. Ich dachte sofort an ihren betont aufrechten Gang, das also war seine Herkunft. Ich verstand, daß man hier nicht zeigte, daß das Leid einen gebeugt hatte. Den verschiedenen Stockwerken, Räumen und Türen in ihrem früheren Haus maß sie große Bedeutung bei; denn mit dieser räumlichen Zuordnung konnte die Großfamilie, die sich über drei Generationen erstreckte, samt dem notwendigen Personal in einem Haus wohnen. So war es möglich, daß man sich immer wieder trennen oder zurückziehen konnte. Sie war im Grunde in der Küche aufgewachsen, denn Trudi, die hier Regie führte, habe sich viel um sie gekümmert. Dieses damals sogenannte Dienstmädchen habe sie von ihrem 3. bis 16. Lebensjahr begleitet und eigentlich betreut. Sie putzte ihr nicht nur die Schuhe, sie kleidete sie auch an, und, abgesehen vom Sonntag, aßen sie als Kinder immer in der Küche mit dem Personal. Trudi habe sie zudem täglich an den Bahnhof gebracht und wieder abgeholt; denn sie mußte mit dem Zug zur Schule fahren. Sie besuchte bis zu ihrem 17. Lebensjahr eine nicht-staatliche Schule, in der sie viel Förderung und wohl auch Schutz erfuhr. Dann kam der harte Übergang zum Abitur. Die Schulbrote für sie und ihre Geschwister machte der Vater morgens früh, so wie er auch abends bei den bereits zu Bett gegangenen Kindern nach dem Vorhang schaute und fragte, ob er so oder so weit zugezogen sein sollte. Das Nachtgebet hatten sie zuvor bei der Großmutter gesprochen, zu der sie abends hingingen, um »Gute Nacht« zu sagen. Außer dem Schulbrot und der Sorge um den Vorhang sorgte sich der Vater bei ihr jedoch später auch um die Schularbeiten. Liebend gern – so sagte sie – machte er ihr gleich alles fertig, so daß es in der Schule schwierig wurde, zu sagen, von wem denn die Zeichnung stammte. Die Neigung zum Übergriff in der Identifizierung mit dem Kind, die schon ihr damals genau so wie heute ihrem Ältesten so viel Schwierigkeiten einbrachte, stammte also von ihrem Vater. Die Mutter schilderte sie als eine besondere Frau, die ihr Leben lebte und dabei niemals älter zu werden schien. Sie reihte sich, als die Patientin und ihre Geschwister älter wurden, in die Reihe der Freunde ihrer Kinder ein, während sie sich ansonsten mit Künstlern, Professoren, auch besonders bekannten aus der Psychiatrie, und anderen wichtigen Persönlichkeiten des öffentlichen Lebens zu umgeben wußte. Als sie klein war, habe die Mutter gehofft, daß aus ihr, der Patientin, ein Wunderkind werde. Sie habe früh gemalt, aber sicher so, wie alle Kinder malen, und dann sei die Mutter tief enttäuscht gewesen. Dafür umgab sie sich mit dem Flair wunderbarer und besonderer Leute. Ihr Vater dagegen lebte zurückgezogen in seinem Atelier, er war Bildhauer. Sie habe immer einige wenige Freundinnen gehabt, mit denen langfristige Freundschaften bestanden. »Einfachere Kinder« aus ihrer Schule hätten es bei ihnen zu Hause nicht leicht gehabt oder es als nicht leicht empfunden, wie sie sagte, und deshalb seien wohl solche Freundschaften eingeschränkt gewesen. – Jetzt hatte sie keine Freunde mehr am Ort. Das erwähnte sie und erklärte, daß der Beruf ihres Mannes sie in eine fremde und eigentlich kleine Stadt geführt hatte, in der sie auch angesichts der Aufgabe mit ihren verhältnismäßig kleinen Kindern keine neuen Freundschaften schließen konnte, während ihr Mann ausschließlich geschäftliche Verbindungen pflegte.

Nachdem sie mich hatte wissen lassen, daß sie aus einer angesehenen großbürgerlichen Familie stammte, berichtete sie jetzt, daß das Vermögen der Familie nicht erhalten geblieben war. Als sie 16 Jahre alt war, verlor ihre Familie – so erzählte sie – angeblich unvorhersehbar alles. Es bedeutete einen tiefen und absolut existentiellen Einschnitt für die ganze Familie. Die Mutter habe damals immer wieder gesagt, nun landeten sie auf der Sozialstation. Der Verlust all des Äußeren schien bei der Erzählung für die Patientin gar nicht so wesentlich gewesen zu sein wie dagegen der damit einhergehende Verlust von Trudi und bald auch des Vaters, der sich den so kraß veränderten Lebensbedingungen nicht anzupassen vermochte und starb. Es war nicht ganz selbstverständlich für mich, aus der dramatisierenden Wendung der Mutter, eine Redeweise, die sie wohl damals häufig wiederholte, die Bloßstellung herauszuhören, mit der sie die Kinder bedrohte, anstatt ihnen einen Schutz zu gewähren, so weit, wie es ihr eben in dieser schwierigen Situation möglich gewesen wäre. Die Aktualität, die die lamentierende Klage der Mutter noch immer für die Patientin hatte, übertönte die Bedeutung, die diese, die Zukunft schwarz an die Wand malende Klage für die Kinder hatte.

Zum Schluß erzählte die Patientin noch von ihrem Urgroßvater, der ein Kunstliebhaber und -kenner war. Er habe in Paris die Expressionisten gesehen zu einer Zeit, als noch niemand sie einzuschätzen wußte. Bei ihnen zu Hause hätten sie genauso gehangen wie im Museum einer Stadt, dem er sie vermittelt hätte. Damit schlug sie wohl unausgedrückt eine Brücke zu mir; denn sie war bis zu dem Platz im Behandlungszimmer an verschiedenen kleinen und größeren Bildern vorbeigegangen. Anschließend meinte sie, die Zeit sei wohl vorbei, und das traf genau zu. Es war ein Selbstverständliches, einen Termin zu vereinbaren, an dem wir Einzelheiten ihrer zukünftigen Analyse besprechen würden.

Psychoanalytische Überlegungen einschließlich der relevanten Literatur für die Diagnose Deprivation

Ich stelle damit ein analytisches Erstgespräch dar, in dem ich keine Deutung gab. Von mir aus waren wenige kleine Bemerkungen, ja eher Andeutungen meiner Akzeptanz ihrer Person und dessen, was sie erzählte, geschehen. Sie war viel zu erschöpft, viel zu bedürftig, endlich angehört und angenommen zu werden. Das Leiden an ihren Fehlern, die sie sah, hatte sie geradezu überwältigt. Sie war neben ihrem Ehemann in der gleichen Weise vereinsamt wie sie es von ihrer Mutter her erfahren hatte und gewöhnt war. Nachträglich fiel mir auf, daß nirgendwo in ihrer Erzählung etwas von Freude oder wirklicher Liebe durchgeklungen war. Die »große Liebe« für ihren Mann war rasch abgeklungen. Es hätte wohl ihr psychisches Gleichgewicht aus der mühsam gehaltenen Fassung gebracht, wenn sie sich über all das zu weinen bei mir erlaubt hätte. Als sie wiederkam, vereinbarten wir in einer völlig selbstverständlichen Weise die verschiedenen Modi, die zum Rahmen einer Analyse gehören, die Häufigkeit der Sitzungen, die Termine, die Höhe des Honorars, die Bezahlungsweise, die Ferienregelung, die Regelung ausfallender Stunden. Sie hatte nie zuvor mit einem anderen Psychoanalytiker oder Psychoanalytikerin gesprochen, wollte das auch jetzt nicht, um etwa irgendwo eher anfangen zu können. Ich zog das nämlich kurz in Erwägung. Lange konnte ich sie nicht warten lassen, ich hatte Sorge um sie. Nach wenigen Monaten konnten wir beginnen, was eine sehr kurze Wartezeit bedeutet. Dennoch war sie zu lang. Als sie kam, war sie schon verletzt. Sie kam mit einem Schulter-Oberarmgips. Gewalt war inzwischen geschehen. Den Ausdruck meiner großen Betroffenheit darüber konnte ich nur ganz schwer kontrollieren.

Sollte man mich hier nach einer Diagnose fragen, wäre das ganz schwierig. Die Diagnose einer neurotischen Depression würde dem Befinden nicht vollständig gerecht, denn die Depression ist nicht eigentlich offenkundig und wird auch nicht so von der Patientin erlebt. Ihre Klage war indirekt die der Einsamkeit, Verzweiflung und fortwährenden Anstrengung um das Überleben. Viel eher möchte ich daher die Patientin als ein begabtes, aber depriviertes Kind ansehen. Ihre Kreativität rettete sie vor der Depression, verhinderte andererseits die Trauer. Deprivation ist ein sich ständig reaktualisierendes Dauerleiden. Sie war die zweite Tochter ihrer Mutter, die sich als zweites Kind wahrscheinlich einen Jungen gewünscht hatte. Um diese Enttäuschung zu kompensieren, sollte die Patientin in den Augen ihrer Mutter ein Wunderkind sein. Und daß sie es nicht war, war der Grund zur offen eingestandenen Enttäuschung über sie. Die Patientin erschien mir, als wäre sie von Anbeginn ihres Lebens an von ihrer Mutter nicht beachtet und verlassen worden. Hatte sie doch wahrscheinlich nicht umsonst einleitend gesagt, sie hätte mich mehrfach vergeblich zu erreichen versucht. Mit dem spärlichen, aber sehr zuverlässigen versorgenden Angebot, das für den Vater morgens wie abends selbstverständlich war, konnte sie sich zufriedengeben. Weitere Orientierung, ja Lebensanleitung, holte sie sich bei Trudi, die selbstverständlich lebenstüchtig, arbeitsfähig und arbeitsam war. In dieser Haltung verwöhnte sie nicht. Auch die Großmutter bot eine Sicherheit, wenn Ordnung, ein Lebensrhythmus und Wohlerzogenheit für sie bedeutsam waren. Dem Vater wurde die Patientin später als ödipales Kind wichtig. Mit ihr allein kümmerte er sich in seinem Atelier um die Schularbeiten. Er mußte sie so mögen beziehungsweise lieben, daß er ihr für die Schule

Zeichnungen und anderes machte, ohne zu bedenken, daß sie doch damit Schwierigkeiten bekäme. Er schenkte sie ihr; er war zu sehr Künstler, als daß er hätte sehen können, daß sie Anleitung brauchte.

Hatte die Patientin aus all dem Angeführten das Beste gemacht, so war das einerseits ihre Begabung, andererseits war es ihre Not, ihre Kräfte so anstrengen und anpassen zu müssen, daß sie überlebte. Ein Schulbrot und ein so oder so weit zugezogener Vorhang am Abend können nicht für eine gesunde physische, psychische und geistige Entwicklung als ausreichend begleitende und fürsorgende Liebe, die ein Kind braucht, bezeichnet werden. Für einen Künstler war das, was der Vater tat, sicher ein Optimum, dessen Vorzug in der absoluten Verläßlichkeit auf diese Hilfe beziehungsweise seinem Gegenwärtigsein lag. Seine Schularbeitenhilfe für die Patientin war sicher mehr eine Lust, den Aufgaben des Kindes gewachsen zu sein, sie leicht zu meistern, vielleicht eine Entschädigung für schwere frühere Zeiten in seinem eigenen Leben; in diesem Falle eine projektive Abwehr. Möglicherweise schenkte er damit seinem Kind auch etwas, ohne jedoch zu bedenken und sich vorzustellen, also einzufühlen, daß mit dieser Ausstattung einer gekonnten Zeichnung das Kind in seiner Klasse unangenehm auffallen würde.

Wenn der Vater an solch wichtigen Stellen präsent war, deckte das in Wirklichkeit das Fehlen der Mutter, die ihre Aufgabe vollständig vernachlässigte, das heißt leugnete. Vom Kind aus gesehen, war an sie gar nicht heranzukommen, *weder in Liebe, noch in Wut und Empörung*. Sie umgab sich mit interessanteren Personen als gerade diesem Kind, der zweiten Tochter, war sie doch von ihr als dem erhofften Wunderkind enttäuscht. Noch nachhaltiger geschah das den der Patientin nachfolgenden Geschwistern, wohingegen die erste Tochter sehr früh der Mutter gleichrangig gemacht worden war. Diese Aberkennung der Bedeutung, die Nichtachtung oder das Unbeachtetlassen, eine Haltung der Indifferenz, in der Sorge,

Fürsorge und Liebe vorenthalten werden, wirkt sich aber als Deprivation aus, denn ein Kind ist bedürftig und kann nur unter diesem Schutzschild wachsen.

Der Begriff Deprivation ist zuerst von Winnicott (1950, 1954, 1955 und 1956) und Spitz (1954) für schwere emotionale Mangelzustände im ersten Lebensjahr bei Kindern geprägt worden, die – wenn überhaupt – nur mit den schwersten Schäden an Leib und Seele überleben. Er bezeichnet einen schwersten Mangelzustand und infolgedessen chronische Entbehrung im Säuglingsalter. Shengold (1989) beschreibt viele solcher Fälle aus der Beobachtung seiner psychoanalytischen Praxis wie aus der Literatur und bezieht sich dabei ausdrücklich auf Fälle, deren sicher nachweisbare Deprivation nicht unbedingt im ersten Lebensjahr geschah, sondern das Kind auch jenseits des dritten Lebensjahres trifft oder dauernd begleitet. Es mag sein, daß die Mutter selbst oder eine Ersatzperson sich bei der Patientin in der ersten Lebenszeit als gutes Objekt erwies, die Mutter vielleicht, weil sie Babys liebte, und so für die Patientin eine erste Erfahrung mit dem guten Objekt möglich war. Eine solche Erfahrung ist dann eine wichtige Voraussetzung, um ohne Neid, der allzu sehr behindern würde, das sich anbietende Gute und Brauchbare, wo immer es sich auch fand, aufzugreifen und zu sammeln.

Für die Patientin wäre die einzige befreiende und gesunde Reaktion Wut gewesen. In der Hilflosigkeit und Abhängigkeit hätte jedoch Wut die Situation verschlechtert; denn niemand hätte sie für begründet gehalten, also die Patientin ernst genommen. Wut gehörte auch nicht zur Wohlerzogenheit. Dafür geschieht ganz allgemein, was auch Shengold beschreibt, ein anderes. Spät erst unter Umständen ist die Wut dann in etwas wiederzufinden, das gleichsam jenseitig ist. Shengold beschreibt, daß diese Patienten in ihrem späteren Leben immer mit einem Widerspruch umgehen: sie bleiben vorsichtig und sogar mißtrauisch gegenüber jedem emotionalen Versprechen, weil sie die Erfahrung in sich bewahren, daß so vieles zu Enttäuschung führt; dagegen bleiben sie gleichzeitig hoffend, und zwar auf eine Rettung oder Erlösung. Dieser letzte Punkt bezeichnet etwas ganz Besonderes. Die Hoffnung auf die endliche Rettung erfordert ein Übermaß an Geduld. Diese Geduld kann eines Tages erschöpft sein, und wenn dann die ersehnte Erlösung nicht eintritt, kann das Gegenteil eintreten, die Rache, die ganz selbstverständlich geschieht, die nicht betrauert wird und nichts anderes beinhaltet als den Durchbruch der zwangsläufigen Identifikation mit dem Aggressor. Diese Wendung stellt das dar, was Shengold (1989, 7) als ein jenseitiges Unerwartetes beschreibt.

Wenn die Patientin mit der Klage kam, keine gute Mutter zu sein, dann hatte sie bei allem selbst erlittenen Mangel sehr wohl erwogen, was eine gute Mutter ausmacht, und gesehen, daß sie das nicht erfüllte, ihr vieles davon nicht möglich war. Im Gegensatz zu ihrer Mutter *litt* sie darunter. Die paradoxe Aufgabe, die Kinder lieb und bei sich haben zu wollen und sie dennoch ihren Wegen überlassen zu können, überforderte sie. Ihre gute Erziehung hatte es ihr lange verboten, ihre Wut jemandem entgegenzuschleudern. Seit etlicher Zeit war aber die eheliche und häusliche Situation so überspannt, daß sie – was sie erschreckte – diese Form nicht mehr wahren konnte. Eine Vase warf sie schließlich hin, eine kostbare, wie sie betonte. Sie war viel zu gut erzogen, um Kummer oder gar Anklage der Analytikerin gegenüber auszusprechen. Beim Anhören ihrer Schilderung wurde mir erlebbar, daß die Situation nicht mehr aushaltbar war, und meine Befürchtung traf auch zu. Beide, sie und ihr Ehemann, der wohlerzogene, vornehme Internatsschüler, waren *arme Kinder*, die sich wechselseitig die Erlösung voneinander erhofft hatten und nun zutiefst enttäuscht waren. Da eine Umkehr der so verletzenden Nichtachtung, *Seelenmord* wie Shengold sagt, schließlich in ein Manifestes, also Gewalt bis hin zum Mord, führt, mußte der Umschlag dahin befürchtet werden.

Das Übertragungsangebot in der ersten Stunde zeigte mir

ihre aus Not entwickelte Fähigkeit zum Alleingang: sie wußte alles allein. Sie gebrauchte mich nur in der Reduzierung auf mein Gegenwärtigsein wie mein Zuhören. Dennoch war ich in dieser Weise zunächst rettend für sie. Ihr hatte wohl nie jemand ausreichend zugehört; denn einmal sagte sie nach etwa einem Jahr, selbst erstaunt über ihr pausenloses Erzählen, sie müsse wohl noch hundert Jahre erzählen. Sie versuchte, mich nicht zu belasten, wenn sie wußte, wann ihre Zeit im Erstgespräch zu Ende war, wenn sie, ohne von Psychoanalyse gelesen zu haben, das Reglement einer Analyse kannte und ohne weiteres mit diesem einverstanden war. Weil sie es gewohnt war, sich nicht zu beschweren, sich nicht zu erwehren, geriet sie in ihrer Ehe in einen Zustand, der, ihr nicht voraussehbar, doch eine Steigerung in ein Unmögliches darstellte und nicht mehr aushaltbar oder lösbar erschien. In ihrer Verzweiflung wirkte sie für andere, als habe sie hysterische Ausbrüche. Damit inszenierte sie, abgesehen von der Kundgabe eines letzten Zeichens ihrer Verzweiflung, gleichzeitig eine Selbstbestrafung für eine unbewußte und bewußte Wut wie auch in einem Erfüllungszwang das, was der andere, der Quäler, vorausgesagt hatte; ein paradoxes, aber stimmiges und endliches Zusammentreffen in einem Negativen. Sie hatte nicht die Idee, Opfer zu sein, vielmehr die Befürchtung, daß ihre Kinder es würden.

All das illustriert, was Leonhard Shengold 1989 in seiner Monographie *Soul Murder* beschreibt. Es muß sehr verschiedene Formen der Bewältigung von Deprivation geben. Dieser Patientin in ihrer ganzen Vernunft, in ihrer Tüchtigkeit, ihrer Wohlerzogenheit, ihrem Wissen um die grundsätzlichen Dinge des Lebens war die innere Mangelsituation lange nicht anzumerken. Das geschehene wie das geschehende Unrecht – Shengold zieht Randall Jarrell heran, um die *teuflische Tarnung*, mit der es jeweils deklariert und aufrechterhalten werden kann, als »one of God's concentration camps« (1963, 146

[sic]) zu bezeichnen – konnte die Patientin nur mit den in der Analyse weiter wachsenden, d. h. sie bestätigenden Kräften ihres Ichs durchschauen. Solches Unrecht geschieht wie beiläufig, wenn, wie beispielsweise in ihrer Kindheit, von ihrer Mutter auf der Vorstellung bestanden wurde, man lebe in einem Haus: offen der Kunst und allem Schönen.

Die Auswirkungen solcher nicht reflektierten Ideen setzen sich aber über Generationen fort, unabhängig davon, ob es sich um reiche oder arme Familien handelt. Als ich später die Kindheits- und Jugendgeschichte ihrer Mutter kennenlernte, konnte diese in mir nur Erschütterung auslösen; denn auch hier fanden sich Protagonisten. Doch hatte die Mutter niemals den Gedanken erwogen, daß sie sich in ihrem Erwachsenenleben nur für früher Erlittenes entschädigte, und auch den nicht, daß sie nach einem unbewußten Motto den Kindern gegenüber eingestellt war: Sie sollten es *nicht* besser haben als sie selbst. Das war ihre späte, aber langanhaltende und das Leben der Kinder prägende Rache, der sich die Mutter niemals bewußt wurde. Spätere Kontakte, wie sie sich auch bei aller Distanzierung ergeben, waren gekennzeichnet von einer Haltung, die, jedwede Schwierigkeit leugnend, betont herausstellte, daß doch alles in Ordnung sei. Isolierte, scheinbar günstige Aspekte von Gegebenheiten spielte sie hoch, dem zuwiderlaufende Berichte wehrte sie ab. Letzteres bedeutete – was nie ausgesprochen war –, daß hier jemand mit nichts, aber auch gar nichts Schwerwiegendem, Zu-Überlegendem, Sorgen- oder gar Leidvollem auch nur durch Hören belästigt werden wollte. Ein »Ist 'was?«, das vielmehr »Ist etwa 'was!« bedeutete, hielt das Kind mit seinem Anliegen fern.

In einer Behandlung bedarf es vor allem der Geduld und einer umfassenden und selbstverständlichen Akzeptanz, solche Patienten in weiten Bereichen zu einer gewissen Beruhigung und damit Kräftigung des erschöpften Zustands ihres Ichs zu bringen; denn mehrere wichtige Aufgaben stehen späterhin in der Analyse an: die wirkliche Erkenntnis des geschehenen Unrechts[1] und die Erkenntnis, zumindest partiell im Wiederholungszwang zu leben. Mit der Erkenntnis des wirklich Unrechten meine ich, daß die Patientin das Gefühl der Verletztheit und die dazugehörigen Ereignisse sehr wohl bewahrt hatte und dagegen die eher kognitive Einschätzung und Beurteilung nicht zu wagen vermochte. Die Patientin hatte in ihrem späteren Leben ein Gegensätzliches zur Welt ihrer Kindheit angestrebt, das sie am Äußeren festmachte, und wie gewohnt den zentralen Mangel an Einfühlsamkeit hingenommen. Damit war sie in ein Verhältnis, eine Bindung geraten, die sich in der exklusiven Paarbeziehung, die keine Ausweichmöglichkeiten wie früher mehr bot, zu einem Hörigkeitsverhältnis entwickelte. Daß die Betreffenden, auch wenn sie sich noch so weit von dem Primärobjekt, das sie verletzte, getrennt haben, auf die Rache und wahrscheinlich auch die Idee der Erlösung verzichten lernen müssen, ist eine Leistung, die diesen bisher so tapferen Menschen noch zusätzlich abverlangt wird. Denn sonst droht das von Shengold genannte Jenseitige, ein Unheimliches in ihnen, der späte Erschöpfung anzeigende Umschlag ins Gegenteil.

---

[1] Um das, was ich als die Erkenntnis von Unrecht bezeichne, verständlich zu machen, möchte ich ein Beispiel aus dem Erstgespräch aufgreifen: Der dramatische Ausruf der Mutter, sie landeten noch auf der Sozialstation, mußte als Ausdruck der schwer gekränkten Eitelkeit und der sarkastischen Reaktion darauf verstanden werden. Aber weiter noch beinhaltete dieser Ausruf den Kindern gegenüber den Entzug jeglichen Schutzes, ja es war eine Preisgabe und Bloßstellung in völligem Gegensatz zu dem Ansehen, das die Familie sonst gewohnt war. Die Mutter gab die Kinder nicht nur einer jetzt möglicherweise hämischen Öffentlichkeit preis, mit der Verweigerung des Schutzes entzog sie sich selbst.

Aus Neid geboren: Imitation
Ein Hochstapler

»Ich bin ein Künstler«, so stellte sich jemand am Telefon vor. Künstler – das löste in mir eine freudige Erwartung aus, weil ich mich für schöpferische Menschen interessiere. Er wünschte mich bald zu sprechen, da er für kurze Zeit ganz in meiner Nähe arbeite. Seine anschließende Wendung, er wolle »mal so vorbeikommen«, bereitete mir dann Mühe. Ich mußte, ohne ihn zu kränken, versuchen, mit ihm zu einer festen Vereinbarung zu kommen. Er hatte von dem Zeitplan eines Psychoanalytikers, mit fast allen auf Dauer vergebenen Terminen, keine Vorstellung. Die Schwierigkeit, die diese Festlegung auf eine vereinbarte Zeit bedeutete, kennzeichnete bereits meine nicht ganz leichte Aufgabe, den Rahmen für ein analytisches Erstgespräch auch hier zu vertreten; Rahmen – das beinhaltet zunächst Ort, Zeit und Dauer der Begegnung. Weil ich immer bei einer Terminabsprache Namen und Telefonnummer, eventuell die Adresse, notiere, mußte ich in diesem Fall eine Anzahl von geradezu weltweiten Verbindungen aufschreiben, wo er zu verschiedensten Tagen und Zeiten erreichbar wäre. Auf diese Weise legte sich ein erster Schatten auf die kommende Begegnung: Er schien großzügig und flexibel, während mir der Anschein der Kleinkariertheit und Unbeweglichkeit zuzufallen drohte.

Zum vereinbarten Termin kam er dann wirklich. Ich sah zuvor durch einen Zufall – er parkte an ungewöhnlicher Stelle – seinen Wagen: ein amerikanischer Schlitten. Als seien wir schon Jahre miteinander vertraut, so begrüßte er mich. Er war von pyknischer Gestalt. Seine unruhigen, geradezu blitzenden Augen schienen, wie um sich festzuhalten, nach einem Punkt zu suchen. Den wenigen Daten, die ich eingangs zu notieren pflege, entnahm ich sein Alter: Er war über fünfzig Jahre alt. Dafür kam mir sein Gesichtsausdruck zu erwartend vor. Diese übermäßige Erwartung mußte offensichtlich rasch durch meine verhältnismäßige Sachlichkeit beim Empfang enttäuscht worden sein, denn kurz darauf erlebte ich sein Gesicht sehr ausdruckslos. Es war, als hätte sich der Ausdruck in seinem Gesicht für mich wieder verwischt. Ich konnte mich schon sehr kurze Zeit danach nicht mehr an meinen ersten Eindruck erinnern, er fehlte mir, und ich bemerkte das sehr deutlich.

So rasch, wie er Platz genommen hatte, so rasch begann er, mir seine Beschwerden vorzutragen: Er klagte, sein Schicksal sei schwer, das Leben habe ihm zugesetzt, etwas läge ihm auf der Brust. Die Angst und die Schmerzen auf der Brust, die müßten doch weg! – Er fuhr fort, von Geschehnissen, Schrecklichkeiten, zu erzählen, die er als Mißstände oder Mißbräuche deklarierte, die ihm alle in seinem Leben widerfahren seien. Es war eine große, generalisierte Anklage. In dieser Weise streifte er auch seine Kindheit, um mir zu verstehen zu geben, wie schlimm alles gewesen sei. Sein Bericht gipfelte in der Tatsache, daß er als Ältester alle seine Geschwister habe aufziehen müssen. Ob der Vater oder die Mutter fehlte, nicht konnte oder wodurch sich das sonst bedingte, erfuhr ich zunächst nicht. Der Patient brachte einen psychologisierten Tatsachenbericht vor, womit er der Möglichkeit, darüber nachzudenken, von vornherein keinen Platz einräumte. Es waren unumstößliche Konstatierungen, die ich in meiner analytischen Funktion weder durch gemeinsames Nachdenken, noch mit irgendeiner Befragung oder Infragestellung auf eine kontemplative Ebene bringen konnte. Der Patient hatte wohl das Gefühl, daß er jetzt einmal »dran« war, diese Anschuldigungen loszuwerden. Zu dieser Berichterstattung gehörte schließlich auch, daß er bis zu seinem dreißigsten Lebensjahr nicht gewußt habe, »was eine Frau ist«, und dann habe ihn »eine« geheiratet und ihm »nicht nur *ein* Kind untergejubelt«. Doch er habe nicht nein gesagt. Er habe auch die großbekommen. Ob mit oder ohne Hilfe jener Frau blieb wie bei der früheren Darstellung seiner Sorge um die Geschwister offen. Es waren Darstellungen seines Könnens, seiner Großzügigkeit, seiner positiven Lebenseinstellung, was er als ein Selbstverständliches hinstellte. Als Künstler, betonte er, auf seine Tätigkeit kommend, mache er alles, gleich ob klassisch oder modern, er arbeite in Holz und Stein und male auch. Als Lehrling hatte er sowohl in einer Schreinerei, als auch bei einem Steinmetz gearbeitet. Nie habe er als Künstler mit dem, was er tat, einen Verdienst gehabt. Einmal habe er sich auf Verdienst umgestellt und für die Filmindustrie ein »großes Atelier aufgezogen«. Binnen Jahresfrist habe er mehr daran verloren als er hineingesteckt hatte. Den Rest habe sogar der Staat gepfändet, so habe er die Geräte nicht mehr gehabt, um weiterarbeiten zu können. Jetzt arbeite er vorzugsweise bildhauerisch, doch er könne auch zeichnen – er könne alles, wiederholte er. Er gebe auch Unterricht, aber die Leute wollten nicht das lernen, was er ihnen zunächst einmal beibringen müsse. Die wollten gleich alles können. Als ich noch überlegte, was er damit meinen könnte, wechselte er schon das Thema und sprach von einem Kunden, dessen ganzer Traum es gewesen sei, »einen Riemenschneider« zu besitzen. Nicht nur, daß an ein Original ja nicht heranzukommen sei, es hätte den Kunden mehr gekostet, als er je hätte bezahlen können. Er habe ihm »einen gemacht«. Er habe bei einer bestimmten Figur mit Apparaten die Maßstäbe übersetzt. Die Oberflächenarbeit sei seine wahre Begabung. Die ganze Struktur, das könne er, habe er ganz genau nachgearbeitet. Jetzt, durch ihn, hätte der Mann »seinen Riemenschneider« bekommen. Die Gestalt, die Faltenbewegung, die Oberflächenstruktur, alles sei ganz genau. Ich guckte erstaunt; nein, sagte er, einen Unterschied habe man nicht gesehen.

Meine Schwierigkeit, die mit der Terminvereinbarung begonnen hatte, mein Mißbehagen, das sich beim Anblick seines allzu erwartungsvollen Gesichtsausdrucks einstellte, das alles klärte sich jetzt. Er war kein Künstler – er wäre es so gern gewesen. Er habe die beste Kopie gemacht, die es gäbe, sagte er jetzt, und ich versagte mir – war er doch als Patient zu mir gekommen – die naheliegende Bemerkung, ob er auch die Signatur kopiert hätte, eine allzu heftige, weil ironische Gegenübertragungsreaktion. Die Diagnose war für mich klar: Er war ein *Hochstapler*. Das ungute Spiel – er wollte mal vorbeikommen – hätte ich schon am Telefon unterbinden können. Mit dieser jovialen Wendung hatte er mich wissen lassen, daß er es so ernst nicht meinte. Und damit sagte er viel über seine Motivation aus. »Mal vorbeikommen«, das heißt, man kann es ja einmal probieren. Dahinter steckt die Erwartung von etwas Angenehmem. Ein Hochstapler besteht sogar darauf, daß sein Gegenüber zur ihn bewundernden Bestätigung verführbar ist. Das aber ist mit der analytischen Situation nicht vereinbar. So war mir bald klar, daß ich aus meiner analytischen Sicht heraus keinen Weg für ihn wußte und die Begegnung zu einem für ihn und mich annehmbaren Ende führen mußte. Mein Erstaunen, das aus meiner inneren Empörung über diesen sogenannten Riemenschneider resultierte, bemerkte er nicht, und ich sagte daher, um die Situation therapeutisch zu nutzen: »Eine Kopie ist eine Kopie«, und fuhr fort, vielleicht habe er viel dabei gelernt, aber ein Riemenschneider sei es dennoch nicht. Für mich überraschend stand ihm unmittelbar eine Entgegnung zur Verfügung, und er sagte mit doppelter Betonung, die Skulptur sei »aber doch *handgearbeitet*«. Das war ein Argument; psychoanalytisch gesehen, war es die Verschiebung auf etwas weniger Relevantes, eine Rationalisierung also. Weil er inzwischen wahrscheinlich etwas von meinem Unmut spürte, verschob er abermals auf ein noch weiteres: »Egal, wo es herstammt, egal, wer ihn gearbeitet hat, diese Figur, *dieses Motiv ist es wert*!« Vom formalen Gesichtspunkt aus könnte man das als Schlagfertigkeit, psychoanalytisch gesehen, muß man es als Abwehr bezeichnen. Seine Verleugnung einer notwendigerweise reiferen Betrachtungsweise im Dienste einer ungebrochenen Infantilität in der Auffassung von Kunst drohte zusammenzubrechen. Das tat mir leid, denn ohne sein handwerkliches Können und ohne einen Blick für das gute Maß, die gute Form, hätte er das, was er tat, nicht leisten können. Bedauerlich war, daß er sich dabei derart verstieg.

Die Fülle der im Erstgespräch von ihm angesprochenen Ereignisse seines Lebens war inzwischen über die zur Verfügung stehende Zeit gequollen. Um zu einem sinnvollen Abschluß zu kommen, mußte ich ein zweites Gespräch einräumen. Kurz vor dem erneut vereinbarten Termin rief er an und fragte, ob er etwas früher oder später kommen könne. Als ich meinen Kalender nahm, sah ich, daß er bei mir einen Tag später eingetragen war und sagte ihm das. Er entgegnete, da könne er gar nicht, da habe er ja einen Termin in der Klinik. Seine Nicht-Verläßlichkeit machte mir zu schaffen. Plötzlich meinte er, den Termin in der Klinik verlegen zu können. Keine fünf Minuten später rief er wieder an – für mein Gefühl war diese Klärung nicht so schnell möglich – und sagte, er könne den Termin wahrnehmen. Er kam, und während seines sofort beginnenden und mich erneut erstickenden Tatsachenberichtes, jetzt über die sich aktuell entwickelnden Schwierigkeiten mit Haus, Kurs, Bezahlung etc., überlegte und suchte ich nach einer Möglichkeit, die vielleicht etwas entlastend, hilfreich gegen den Druck auf der Brust, seine ja eingangs genannte Beschwerde, sein könnte. Es hatte sich gezeigt, daß er für ein analytisches Nachdenken und neues Sehen weder die äußere ungestörte Zeit, noch einen inneren Raum mit der notwendigen Geduld hatte. Dann hätten möglicherweise die Ereignisse einen neuen Stellen- beziehungsweise Erlebniswert bekommen können. Die psychologisierte Sicht seiner Geschichte bot ihm den nicht unbeträchtlichen sekundären Krankheitsgewinn, alle Schuld den Außenumständen zuweisen zu können. Es war völlig klar, daß er sich seine ganz eigene Welt aufgebaut hatte, die ich nicht teilen konnte. Weil er mich bedrängte und forderte, seine Verleugnungen anzuerkennen, hatte ich von der Gegenübertragung her gesehen einen schweren Stand. Geradezu verführend sagte er nun, er brauche einen Psychologen, um die weißen Flecken auf seiner Landkarte auszumalen. Diesen Vorschlag, einen Psychologen zu gebrauchen, der vielleicht mehr auf ein Zuhören und Gespräche, weniger auf die Veränderung der Struktur mit den von ihr ausgehenden Konflikten eingestellt war, griff ich auf. Allerdings konnte ich nicht diese Psychologin für ihn sein. Für die Aufdeckung unbewußter Zusammenhänge wäre es zu spät gewesen, er hatte ein Leben mit dieser Abwehr gestaltet und damit auch im Außen eine andere Welt erstellt. Er konnte einer Deutung nicht die ihn aus seinen Konflikten herausführende Bedeutung entnehmen. Natürlich wurde ich innerlich ein wenig unmutig. Er seinerseits hatte inzwischen auf mich gesetzt. Ich unternahm noch einmal, um hilfreich zu sein, den zweifelhaften Versuch einer Klarifikation und sagte, daß sich für ihn alles im Außen bedinge, im Außen scheinbar machbar sei und fügte in therapeutischer Absicht konfrontierend hinzu: auch die Überschreitung von Grenzen. Ich erinnere daran, daß in seinem zu Beginn geäußerten Wunsch, »mal vorbeizukommen«, bereits eine Grenzüberschreitung lag. Wenn er auf meine Ausführung hin sagte: er staune jetzt aber, hatte ich mit ihm ein Stück Arbeit geleistet. Ich räumte ihm ein, daß man eigene Grenzen, die Begabung beispielsweise, durch Üben erweitern könne. Da lachte er und sagte, vom Üben halte er nichts, jedenfalls nicht für sich. Über das Nicht-genug-Üben der anderen hatte er im ersten Gespräch geklagt, das erinnerte ich hier, verzichtete aber auf die Konfrontation mit seiner Neigung, Unliebsames auf andere zu projizieren. Statt dessen variierte ich das Thema ein wenig und sprach vom Möglichen und Unmöglichen, worauf er auch einging, bis *Verzicht* zur Sprache kam. Es schien, als räume er etwas ein, wenn er nun sagte, es sei interessant, was ich da sagte. Und hoffnungslos für mich im Konkreten und Außen bleibend, schloß er die Frage an, ob ich ein Tonbandgerät hätte, er würde das gern aufnehmen oder beim nächsten Mal eines mitbringen. Dann könne er es wieder hören, damit er sich das merken könne. Dennoch war dies ein Fortschritt seiner Erkenntnis, und so gab ich weiterhin – und bis zum Ende des Gesprächs – meine analytische Identität und Arbeitshaltung nicht auf und sagte: »Die Realität ist jetzt, hier zwischen Ihnen und mir, jetzt im Moment, in dem Sie etwas verstehen können.« Er war über meine Aussage, eine Klarifikation, erstaunt und meinte, er müsse mir zustimmen.

Das Gespräch fügte sich langsam auf einen Schluß hin. Es war klar, daß er keine Vorstellung und auch keinen Wunsch nach einer Psychoanalyse hatte. Somit entfiel eine Klärung darüber. Von sich aus sagte er, daß er wohl ab und an einen Psychologen brauche. Leicht konnte ich ihm mehrere nennen, zu denen er gehen könne. Dann sagte er, offenbar entlastet von der Beziehung zu mir, in der ich ihm nicht gläubig gefolgt war: er sei immer optimistisch, großzügig und – verführerisch. Viele gingen da mit, sie glaubten ihm das. Wenn jemand nicht mitgehe und zweifle, kriege er die Wut. Offenbar hielt er die Wut im Moment aus. Er sagte, daß er dann die Leute »anbrülle«. Er hatte seine zentrale innere Dynamik ausgesprochen. Ihm zu sagen, daß er sich dann ja gut kenne, hielt ich, wobei ich ganz leise lächelte, für einen günstigen Punkt, der ihm im Moment sogar eine gewisse Gratifikation einräumte, so daß wir uns verabschieden konnten. – Einen Wutanfall durch eine Übertragungsdeutung hier auf mich auszulösen, erachtete ich für ungünstig gegenüber der Einsicht, die oberflächlich vielleicht erreichbar gewesen war, und angesichts der Möglichkeit, einen Psychologen zu gewinnen; denn von Zeit zu Zeit würde er jemanden brauchen, um, wie hier geschehen, seine überschäumende Anklage abzulassen.

Psychoanalytische Überlegungen

Es gibt sicher keine psychoanalytische Praxis, in der nicht auch jemand eine Konsultation sucht, der sich für den analytischen Zugang als recht ungeeignet erweist. Die verhältnismäßig eindeutige Ungeeignetheit hier bedingte sich durch die übergroße und sehr wahrscheinlich frustrane Mühe auf seiten der Psychoanalytikerin, die notwendig gewesen wäre, das Ich, das hier das verleugnende Umgehen mit innerer wie äußerer Wirklichkeit jahrzehntelang *gewohnt*, Verleugnung also ichsynton geworden ist, zu verändern. Dann erst würde es fähig, den unbewußten Konflikt zu erkennen, der in seiner *Nicht-Anerkennung des Vaters und seines zeugenden Penis* lag. Er setzte sich einfach an seine Stelle. Dieser Konflikt hätte zunächst gesehen und schließlich ertragen werden müssen, um im weiteren bearbeitbar zu werden. Es ist schwer vorstellbar, daß er die Einsicht dieses Selbstbetrugs, von dem er lebte, jemals ausgehalten hätte. Mit diesem Patienten begannen die Schwierigkeiten schon bei der Vereinbarung und Einhaltung der Termine. Das Alter hatte das Seine getan, seine analen und manipulierenden Abwehrstrategien einzuschleifen und zu automatisieren. Es bedurfte keiner Sekunde der Überlegung, um Original und Kopie mit einem Scheinargument, beides sei doch Handarbeit, unterstützt mit dem Ton der Empörung – als werde die Handarbeit vom anderen nicht geschätzt –, erniedrigend auf eine Stufe zu stellen. Gleichzeitig mit der anal entwertenden Rationalisierung entlastet sich das Überich von dem Vorwurf der Nichtachtung, indem er auf den anderen projiziert und dieser zu einem Verachter gemacht wird; eine ichsyntone Objektmanipulation. Die Abwehr durch Verleugnung ist eine doppelte. Nach außen richtete sich die Abwehr durch Realitätsverleugnung, die durch Vortäuschen in Handlungen wie im behauptenden Denken als Mittel der Gegenbesetzung gesichert war; nach innen arbeitete sie als Affekt- und Unlustverleugnung, ebenfalls gesichert durch eine Gegenbesetzung in Form der manischen Hochpreisungen. Wenn als Ergebnis dieser Abwehrform sich für ihn die Außenwelt entstellt und seine Gefühle und seine Motive durch die Verleugnung so verzerrt werden, leidet die Ichstruktur und wird defekt. Es ist zwar verständlich, daß sich die aus früherer Entbehrung resultierende Enttäuschung, Empörung und Wut als Schmerz auf seine Brust gelegt haben, er möchte aber diesen Schmerz nicht als den wahren Kern, die Umkehrung seines Optimismus, seiner Hochstimmung, erleben. Angst, ob er sein Leben weiterhin in dieser Weise bestehen könne, und ebenso Depressivität würden als erste Behandlungserfolge ausgelöst werden. Sie zu ertragen und langsam zu assimilieren, würde die Umarbeitung der Sicht seines ganzen Lebens erfordern. Die Berechtigung meines Gedankens an die für ihn unerträgliche Angst und Depressivität belegt einer seiner letzten Sätze, in denen er im trotzigen Stolz Depressivität in sogenannten Optimismus verkehrte: Er sei *immer* optimistisch.

Wenn ich versuche, mir Bruchstücke der Genese dieser Störung für die Strukturbildung zu erklären, dann greife ich zurück auf das, was der Patient mir über seine Kindheit erzählte. Es sind Hypothesen, doch als Ansätze sicher wichtig. Ganz einseitig ist von der Mutter erzählt worden, während der Vater überhaupt keine Erwähnung fand. Der Patient muß von der Mutter einerseits recht groß gemacht worden sein, zu einer Zeit, als er in Wirklichkeit noch viel zu klein war, um selbst etwas von all dem und etwa sich selbst einschätzen zu können. So glaubte er, all das, was ihm zugeschrieben wurde, auch zu können. Damit hat ihm die Mutter nicht nur die Zeit und den Spielraum der Kindheit genommen, sondern auch seine Reifungszeit. Er war offensichtlich mit Aufgaben überfrachtet, die nicht nur zu viel für ihn, sondern auch nicht die ihm angemessenen, also die eigenen waren. Vielleicht gerade, um ihn belasten zu können, hat die Mutter ihn einstmals als so groß deklariert, was ihr wahrscheinlich nicht genügend bewußt gewesen ist. Sicher ist es üblich und realistisch, daß ein Kind in Aufgaben einbezogen wird; aber offenbar war das Ausmaß hier zu groß. In jedem Fall muß die Mutter in Not gewesen sein. Es fehlte der Vater oder eine ihn vertretende väterliche Figur. Er, der Dritte, wäre dringend notwendig gewesen, um die ödipale Situation zu erstellen. Ein Vater hätte schon durch seine leibhaftige Präsenz im Innen wie im Außen Grenzen gesetzt. Das wird im Erstgespräch beispielsweise an der Imitation, die er für echt hält, erkennbar; der Patient anerkennt weder Wirklichkeiten, Urheberschaft, noch Grenzen. Er staunte, als ich ihm das ganz allgemein, um ihn nicht allzusehr zu kränken, aufzeigte. Wenn er einstmals gegenüber den Geschwistern wie die Mutter fungierte, also primär ihre sorgende und pflegende Rolle übernehmen mußte, gewann er natürlich an Bedeutung. Wahrscheinlich gewann er sogar eine doppelte Bedeutung, er wurde wie eine Mutter, und dazu, als ihr aktiver Partner, bekam er die Bedeutung, die einem Vater eigen gewesen wäre, also die des Mannes gegenüber der Mutter. Diese Identifizierungen, ein Scheinsieg in der ödipalen Situation, verliehen ihm die Sicherheit, die in der initialen Darstellung »Ich bin ein Künstler« enthalten war. Sich so vorzustellen – wahrscheinlich würde das ein Künstler niemals tun – kann auch anders verstanden werden, nämlich als die unbewußte Selbsteinschätzung eines Lebenskünstlers. Meine Hoffnung und folgende Enttäuschung über die Anmaßung hatte mich die mögliche, unbewußt sich ausdrückende Bedeutung seiner Not in dieser initialen Formulierung nicht erkennen lassen. Bei all dem, was ihm widerfahren war, war er ein Lebenskünstler geworden; denn so »optimistisch« zu sein und zu bleiben, vermag nicht jeder.

Es entsteht jedoch eine Frage: Warum wollte er so gerne und dringend »Künstler« sein? Sicher hätte er niemals gemalt, gezeichnet und sich als Bildhauer betätigt, hätte er nicht grundsätzlich hier eine Begabung gehabt. Wenn ich entwickelt habe, daß er als Ältester in der Not der Mutter sich primär mit ihr und ihren Aufgaben identifizieren mußte, dann war er wie die Mutter, und dennoch war er nicht sie. Daß er primär weiblich identifiziert war, belegt sich zudem aus seiner Bemerkung, daß er so spät erst begriff, was eine Frau sei. Diese Aussage ließe sich auch umkehren, er begriff erst spät und unzureichend seine Funktion und Rolle als Mann. Etwas Ureigenstes der Mutter fehlte ihm jedoch, und zwar die Fähigkeit, Kinder zu bekommen. Die Vielzahl der Kinder der Mutter wie später »der Frau« nannte er zweimal. Er muß neidisch gewesen sein auf die *Schöpferkraft* der Mutter. Von dort führt der Weg leicht zu dem Verständnis dafür, daß er Werke schaffen mußte. Und wie die Zeugung üblicherweise nicht allein zustande kommt, so bedurfte auch er des zündenden Funkens, wie er es bei seinem »Riemenschneider« nannte, der Kopie, auf die er so stolz war. Dieser zündende Funke war hier wohl die vom Kunden und ihm gemeinsam geschätzte Figur oder lag in dem Satz, der ihn mit dem Künstler verband: »Das Motiv ist es wert.« – Der Ursprung des Neides liegt in der allerersten schmerzlichen Wahrnehmung des Selbst-nicht-Habens, was die Mutter hat. Eine solche Wahrnehmung resultiert aus Säuglingstagen, in denen der Patient seine Hilflosigkeit und Bedürftigkeit schmerzlichst gespürt haben muß. Die Fortsetzung dieses einmal gebahnten Neides ist denkbar und wiederzufinden in der Eifersucht auf die vielen nachfolgenden Geschwister. Das heißt aber auch *Neid auf den Mutterschoß*, der die vielen Geschwister zur Welt gebracht hatte. Er konnte inzwischen »alles« produzieren; so sagte er, daß er schnitzen, bildhauern, malen und zeichnen könne, gleich ob modern oder klassisch. Wie die Mutter, die ihm die Versorgung der Geschwister überließ, kümmerte er sich nicht mehr besonders um die Individualität beziehungsweise Originalität eines Werkes. Es scheint, als gelte für ihn der Satz: Hauptsache, sie (die Werke) sind da, sie leben; »Das Motiv ist es wert«. Auf diese Weise bekam der Mann »seinen Riemenschneider«, eine Kopie, eine *Imitation*, wobei für ihn wie für den Käufer das Original nicht mehr von Bedeutung war. In der Wendung »dann hatte der Mann seinen Riemenschneider« lag schon gleitend durch Abwertung und Projektion der Versuch einer Gewissensberuhigung über die Beinahe-Fälschung. Vielleicht waren in seiner Primär- wie in seiner späteren eigenen Familie nicht alle Kinder jeweils von einem Vater. Er gebrauchte das darauf hinweisende Wort, als er von »der Frau« erzählte, die ihm »nicht nur ein Kind untergejubelt« habe. Es schien, als sei es nicht so sehr darauf angekommen, wer von wem stammte. Der Patient war aber nicht allein identifiziert mit der Mutter, er stand auch in immer noch aktueller Rivalität zu ihr. Er ließ mich wissen, daß er der Zuverlässigere war, der, wenn auch betrogen um seine Kindheit wie zum Teil wohl um eigene Kinder, diese dennoch nicht im Stich ließ. Er zog sie groß, und mit dieser absolut zuverlässigen Fürsorge stach er die Mutter und die Frauen überhaupt aus. Auch hier fiel ihm ein doppelter Erfolg zu, denn mit seinem Handeln hatte er auch den Vater, selbst wenn von ihm keine Rede mehr war, ausgestochen. Nachträglich betrachtet, war das auch zwischen ihm und mir geschehen: wenn ich bei seiner Anmeldung kleinlich auf einem Termin bestehen mußte, dann fehlte mir sein Großmut.

Solange, wie ihm die Imitation und das Ausspielen des anderen gelingt, braucht er seinen Neid nicht zu spüren. Als er zu mir kam, hatte er bereits auf seine Weise und mir voraus sein Leben psychologisch verstanden. Von dort her blieb mir nahezu keine Möglichkeit übrig, etwas zu sagen. Er vermag es, in den anderen hineinzuschlüpfen, sich ihm gleichzufühlen, das zu machen, was der andere kann, und sogar besser. Die genitale Organisationshöhe ist in der Strukturentwicklung nicht erreicht. Er kann nicht zeugen, in analer Weise dagegen fabriziert, macht er. Die Vorgabe, daß das Motiv es wert sei, verdeckt den Neid auf das Originäre. Wahrscheinlich käme man in einer Analyse dahin, daß er der Mutter die Kinder innerlich sogar gestohlen hatte, so wie er später »Motive« nahezu stahl. Durch die frappante Umkehrung der Logik blieb ihm sein wahres Verhalten verdeckt. Daß er bei seinen Möglichkeiten und Begabungen nicht blieb, sie nicht übend ausarbeitete, sondern eigentlich Gestaltetes, Fertiges sich übereignete, die fremden Kinder wie die fremden Motive, bekannte er, ohne Betroffenheit zu fühlen. Dennoch wußte er von der Notwendigkeit des Lernens, wenn er über die Schüler, die nicht lernen wollen und gleich alles zu können meinen, klagte. Hier beschrieb er sich in der Projektion, ahnungslos, daß er von sich sprach. Seine Unfähigkeit, zu verinnerlichen und zu bewahren – das Üben ist ein Prozeß der Aneignung –, wurde augenfällig, als er um eine Tonbandaufnahme bat. Er spürte im Gespräch mit mir, daß es um etwas Wichtiges ging. Doch er beließ das im Außen, es wurde nicht zu etwas von ihm selbst, zu einer wirklichen Einsicht. Im Fall des Bandes konnte es beliebig gehört oder auch als unliebsam betrachtet und sogar gelöscht werden. Er kann damit die Regulierung dessen, was er aufnimmt, *einzig nach dem Lustprinzip* handhaben. Wenn ich an früherer Stelle sagte, daß ihm seine Kindheit genommen wurde, er Grenzen nicht wahrzunehmen und anzuerkennen lernte, dann fehlt ihm an dieser Stelle die wirkliche Einfühlung, die Getreulichkeit sich selbst gegenüber wie Bescheidenheit und Übung, um wirkliches Können zu erreichen. Auf diese Weise bleibt für ihn auch die Schuld, gelingt etwas nicht, im Außen, in den anderen, beispielsweise in denen, die die Geräte wegnahmen. Am Schluß zog er eine Bilanz über sich und beschrieb sich als großzügig, optimistisch und verführerisch und erwähnte zum ersten Mal an jener Stelle spät seine Wut, die auch in der aktuellen Situation mit mir drohte. Wer ihm nicht glaubt, seine Sicht der Welt nicht teilt, also zweifelt, wer sich nicht von ihm verführen läßt, auf den bekommt er Wut. Diese Wut entspringt der ursprünglichen Wut und Verzweiflung, wenn sich die Mutter ihm entzog, ohne daß es eine ausreichende Tröstung durch sie oder später ihn selbst gab – in der Halluzination der stillenden Brust, im Traum oder im Daumenlutschen –, eine Wut, die sich angesichts der vielen hinzukommenden Geschwister reaktivierte. Das aber bedeutet strukturell gesehen die nicht ausreichende Trennung und Bildung von Selbst- und Objektrepräsentanzen, die dazu in einer weiteren Entwicklung der Triangulierung durch einen Vater bedurften. Seine Arbeiten waren vergleichbar mit den Kindern der Mutter, denen Vater und Mutter die Fürsorge, die Zugehörigkeit und die Identität vorenthalten hatten. Sie waren so »unterzujubeln« wie die Kinder, die ihm als erwachsenem Mann von einer Frau »untergejubelt« worden waren. Der Patient erleidet also das Schicksal des Hochstaplers, der immer wieder die zu finden vermag, die ihm für kurze Zeit Glauben schenken, was ihn bestätigt und in Hochstimmung versetzt, hauptsächlich weil sie seine Abwehr und Verleugnung vorübergehend – wahrscheinlich, weil zunächst fasziniert – bestätigend mitmachen. Ein angetragener Zweifel dagegen löst tiefste Verunsicherung aus, weil sie die Verleugnung attackiert und er einsehen müßte, daß er sich selbst betrügt. In Wut muß er solche möglichen, wahrhaftigeren Objektbeziehungen verwerfen.

Theoretische Quellen und Ergänzungen

Ich habe dieses Erstinterview ausgewählt, weil eine solche Persönlichkeit nicht oft in die Praxis eines Psychoanalytikers kommt. Die pathologische Struktur hatte – wie nicht anders zu erwarten – die analytische Beziehung zu mir beherrscht und wird im Nachgang nochmals deutlicher augenfällig. Da die narzißtischen Charakterneurosen mit dieser Struktur vieles, insbesondere den Abwehrmechanismus der Verleugnung, gemeinsam haben und in diesen beiden Erstinterviews diese Struktur so verhältnismäßig leicht durchsichtig wird, hielt ich diesen Fall für darstellenswert. Karl Abraham hat

1925 in der Arbeit: »Die Geschichte eines Hochstaplers im Lichte psychoanalytischer Erkenntnis« als erster einen Hochstapler psychoanalytisch untersucht und ein weites Stück seiner Strukturbildung herausgearbeitet. Dreißig Jahre später hat Helene Deutsch 1955 von der zweimaligen Behandlung eines Hochstaplers in seiner Pubertät und später in seinem frühen Erwachsenenalter berichtet: »The Impostor: Contribution to Ego Psychology of a Type of Psychopath«. Diese Bearbeitung und Darstellung ihres Falles spricht dafür, daß eine Behandlung nur sehr früh einsetzen kann, soll sie etwas bewirken.

1971 hat Phylis Greenacre in ihrem Aufsatz »The Relation of the Impostor to the Artist« den Hochstapler dem Künstler gegenübergestellt. Ich zitiere aus dieser Arbeit die strukturelle Beschreibung des Hochstaplers:

Hochstapler und Künstler

[...] Der Hochstapler, der seine Veranlagung zu einer vollständigen Lebensform entwickelt hat, leidet offenkundig unter einer unvollständigen Ich-Entwicklung, die neben schwerwiegenden Mängeln in der Fähigkeit, Objektbeziehungen zu bilden, noch besondere Störungen hinsichtlich des Identitäts- und des Realitätssinnes umfaßt. Dominierende Imitationsneigungen, die auf früher prägenitaler Stufe entstehen, dringen in den Identifizierungsprozeß ein und schließen die Entwicklung gesunder und gut verankerte Ichideale der postödipalen Phase aus. Daraus ergibt sich zwangsläufig eine Deformation des Über-Ichs, wobei gut internalisierte Verhaltensnormen und Werte fehlen. Phantasie- und Wunschbilder spielen in allen Identifizierungsprozessen eine übergroße Rolle, und an die Stelle echter Leistung tritt Effekthascherei. Die Bemessung der spontanen Reaktion des Publikums auf die hochstaplerische Leistung vervollständigt die ganz oberflächliche Einschätzung der Wirklichkeit.

Die Eigenart des ödipalen Konflikts zeigt sich in sehr charakteristischer und unauffälliger Weise. Ich-Defekte aufgrund einer starken prägenitalen Fixierung führen zu einer zwar schwachen, aber dramatischen Inszenierung des ödipalen Konflikts, die bei jeder Hochstapelei ständig wiederholt wird. Auffällig ist, daß die Hochstapelei selber meist die Identitätsübernahme einer Vaterfigur oder eines älteren Bruders nach Maßgabe des Familienromans ist: eine vornehme, adlige oder berühmte Person, die durch die Hochstapelei symbolisch getötet und ihrer größten Schätze – ihres Ruhms, ihres Reichtums, ihrer Leistungen – beraubt wird. Eine genauere Betrachtung zeigt freilich, wie sehr bei diesem außerordentlichen Kampf alle echten libidinösen Besetzungen fehlen, und daß der Kampf eigentlich aus dem Sturz des Vater-Königs und aus der Übernahme seines Königsmantels in einer realen oder illusionären Machtübernahme besteht. Dabei ist keinerlei Anstrengung im Sinne der Absicht festzustellen, die Aufmerksamkeit und das Entgegenkommen der Mutter zu gewinnen oder festzuhalten; Eigenschaften, die in der Wirklichkeit entweder übergroß gewesen sein mögen, oder die, umgekehrt, unaufhörlich und in aufreizender Weise zwar ständig versprochen, aber niemals richtig erlebt wurden. Es ist leicht zu erkennen, daß die Libidoentwicklung des Hochstaplers immer infantil ist und nur selten eine echte genitale und heterosexuelle Stufe erreicht, auch wenn bei einigen wenigen Fällen eine Pseudogenitalität mit ungewöhnlich geringer realer Lust an die Stelle einer echten genitalen Beziehung tritt. Perversionen kommen sehr häufig vor. Hinsichtlich des Körperbildes besteht gewöhnlich ein echtes oder eingebildetes Gefühl von mangelhafter Entwicklung der Geschlechtsorgane. Hochstapelei von einem einigermaßen deutlich entwickelten Ausmaß beschränkt sich typischerweise auf Männer.

[...]

Ich möchte hier überdies noch betonen, daß zur erfolgreichen Hochstapelei auch ein soziales Element gehört – in Form der Kooperation ihrer Opfer nämlich. Deshalb ist Hochstapelei großen Stils ja auch in Zeiten eines stark gestörten oder vorrevolutionären Gesellschaftszustandes am erfolgreichsten, wenn die Menschen nach einem Allheilmittel oder nach einem Retter suchen, mithin unkritisch und leichtgläubig sind. In der Sprache der individuellen Entwicklung ausgedrückt: ein solcher Zustand ermöglicht erstens eine neue Version der frühen, nachgiebigen oder unberechenbar provozierenden Haltung der Eltern (meistens der Mutter) gegenüber dem zwei- oder dreijährigen Kind, und zweitens eine Verfälschung der gesellschaftlichen Ideale in jenem Kampf um Anerkennung, den das Kind bei der nachödipalen Ausdehnung der Familienbeziehungen auf die Gemeinschaft erlebt hat. (537-538). (Aus dem Englischen von Max Looser.)

Erwähnen möchte ich zu dem Abwehrmechanismus Verleugnung die 1985 erschienene Monographie *Denial and Defense in The Therapeutic Situation* von Theodore L. Dorpat und Jason Aronson und eine Arbeit von Gemma Jappe (1987): »Verleugnung und Überzeugung«. Über das geradezu alltägliche Vorkommen von Hochstapelei, mangelnder Authentizität und Betrügerei hat Helen K. Gediman 1985 eine Arbeit veröffentlicht. Unter dem Thema »Ichsyntone Objektmanipulation« (1989b) habe ich mich ebenfalls mit der Abwehr der Verleugnung auseinandergesetzt. Hochstapelei als gelegentliche Durchgangsstadien in der Adoleszenz hat Louise J. Kaplan beschrieben (1984).

Joseph Sandler hat mit Anna Freud (1985) mehr als 40 Jahre nach dem Erscheinen ihres ersten Buches, *Das Ich und die Abwehrmechanismen* (1939), dieses erneut diskutiert. Daraus ist das Buch *Die Analyse der Abwehr* (1985) entstanden. Mit der Bemerkung Sandlers aus dem Kapitel »Die Verleugnung in Wort und Handlung« möchte ich die ergänzenden Beiträge aus der Literatur abschließen:

Doch zur Frage, ob Hochstapler und Demagogen das glauben, was sie sagen, oder nicht, ist vielleicht von Bedeutung, daß das Ich im Laufe seiner Entwicklung nicht lernt, die Realität mit einem Etikett zu versehen, sondern vielmehr bestimmte Erlebnisse mit dem Etikett »unwirklich« zu kennzeichnen. Wenn das Ich also nicht besonders aufmerksam ist oder wenn es in bestimmter Weise verführt wird, dann wird das Etikett der Unwirklichkeit zeitweilig entfernt, und es wird alles als Wirklichkeit behandelt, wie es einmal ganz zu Anfang beim Kind geschah. (258)

Komplize von Vater und Mutter
Doppelrolle und Doppelidentität

Der Patient rief mich an und stellte sich dezidiert mit seinem Studienfach und dem erworbenen akademischen Grad vor. Dies war zwar keine Berufsbezeichnung, ließ mich aber heraushören, daß dem möglichen zukünftigen Patienten sein Studium wie sein Abschluß viel bedeuten mußten; dann erst nannte er seinen Namen. Er fuhr fort, er wohne in meiner Nähe und würde gern bei mir Analyse machen. Nicht allzu oft rufen Patienten an, die wirklich eine Psychoanalyse machen wollen. Um so mehr ist der Analytiker dann bemüht, mit diesem sich meldenden Patienten den angestrebten Weg zu klären. Es war nur noch wenig Zeit bis zur Weihnachtspause, und ich hatte zunächst keinen freien Termin. Erfahrungsgemäß fallen in der letzten Woche vor Weihnachten einzelne Stunden aus. Da meine Weihnachtspause länger dauern würde, wollte ich mit einem Patienten, der eine Psychoanalyse machen wollte, das nicht ungeklärt sein lassen. So wies ich entgegen meiner Gewohnheit auf die eventuell dann kurzfristige Möglichkeit hin und sagte, gegebenenfalls würde ich ihn zurückrufen, sonst bekäme er schriftlich für den Januar einen Terminvorschlag. Er hatte mir seine Telefonnummer genannt; es sei immer jemand da, ich könne eine Nachricht hinterlassen. Ich rief an einem Nachmittag an, und jemand versicherte mir, daß ihm der Termin heute noch mitgeteilt würde. Eigentlich hatte ich daraufhin eine Bestätigung seinerseits erwartet. Sie blieb aus, und ich mußte mich am übernächsten Tag auf sein Kommen einstellen. Er kam nicht, und ich hörte auch in jener Stunde nichts weiter von ihm. Das kommt in einer analytischen Sprechstunde selten vor und hinterläßt ein unangenehmes Gefühl. Als sich unmittelbar danach nochmals ein zweiter, aber auch letzter freier Termin ergab, wagte ich das gleiche Spiel; möglicherweise war der erste Termin ihm nicht ausgerichtet worden. Die Vereinbarung schien jetzt möglich. Ich sprach ihn selbst und erfuhr auch unmittelbar, daß er zu dem ersten Termin »einfach nicht konnte«. Dennoch befiel mich danach ein ungutes Gefühl; es kam mir vor, als sei ich ihm hinterhergelaufen.

Diesmal kam er, wie vereinbart und pünktlich. Von seiner Gestalt her wirkte er klein, vielleicht etwas stämmig, dabei war er sehr schnell in seinen Bewegungen. Er war gerade dreißig Jahre alt, was ich erfuhr, beziehungsweise errechnete, als ich den Namen, die Adresse und das Geburtsdatum aufschrieb. Ich lehnte mich zurück und sein lockiger Wuschelkopf zog meinen Blick an. Dann glitt mein Blick von diesen Locken weg in sein Gesicht. Er hatte einen strahlenden Blick, dem ich wohl ausgewichen war, und dann merkte ich, daß sein ganzes Gesicht lächelte. Und dieses Lächeln blieb stehen. Es war ein Lächeln, dem ich mich gar nicht entziehen konnte. Wenn ich eben versucht hatte, lieber die Locken anzusehen, war mir die Verführung, die in dem Lächeln lag, nahe gekommen, und verführt hatte er mich ja schon, als ich sogar zweimal bei ihm angerufen hatte.[1] Er trug eine kleine runde Brille, die mir sehr gekonnt ausgewählt schien und mir den Eindruck vermittelte, daß er ein gutes Verhältnis zu seinem Körper beziehungsweise auch eine Begabung für Gestaltung hatte. Das bestätigte seine legere Kleidung, die in ihren Tönen interessant, aber ungewöhnlich und – weil zu ihm passend – auch harmonisch war. Alles strahlte Jugendlichkeit aus, der entgegen ich mir im Gedächtnis behalten mußte, daß er doch älter war. Schließlich hatte er ein Studium abgeschlossen und hatte sich jetzt, wie er mich wissen ließ, zwar mit dem ersten Studium durch Lehraufträge verbunden, noch zu einem weiteren Studiengang mitsamt einer Lehre, also ganz angewandter und damit gegenüber seinem ersten Studium konträrer Natur ent-

---

1 Ich rufe ansonsten nie bei einem Patienten an, gerate ich doch dann für ihn unerwartet in eine persönliche Situation.

schlossen. Offenbar war es ihm wichtig, mir zu sagen, daß er noch nie mit einem Analytiker oder – wie hier – einer Analytikerin gesprochen hatte und begann geradezu mit einer Übersicht seiner Beschwerden: er habe eine Prostatitis, er habe Kontaktstörungen, er könne nicht bei seinen Entscheidungen bleiben und er habe es schwer, seine Arbeiten durchzuhalten. Durch die umfassenden Beschwerden von körperlicher Symptomatik bis zu Arbeitsstörungen und die Art der selbstverständlichen Formulierung beziehungsweise Präsentation fühlte ich mich ein bißchen erschlagen, andererseits stand all das zu dem Eindruck, den er ansonsten vermittelt hatte, in erheblichem Kontrast. Offenbar bemerkte er mein inneres Erwägen. Als hätte er die in meinem Gesicht ablesbare Nachdenklichkeit nicht ertragen, begann er, ohne daß ich ihn aufgefordert hätte, mit den Ausführungen zum Thema. Er griff zuerst die Schmerzen der Prostata auf: Sie störten ihn beim Geschlechtsverkehr. Immer wieder suche er Ärzte, insbesondere Urologen auf, um sich untersuchen zu lassen. Nie war eine organische Grundlage dafür gefunden worden. Es mußten auch wohl organtherapeutische Maßnahmen stattgefunden haben, die, wie er sagte, alle zu nichts geführt hatten. Er ließ sich dann nicht weiter darüber aus und leitete über zu seinen Schwierigkeiten in Beziehungen. Ich aber konnte nicht umhin, daran zu denken, daß dieses immer wiederkehrende Aufsuchen der Urologen etwas mit der Beziehung zu seinem Vater zu tun haben mußte. Dabei stellte er seine Mutter in den Mittelpunkt und berichtete, wie sehr er von ihr abhängig sei. Er sei der, der der Mutter beweisen müsse, daß sie jemand sei. Ich war erstaunt ob dieser Einsicht, die mir sagte, daß er sich bereits lange Gedanken über sich gemacht haben mußte. Seine Erfolge, so fuhr er fort, zählten für die innere Stabilität der Mutter, auf ihn setze sie alles, während sie, wohl in ständiger Befürchtung, gleichzeitig immer nur Schlechtes für ihn voraussage. Das ginge etwa nach der Formel: »Wenn ich einen gutgeratenen Jungen habe, bin ich gut.« Sie lasse ihn äußerlich und innerlich nicht los. Ich war über diese Zusammenhänge, die er nannte, erstaunt. Er ließ mich jetzt auch von dem großen Bildungsunterschied zwischen seinen Eltern wissen, den der Vater die Mutter bis heute spüren lasse. Alles, was der Patient bisher gesagt hatte, paßte nicht zu dem Eindruck des strahlenden Jungen, der das Glück zu verheißen schien; er lächelte nämlich immer noch. Weil ich dafür keine Orientierung fand, drängte sich mir die Frage auf, ob er Einzelkind sei. Diese Position erschien mir als die am nächsten liegende Erklärung für die zu große Verpflichtung, die Stabilität der Mutter zu garantieren. Das aber war nicht der Fall. Er war der älteste von drei Brüdern. Doch, fügte er hinzu, habe sein Vater seine Mutter erst kurz vor seiner Einschulung geheiratet. Seine Mutter habe auf der Eheschließung bestanden, weil in der Schule dann sein Name »eingetragen werden mußte«. Die nachfolgenden Geschwister waren alle erst jenseits dieses Ereignisses geboren worden. Der Vater war Akademiker, ein hochdotierter Leiter eines Konzerns. Er hatte die Mutter lange gekannt, aber immer neben ihr andere Frauen gehabt. So bekam auch seine Sekretärin zur gleichen Zeit wie seine Mutter ein Kind von ihm. In der Folge seiner Erzählung erschienen noch einige Halbgeschwister, zu denen er keinen besonderen Kontakt zu haben schien. Der sicher nicht ohne Grund angedeuteten psychosomatischen Krankheit nach mußte es einem dieser Halbgeschwister sehr schlecht gehen. Ebenso andeutungsweise erzählte er, daß sein Vater bis heute größten Wert darauf lege, mit ihm Hochgebirgstouren mit der Übernachtung in Hütten zu unternehmen. Meine Vermutung einer starken homosexuellen Beziehung zum Vater lag also ganz richtig. Immer noch lächelte er, und ich merkte, daß es des Lächelns zu viel wurde und daß es mich inzwischen sehr störte. Es mußte Ausdruck seiner Krankheit sein. Ich bemerkte innerlich einen regelrechten Ärger. Doch darüber verstand ich, daß sein Lächeln für die Mutter bedeutsam sein mußte: Es war das Lächeln, das der

Mutter diente, den Vater für sie zu gewinnen, das Lächeln, damit er sich zu ihr bekenne. Dieser Gedanke erlöste mich und führte mich zu der Deutung: »Sie lächeln für die Mutter und mit ihr zusammen.« Sein Lächeln schwand augenblicklich. Er wurde ernst. Nach einer kurzen Weile, in der er besinnlich auf mich wirkte – ich fühlte mich erleichtert –, erzählte er jetzt von seiner fünfzehn Jahre älteren Freundin, mit der er zusammenlebte; er schätzte ihr Bestehen auf Ordnung und Regelmäßigkeit, er schlafe gern mit ihr, er fühle sich durch sie gefördert. Sie war eine alleinstehende, kinderlose Akademikerin, die ihre anerkannte Position im Beruf besaß und vertrat. Er hatte über mehr als seine Bedeutung für seine Mutter nachgedacht und ließ mich jetzt wissen, daß er ein ungutes Gefühl in dieser Beziehung habe, weil er vermute, seine Beziehung zur Mutter hier nur fortzusetzen. Meinen Einblick erweiterte er, wenn er ganz offen nun berichtete, daß er eine weitere Freundin habe, gleichaltrig, und örtlich gesehen weit getrennt von der anderen, mit der sich eine ganz andere Art von Beziehung eingestellt habe. Bisher habe er seiner älteren Freundin nie etwas davon erzählt. Er schwankte, um plötzlich auf den Vater zurückzukommen – offensichtlich weil er den Zusammenhang selber ahnte und selber ausdrücken wollte –, und beteuerte geradezu, er habe nie so werden wollen wie der Vater. Gerade weil er die Untreue einsah, war ich enttäuscht. Mein zukünftiges Schicksal mit ihm konnte ich schon erahnen, hatte er mich doch zuvor so ungewöhnlich hinter sich herlaufen lassen. Das hatte ich bisher nicht gedeutet. Ich sagte nun: »Dann haben Sie mit mir drei Frauen, ähnlich wie Ihr Vater sie hatte, als Sie geboren wurden.« Ich war überrascht, als er äußerte, die Freundschaft mit der älteren Freundin lösen zu müssen und sich daraufhin direkt mit der Frage an mich wandte, ob ich denn gewillt sei, mit ihm eine Analyse zu machen. Es wurde dramatisch, als er jetzt alle seine Symptome und Störungen noch einmal aufzählte. Er schloß unmittelbar die Frage an, ob er statt dessen zuerst noch bei anderen Analytikern vorbeigehen müsse. Ich verstand rückblickend, wie wichtig es ihm war, einerseits als das erste Kind zu mir zu kommen wie einst bei seiner Mutter, der er ja so bedeutsam war, andererseits sah ich einen Teil seines Vaters wirksam in ihm, der erpreßte und mich zur Prostituierten machte und damit entwertete. Das mochte ich in unserem Dialog nicht unbeantwortet lassen, und ich deutete: »Wenn ich Sie nicht unmittelbar annehme, fühlen Sie sich so unsicher wie Ihre Mutter, und in der Unsicherheit erpressen Sie mich mit den anderen wie Ihr Vater.« Das war sicher viel gesagt, und vielleicht ein wenig gewagt. Der Patient war zwar betroffen, doch er stimmte mir nach einer kleinen Weile zu und sagte, so möge er sich nicht, er halte es eben oft nicht aus. Er könne sich nicht an einen Menschen binden, das erschiene ihm zu gefährlich, weil er sich dann zu ausgeliefert fühlte. Weil er sich in dieser Unentschiedenheit nicht mochte und dies psychisch der Höhepunkt seiner im Erstgespräch entfalteten Beschwerden war, der sich zwischen uns hatte erarbeiten lassen, war für mich die Indikation einer Analyse jetzt sicher. Damit konnte das Erstgespräch beschlossen werden. Ich bestätigte ihm, daß ich eine Analyse für ihn sinnvoll fände. – Die weitere Besprechung, die Formales zu klären hatte, konnte ich in Ruhe auf die Zeit nach Weihnachten verlegen, womit der Patient einverstanden war. Seine Analyse begann er später bei mir.

Psychoanalytische Überlegungen

Bereits die Aufzählung der Symptome und Beschwerden läßt eine tiefgreifende Störung der strukturellen Entwicklung ahnen. Sein zuerst genanntes sexuelles Symptom mit den dazu genannten Kontaktstörungen bringt zunächst eher die gestörte narzißtische Besetzung und die schwankende sexuelle Identität zum Ausdruck. In der Ausweitung seiner Beschwerde zu »Kontaktstörungen« gilt diese Klage sicher nicht der Beziehungsaufnahme zum anderen, sondern der Modalität und der Beständigkeit von Beziehungen. Eine ihn zufriedenstellende Beziehung mußte ihm erlebbar machen, daß der andere ihn sozusagen ständig umgab, ihn versorgte, anregte – kurz, daß des anderen ganzes Interesse ihm allein galt. Das entsprach Erfahrungen seiner frühen Kindheit, als die Mutter ganz auf ihn ausgerichtet war. Dabei galt wie für einen Adoleszentenstatus ein Zusätzliches: daß mit allen verkehrt werden darf. Der Patient drückte hier aus, daß Grenzüberschreitung für ihn kein Problem bedeutete beziehungsweise daß er, inzwischen erwachsen und über ein biologisch ausgereiftes Triebleben verfügend, Grenzen weder sicher erkannte noch gar respektierte. Mit einem Detail aus der späteren Analyse möchte ich das belegen. Die gleichaltrige Freundin hatte ein Kind, das gerade in die Schule gekommen war. Das Kind mit seinen Bedürfnissen störte ihn sehr und war ihm lästig. Schlief er mit der Freundin, was täglich der Fall war, war dieses Kind für das Paar ganz selbstverständlich mit anwesend. Die schwere Irritation des Kindes, die sich in seiner quengeligen Unduldsamkeit äußerte, wurde lange weder von der Mutter noch von meinem Patienten als eine Folge dieses das Kind überwältigenden Dabei-sein-Dürfens verstanden. Alle Begabtheit hilft später einem in dieser Weise traumatisierten Kind nicht mehr, das Leben zu meistern. Die Beschwerden des Patienten bedingten sich aus der für ihn als Kind von Anbeginn an überfrachteten Objektbeziehung zur Mutter und der unterentwickelten Objektbeziehung zum Vater. Die Eltern hatten sich nicht zu ihrer Elternschaft wirklich entschließen können. Daß der Vater, als der Sohn größer war, entwicklungsmäßig gesehen also nach der ödipalen Konstellation, den Sohn von Zeit zu Zeit für sich allein zu gewinnen suchte, konnte die normale Stellung, die er als Vater hätte einnehmen müssen, nicht mehr gut machen. Vielmehr gestalteten sich diese Beziehungen zu Formen des den Vater gleichzeitig verjüngenden kumpelhaften Zusammenseins. Letzteres war nicht dazu angetan, daß sich der Sohn mit dem zeugenden, kreativen Penis des Vaters hätte identifizieren können. Das Bedürfnis danach war in den wiederholten Konsultationen bei den Urologen wiederzufinden. Aus diesen in ihrer Über- und Unterforderung so gegensätzlichen Objektbeziehungen konnte das Ich des Patienten sich nicht den unterschiedlichen Anforderungen der einzelnen Entwicklungsstufen gemäß entfalten. Denn in Wirklichkeit stand es immer im Dienste eines anderen Ichs. Der Patient wurde von zwei Seiten gebraucht. Im Grunde wurde er zerrissen. Seine Rolle, die er früh bei der Mutter begriff, war die eines *Vermittlers*, der er einerseits nie gerecht werden konnte und in der er sich andererseits *selbst verfehlte*. In einer Objektbeziehung, der zur Mutter, war er stark. Das erklärt auch, warum er mich initial verführen konnte und mich hinter sich herlaufen ließ. Seine Mutter war mit ihm auf ihrem Schoß eine wunderbar ausgestattete Frau. Dennoch genügte das alles nicht, daß sich der Vater zu Mutter und Kind bekannt hätte. Der Sohn mußte weiterhin lächeln – so, wie er im Erstgespräch, um mich zu gewinnen, über alles Schreckliche hinweg lächelte –, um für die Mutter – und letztlich für sich – den Vater zu gewinnen. Damit hatte er bei der Mutter eine ungemein hohe Bedeutung. Sein Dasein allein genügte, um die Mutter ganz wesentlich aufzuwerten. Die Mutter strahlte, wenn er strahlte. Sein gelungenes Tun zeichnete sie aus. Er vermochte schließlich – so wird er es auf kindlicher Stufe erlebt haben – den Vater für die Mutter zu gewinnen. So lebte er von Vorweggratifikationen, die er überall als selbstverständlich empfand. Insbesondere vertraute er der älteren Freundin, eine direkte Nachfolgerin der Mutter, hatte sie doch eine Begabung in ihm gesehen, die ihn veranlaßt hatte, spät noch ein zweites, völlig anders ausgerichtetes Studium zu beginnen, ohne daß er sich die Konsequenzen, die das für den Unterhalt seines Lebens haben mußte, klargemacht hätte. Ähnlich ging er mit der Analyse um. Angenommen zu werden war auch hier das Wesentliche, die spätere Finanzierung sah er als problemlos an, was nicht zutraf. Die vorzeitige Gratifikation schien ihm eine Stabilisierung weit in das Zukünftige hinein zu geben. Sie betraf seine Funktion, und von dort aus wird verständlich, daß er sein Tun – beziehungsweise was er studiert hatte –, am Telefon als erstes nannte und nicht seinen Namen. Wenn er aber nun etwas Neues studieren wollte, zeigte das, daß sein Tun ihm keine feste Identität gab. – Natürlich hatte dieses bloße Dasein bei der Mutter, eine Situation, in der er sie so selbstverständlich ohne sein Zutun glücklich machen konnte, ihre Vorenthaltungen; denn die Mutter brauchte ihn ja, um den Vater zu binden. Diese notdürftige Bindung konnte für den Sohn nicht die für seine Entwicklung notwendige Triangulierung bedeuten. Für das kindliche Erleben mußte es im Vergleich zum natürlichen Entwicklungsverlauf gegenteilig erscheinen, denn er konnte für die Mutter den Vater rufen oder auch wegschicken. Für ihn selbst war ihm damit der ödipale Sieg sozusagen von frühester Kindheit an in den Schoß gefallen, und das machte ihn vordergründig ungemein sicher, anspruchsvoll und arrogant. In Bedrängnis kam er zu dem Zeitpunkt, als sein Lächeln für die Mutter schließlich zum Erfolg geführt hatte und sie ihm bei seiner Einschulung den Namen des Vaters geben konnte, weil die Eltern jetzt heirateten. Für das Erleben der Mutter war dies der letzte Moment, Eindeutigkeit einzuführen und dem Sohn den Familiennamen des Vaters zu geben. Für den Sohn dagegen war es der Punkt, an dem er merken mußte, daß er nicht mit der Mutter gelächelt und gestrahlt hatte, sondern *für* die Mutter; denn er mußte sie jetzt an den Vater abtreten, seine vorrangige Stellung aufgeben. Auf diese Weise kam die Unsicherheit in sein Leben. Zu dem Zeitpunkt, als aus Mutter, Kind und Vater eine Familie wurde, wurde die Situation äußerlich klarer. Das weiter bestehende Bedürfnis der Mutter nach Eindeutigkeit muß groß gewesen sein, so daß keines der Stiefgeschwister

Kontakt zu dem Patienten hatte, was bedeutet, daß diese Verbindungen vom Vater der Familie gegenüber ignoriert wurden. So verlor der Patient zwar wenig an Bedeutung für die Mutter, dennoch gab es ab jener Zeit den Vater. Der Mutter wie dem Sohn war es eine Selbstverständlichkeit, wenn sie ihn, den Dreißigjährigen, der fernab und in eigenen Arbeiten stand, täglich anrief, um ihm zwei Stunden lang die Alltagsereignisse mitzuteilen. So war ihm seine Bedeutung bei der Frau so lange sicher, wie diese gleichzeitig ein mütterliches Interesse an ihm hatte. – Dennoch war er aus der geschlechtlichen Begegnung seiner Eltern ausgeschlossen. Von dort her resultierte sehr wahrscheinlich der Schmerz in der Prostata, unter dem er beim Geschlechtsverkehr litt. Der aufgezwungene Verzicht, mit der Mutter, die eigentlich alles versprach, nicht schlafen zu können, mußte ihn tief kränken, weil er kraß im Gegensatz zu der übrigen Hochschätzung durch sie stand. Er konnte sie glücklich machen, er konnte sie sogar verheiraten. Doch am Höhepunkt seines Erfolges wandte sich dieser gegen ihn. Eine weitere Kehrseite war die, daß die Verführung durch die Mutter so nachhaltig, so intrusiv war, daß er sich nicht frei für sich, für seine Entwicklung entscheiden konnte. Er wollte das, was im Leben zu erarbeiten war, durch andere bekommen, so wie ihm so vieles von der Mutter in den Schoß gefallen war. Von dort her rührte seine mangelnde Einstellung im Hinblick auf eine verantwortliche Tätigkeit und Konsolidierung unterschiedlichster Ichfunktionen, wie seine passive Erwartungshaltung, seine mangelnde Durchhaltefähigkeit in der Arbeit. Das entsprach meinem ersten Eindruck einer Diskrepanz zwischen seinem auffordernd stereotypen Lächeln und der Gekonntheit seiner Erscheinung, wie sie sich beispielsweise in seiner Kleidung kundtat.

Der sich zu Mutter und Kind schließlich bekennende Vater muß seinerseits um die Gunst seines Jungen gebuhlt haben. Die Hochgebirgstouren mit dem Vater stellten in allen Ferien einen Zwang für den Sohn dar, die dennoch über dessen dreißigstes Lebensjahr hinaus eine Selbstverständlichkeit blieben. Er hatte viel zu große Schuldgefühle gegenüber der Mutter wie dem Vater, um sich ihnen zu entziehen. Insgeheim wartete er auf eine Anerkennung dessen, was er so weitgehend für die Eltern getan hatte und tat. Beim Vater erwartete er sie als finanzielle Unterstützung, um seinen Weg gehen zu können, d. h. letztlich sein wahres Selbst zu verwirklichen. Wenn der Vater ihn von Zeit zu Zeit so brauchte und ihn wie sich – als Vater mit seinem Sohn – aufwertete, folgte der Sohn selbstverständlich. Die Rolle des hochbegünstigten Vermittlers, die Gefügigkeit, Geschmeidigkeit und Anpassung verlangt, koppelte sich zwangsläufig mit der Rolle dessen, der auch auszuspielen weiß. Bevorzugung oder Begünstigung des Sohnes durch den Vater ließen die Mutter eifersüchtig werden. Das Spiel ließ sich umkehren, und es war das Spiel, das er initial mit mir bei der ersten Vereinbarung unserer Begegnung wie am Schluß des Erstinterviews aufblitzen ließ, als er fragte, ob er erst noch bei anderen vorbeigehen solle. So war es für ihn ein leichtes, von der einen Person, die ihn begehrte, zur anderen zu kommen. Er war immer begehrt. So hatte er nicht gelernt zu geben, und damit war er in den Beziehungen unsicher, sogar unfähig. Obwohl er nicht so sein wollte wie der Vater, weil er etwas, wie er sagte, Unehrenhaftes darin sah, er aber wie seine Mutter stets unsicher war, wußte er seine Unsicherheit durch die Beziehung zu zwei ihn gleichzeitig begehrenden Frauen auszugleichen, so daß er letztlich zum Abbild des Vaters wurde. Je näher er der einen war, desto mehr erschöpfte sich sein Gefühl für diese Nähe und um so anziehender wurde die andere Frau. Das war seine Kontaktstörung, er kannte keine echte Bindung an das Objekt. Begehrt zu werden, erhielt allein sein Selbstwertgefühl. Nicht spürbar begehrt zu werden, löste sofort Mißtrauen aus. Da er so selbstverständlich in der Beziehung zur Mutter gratifiziert worden war, war er von diesen Außenbestätigungen abhängig geblieben, und ohne bewundert zu werden, brach sein Gefühl, eine

Identität zu haben, zusammen. Die Besetzung des väterlichen Penis als eines kreativen Penis war ihm unbekannt geblieben. Von diesem Punkt aus resultierte seine Bindungs- und Arbeitsunfähigkeit. Mutter und Vater hatten ihn in unterschiedlicher Weise vorzugsweise zu ihrem jeweiligen Komplizen gemacht, während sie die Aufgabe ihrer Elternschaft, die Kinder zu fördern, in dem Krieg, den sie miteinander führten, nicht wahrnahmen. Seine Zerrissenheit zwischen Mutter und Vater, ein Riß in seinem Ich, machte seine Bisexualität aus. So war er heterosexuell wie homosexuell leicht verführbar. Und am Telefon, beim ersten Anruf, meldete er sich nicht mit Namen, seiner Identität, sondern mit der Nennung seines Berufes, einer möglichen Rolle oder Funktion. Somit lag es an mir, wie sehr er sich durch mich über die Anerkennung oder Schätzung seiner Arbeiten selbst bejaht fühlte. Infolgedessen war es kein Wunder, wenn er sich in seinem zweiten Studium einem künstlerischen Beruf, den des Innenarchitekten näherte. Das bedeutete endlich einen eigenen Weg.

Als in der Analyse die Kassenleistung für die Finanzierung seiner Analyse langsam auszulaufen drohte und es seit längerem feststand, daß sein Vater nicht, wie versprochen, seine Analyse bezahlen würde – die er ihm nach Studienabschluß zurückzahlen wollte –, mußte ich mit ihm zu einer Lösung kommen. Es war das erste Mal, daß sich ein solches Problem in meiner Praxis stellte. Ich hatte lange darüber nachgedacht und ihm eines Tages – natürlich nicht auf der Couch, weil es Formales beinhaltete – meinen Vorschlag einer vorläufigen Beendigung, die eine spätere Wiederaufnahme beinhaltete, unterbreitet und ihm gesagt, daß das zwar mein Vorschlag sei, daß er und ich aber überlegen müßten, wie wir mit dem durch die eingeschränkte Finanzierung der Krankenkasse vorzeitig bedingten Ende der Analyse umgehen könnten. Zutiefst erstaunt sprach er anschließend, als er auf der Couch lag, darüber, wie sehr es ihn bewege, daß ich ihn ernstgenommen hätte, daß ich seine Gedanken dazu respektiere. Er war fast nie in seinem bisherigen Leben ernstgenommen worden, noch hatte er innerhalb einer Beziehung eine wirklich eigene Entscheidung fällen dürfen.

Theoretische Quellen und Ergänzungen

Die innere Teilung des Patienten, sowohl eine intensive libidinöse Beziehung zur Mutter wie partiell auch zum Vater aufzunehmen, sein wahrscheinlicher zukünftiger Beruf, der stärker auf den künstlerischen Bereich ausgerichtet war, würden im klassischen Sinne zu einer strukturellen Auffassung einer besonders ausgeprägten Bisexualität führen. Obwohl Freud dieses Thema früh in den *Drei Abhandlungen zur Sexualtheorie* (1905d) wichtig war und es auch später in der Arbeit *Die endliche und die unendliche Analyse* (1937c), wiederkehrt, hat er es nie eigentlich abgeschlossen. Der Begriff ist von Freud ursprünglich unter dem Einfluß von Wilhelm Fließ aufgenommen. Ich zitiere die in diesem Sinne zusammenfassende Definition der Bisexualität von Jean Laplanche und Jean-Bertrand Pontalis (1967):

danach hat jedes menschliche Wesen angeborene, zugleich männliche und weibliche sexuelle Anlagen, die sich in den Konflikten des Subjekts, sein eigenes Geschlecht anzunehmen, wiederfinden. (106)

Die Interpretation von Fließ ist in Freuds Arbeit (1919e) *Ein Kind wird geschlagen* in dem Satz zusammengefaßt:

Das stärker ausgebildete, in der Person vorherrschende Geschlecht habe die seelische Vertretung des unterlegenen Geschlechtes ins Unbewußte verdrängt. (222)

Laplanche und Pontalis haben die Einschränkungen, die Freud zu verschiedenen Zeiten der psychologischen Bedeutung der Bisexualität beimaß, in drei Punkten zusammengefaßt:

1. Der Begriff der Bisexualität setzt eine klare Vorstellung des Paares Männlichkeit-Weiblichkeit voraus; nun handelt es sich hier aber, wie Freud vermerkt, um Begriffe mit unterschiedlicher Bedeutung, je nachdem, ob man sie auf einer biologischen, psychologischen oder soziologischen Ebene betrachtet; diese Bedeutungen sind oft vermengt, und es ist nicht möglich, auf den verschiedenen Ebenen eine Entsprechung herzustellen. (GW V, 121)

2. Freud wirft der Fliess'schen Konzeption vor, den psychologischen Mechanismus der Verdrängung zu sexualisieren, wobei er unter *sexualisieren* »biologisch ... begründen« versteht (GW XVI, 98). Tatsächlich führt eine solche Auffassung dazu, die Art des Abwehrkonfliktes *a priori* zu determinieren; die verdrängende Kraft wäre auf der Seite des manifesten biologischen Geschlechts, das Verdrängte das entgegengesetzte Geschlecht. Dagegen wendet Freud ein, daß »...bei männlichen und weiblichen Individuen sowohl männliche, wie weibliche Triebregungen vorkommen und ebenso durch Verdrängung unbewußt werden können« (GW XII, 224).

Wenn Freud sich in *Die endliche und die unendliche Analyse* (1937) trotz allem der Fliess'schen Konzeption anzunähern scheint, indem er einräumt, daß es »...das Gegengeschlechtliche [ist], das der Verdrängung verfällt« (GW XVI, 98) (Penisneid bei der Frau, feminine Haltung beim Mann), so geschieht das an einer Stelle, die die Bedeutung des Kastrationskomplexes betont, der durch die biologischen Gegebenheiten nicht ausreichend erklärt wird.

3. Es ist verständlich, daß es für Freud eine beträchtliche Schwierigkeit darstellt, die Idee der *biologischen* Bisexualität und was sich in seinem Werk immer deutlicher bestätigt, die des Primats des Phallus für beide Geschlechter miteinander in Einklang zu bringen.[2] (107-108)

Diese Betrachtung der Struktur geht von der Trieblehre aus. Ich möchte eine Vorstufe aus der frühen Objektentwicklung hervorheben und von Donald W. Winnicott den Abschnitt »Die Rolle der Mutter« aus der Arbeit »Ich-Verzerrung in Form des wahren und des falschen Selbst« (1965) zitieren,

---

2 Hervorhebungen und Literaturverweise im Original.

weil ich denke, daß letzteres eine wichtige Ergänzung beziehungsweise Voraussetzung für eine solche Entwicklung in die Bisexualität darstellt:

Man muß die Rolle untersuchen, die die Mutter spielt, und dabei finde ich es praktisch, zwei Extreme zu vergleichen; am einen Extrem ist die Mutter *gut genug*, am anderen ist sie *nicht gut genug*. Man wird fragen: Was ist mit dem Ausdruck »gut genug« gemeint? Die Mutter, die gut genug ist, begegnet der Omnipotenz des Säuglings und begreift sie in gewissem Maß. Sie tut dies wiederholt. Durch die Stärke, die das schwache Ich des Säuglings dadurch bekommt, daß die Mutter die Omnipotenzäußerungen des Säuglings praktisch zur Wirkung bringt, beginnt ein wahres Selbst zum Leben zu erwachen.
Die Mutter, die nicht gut genug ist, kann die Omnipotenz des Säuglings nicht praktisch zur Wirkung bringen, deshalb unterläßt sie es wiederholt, der Geste des Säuglings zu begegnen; *statt dessen setzt sie ihre eigene Geste ein, die durch das Sich-Fügen des Säuglings sinnvoll gemacht werden soll*.[3] Diese Gefügigkeit auf seiten des Säuglings ist das früheste Stadium des falschen Selbst und gehört zur Unfähigkeit der Mutter, die Bedürfnisse ihres Säuglings zu spüren. (189)

---

3 Hervorhebung A. E.

Das stehengebliebene Herz
Eine traumatische Neurose

Es waren zwei Anrufe, mit denen sich die Patientin bei mir meldete. Beim ersten Mal sagte ich ihr, die sie »eine Psychotherapie« suchte, daß ich, was meiner Situation entsprach, zur Zeit keinen freien Platz hätte. Ich nannte ihr die Namen und Adressen von einigen Kolleginnen und Kollegen und fügte hinzu, wenn sie nicht weiterkomme, möge sie noch einmal anrufen. Ich hatte das Gefühl, als dürfe ich sie nicht ihrem Schicksal überlassen. Mehrere Analytikerinnen und Analytiker hatten ihr bei ihrem Anruf unmittelbar eine Absage gegeben. Das war das erste, was sie mir beim zweiten Telefongespräch mitteilte. Eines noch, was sie bei diesen Anfragen sehr verwundert hatte, teilte sie mir mit, nämlich die Begründung eines Psychoanalytikers, der gesagt habe, sie wohne zu nahe zu seiner Wohnung, da könne man sich begegnen. Dann ließ sie mich eine Entscheidung wissen und sagte mir, wenn sich in ihrem Leben noch einmal etwas bessern solle, dann müsse es jetzt sein; sie sei nämlich fünfzig Jahre alt. Das klang, als hätte sie eine Ahnung davon, daß sie in ihrem Leben von etwas beherrscht sei, das ihr im günstigen Fall doch veränderbar erschien. Die Neurologin einer Klinik, so fuhr sie fort, hätte ihr gesagt, sie könne es mit Psychotherapie versuchen. Dieser Satz mit einem Versuch als möglicher *ultima ratio* relativierte meinen Eindruck. In dieser Klinik sei sie wegen Verdachts auf Multiple Sklerose gewesen. Der Verdacht habe sich nicht bestätigt. Das alles erzählte sie am Telefon, und ich konnte jetzt nichts anderes tun, als ihr einen Termin zu geben, um Diagnose und Indikation zu einer möglichen psychoanalytischen Behandlung zu klären.

Es kam dann eine beschwingt aussehende Frau, die nicht danach aussah, als ob sie fünfzig Jahre alt sei. Mit Ponyfrisur, einem Röckchen, das nicht über die Knie reichte, weißen Strümpfen und Schnallenschuhen sah sie sogar schulmädchenhaft aus. Sie bewegte sich sehr rasch, saß mit einem Schwung im Sessel und strahlte mich an. Vollständig ahnungslos stellte sie die Frage: »Was soll ich Ihnen erzählen?« Ich antwortete, daß sie mit einem Anliegen hierhergekommen sei und erinnerte mich an den von ihr am Telefon genannten Krankheitsverdacht einer Multiplen Sklerose. Sie mußte also dieser Krankheit ähnelnde Symptome haben. Und weiter sagte ich, sie möge von dem erzählen, wovon sie meine, daß es zu ihrem Anliegen gehöre. Anschaulich und völlig unbekümmert begann sie mit einem hoffnungsvoll durchklingenden Ton zu erzählen, daß sie seit Jahren so etwas wie Kopfschmerzen habe. Sie habe ein Gefühl, als ob sie mit ihrem Kopf ständig durch Watte ginge. Sie sei nie richtig da und sei oft so müde, daß sie im Büro immer wieder einmal mit dem Kopf auf den Schreibtisch sinke. Die Füße kribbelten ihr. All dieser Beschwerden wegen hatte man sie vier Wochen in einer Klinik untersucht. Es seien entsetzliche vier Wochen gewesen. Das Nervenwasser habe man ihr abgenommen, und ewig habe es gedauert bis die Mitteilung kam, daß die Befunde negativ seien. Das habe man ihr schließlich gesagt, jedoch erklärt habe ihr das nichts. Eine Ärztin habe den Rat gegeben, »es mit Psychotherapie zu versuchen«. Nun – habe sie gedacht –, warum solle sie es nicht versuchen. Nach diesem Vorspann wechselte sie in die Erzählung ihrer Lebensgeschichte und berichtete zuerst von ihrer Ehe. Vor zwei Jahren hätten sie und ihr Mann eine furchtbare Krise gehabt, und die Ehe sei beinahe gescheitert. In diesem Kontext fiel ihr noch eine körperliche Beschwerde ein, die sie hatte, solange sie zurückdenken konnte: sie habe einen ganz langsamen Puls. Die Ärzte, und das war lange her, hatten ihr dringend zu einem Herzschrittmacher geraten, wenn das Herz nicht vielleicht eines nachts einfach so niedrig schlagen solle, daß sie mit einem Schlaganfall aufwache. Doch mit dem Herzschrittmacher lebte sie nicht leicht, das ließ sie mich daraufhin wissen und erklärte, daß sie oft ihren eigenen Herzschlag spüre und dazu den des Schrittmachers. Beide schlügen irgendwie nicht konform, und dieses Herzklopfen, das kein richtiges Herzklopfen sei, irritiere sie sehr.

Diese gravierenden Beschwerden, die beinahe getrennte Ehe, der Herzschrittmacher gingen mir nahe und berührten mich sehr. Wie sollte ich all das verstehen. Es mußte so viel geschehen sein, und für meine erste Einschätzung dieses Krankheitszustandes mit dem implantierten Herzschrittmacher schien alles irreversibel. In diesem Moment fühlte ich mich aufgrund ihres Eindruckes, ihrer äußeren Art, die soviel scheinbare Leichtigkeit vermittelte, ohne jede Aussicht. Während ich dieses Erschrecken ertrug, begann die Patientin völlig unaufgefordert mit der Darstellung ihrer Kindheitsgeschichte.

Sie sagte, ihre Kindheit sei weder leicht noch etwa jemals schön gewesen. Zehn Jahre lang lebte sie mit der Mutter allein, deren einziges Kind sie bis dahin war. Der Vater, im Zweiten Weltkrieg Soldat an der Ostfront, kam nach etwa zehn Jahren aus russischer Gefangenschaft zurück. So lange habe sich die Mutter mit ihr durchgeschlagen. Die Großmutter habe sehr viel organisatorisches Talent gehabt und immer wieder das Allernotwendigste für ihr aller Leben besorgt. Wirklich gehungert hätten sie wohl nie. Sicher aber habe die Mutter oft nicht gewußt, wovon sie von einem zum anderen Tag leben sollten. Bei all dem sei der Mutter wichtig gewesen, daß sie »ordentlich erzogen« wurde. Dazu gehörte nicht nur der Gehorsam, das Lernen in der Schule, sondern auch das abendliche Gutenacht-Sagen. Letzteres schloß den Vater ein, dessen Foto in einem Eckchen stand. Sie sagte ihm allabendlich Gutenacht und küßte dazu sein Bild. Als er nach den zehn Jahren zurückkehrte, brachte er ihr ein Puppenwägelchen mit, das er in Rußland selbst für sie gemacht hatte. – Doch die Mutter hatte die unendliche Wartezeit am Schluß nicht mehr ausgehalten. Sie hatte mit einem anderen Mann geschlafen und erwartete nun ein Kind. Es muß zwischen der Mutter und dem Vater eine kurze, sehr heftige Auseinandersetzung gegeben haben, die damit endete, daß der Vater ging. Das alles ereignete sich binnen zwei Tagen, und als er ging, so stellte es die Patientin nahezu in Berichterstatterstil dar, *ging er für immer*. Ich war entsetzt, für einen kurzen Moment verlor ich die Sprache. Dann mußte ich für den bei der Patientin fehlenden Affekt einen sprachlichen Ausdruck finden. Blitzartig wurde mir dabei klar, daß hier der Zusammenhang zu ihrem langsam schlagenden Herzen liegen mußte. Ich verfolgte noch einmal den Ablauf der bisher geschilderten Beschwerden. Zuerst waren es die ungewöhnlichen Empfindungen ihres Kopfes. Dann hatte sie vom möglichen Scheitern ihrer Ehe, einer drohenden Trennung also, erzählt, und daraufhin war ihr das Symptom des langsamen Herzschlages eingefallen. Der verlangsamte Herzschlag stand in der aktuellen Darstellung im direkten Zusammenhang mit dem möglichen Verlassenwerden durch ihren Ehemann. So sagte ich zu der noch schweigenden Patientin, indem ich den Verlust des Vaters aufgriff, der ihr gerade das Puppenwägelchen geschenkt hatte: »Da bleibt einem ja das Herz stehen.« Völlig verwundert sah mich die Patientin an. Sie schwieg eine Weile, und ich beließ sie jetzt in ihrem Schweigen. Nach einiger Zeit fuhr sie zu erzählen fort, wie es danach weiterging. Die Mutter heiratete den anderen Mann, und die Patientin bekam so einen Stiefvater. Um die Versorgung des kleinen Bruders, Stiefbruders, hatte sie sich in der folgenden Zeit viel zu kümmern. Doch es klang, als hätte sie sich um etwas Unlebendiges kümmern müssen. Es kam mir vor, als wäre ab jenem Zeitpunkt zwischen ihr und dem Leben ein unüberwindlicher Graben entstanden. Die Mutter bekam noch ein Kind, wieder einen Sohn. In der Folgezeit habe es viel Streit gegeben; denn der Stiefvater habe viel getrunken. Sie habe ihn innerlich nie annehmen können. Sie meinte, als sie zwölf oder auch vierzehn Jahre alt war, habe er sich ihr sogar mehrfach in sexueller Aufforderung genähert. Sie habe sich damals entsetzt. Mit der Mutter habe sie nicht darüber sprechen können, noch hätte sie jemand anderen gehabt. Sie hatte keine eigentliche Freundin oder gar Freundinnen, und zwar weil sie sich ihres Zuhauses schämte. Ihre Abneigung, ihr Ekel hätten sie innerlich immer weiter von der Familie weggeführt. Sie besuchte zu dieser Zeit das Gymnasium und konnte so ihre Interessen immer mehr von ihrem Zuhause abkoppeln. An sich, so berichtete sie, war sie gut in der Schule. Doch es gab auch Krisen. Ein Jahr vor dem Abitur überwand sie eine solche Krise nicht mehr. Sie fühlte sich ständig müde, und als sie ärztlich untersucht wurde, stellte man den viel zu niedrigen Herzschlag fest. Die Patientin verließ die Schule. An sich, sagte sie, sei ihr Wunsch gewesen, zu studieren. Ich dachte bei mir, daß sie zu jener Zeit neben der längst stattgefundenen inneren Trennung von der Familie noch einen beträchtlichen Schritt aus einer gesunden Entwicklunglinie heraus getan hatte, und damit war sie wie halb aus dem Leben gegangen. Unter dem Ausdruck großen Bedauerns sagte sie, daß sie daher ihrer eigentlichen Begabung nicht in einer umfänglichen Ausbildung nachgehen konnte und sie heute nur berufliche Stellungen einnehmen könne, in denen sie abhängig sei. Ergänzend meinte sie, daß sie schon auf den Beruf angewiesen sei, sie wisse ja nicht, ob diese Ehe halte. An diesem letzten Stück der Erzählung ihres beruflichen Weges wurde die Bekümmernis über Mangel und Unvollständigkeit ausdrücklich. Über dreißig Jahre hatte sich die berufliche Beschränkung ausgewirkt.

Hier wurde mir einsichtig, daß alles, was die Patientin erzählt hatte, ihre Symptome wie ihre sie unzufrieden lassende berufliche Tätigkeit, vielleicht auch ihre Ehe, Entwicklungen waren in Reaktion auf den Zusammenbruch der Familie. Er war deshalb so schlimm, weil nach unendlichem Warten auf den Vater seine Rückkehr mit der Ausstoßung aus der Familie zusammenfiel. Dabei hatte er als ehemaliger Kriegsgefangener, also arm und elend, seiner Tochter zu ihrem großen Entzücken so unerwartet ein Geschenk mitgebracht. An dieser Stelle realisierten sich für die Patientin Wunsch- und Phantombild und brachen unvorhersehbar in ungeheuerlicher Weise sofort wieder zusammen. Das stellte für die Patientin ein schweres *Trauma* dar, ein Schock, der sich nie mehr auflöste und also fortwirkte. Die weiteren Veränderungen in der neuen Familie taten das Ihre dazu. Die Patientin war nicht imstande, den neuen Vater anzunehmen und zu gebrauchen. Er, dem idealisierten Vater so entgegengesetzt, geriet mit der Mutter, die den Vater und ja auch sie betrogen hatte, mitsamt den Brüdern in eine von der Patientin verabscheute Gruppe. Sie nun verließ ihrerseits innerlich diese neu entstandene Familie. – Gleichzeitig war das ihre Form, den endgültigen Verlust des Vaters zu bewältigen. Sie wußte nicht, daß sie auf diese Weise lebte wie er; denn sie hatte sich mit ihm, seiner Aggression wegzugehen, identifiziert. Auch wenn er lebte und vielleicht erreichbar war, hatte er auf diese Weise scheinbar keine Bedeutung mehr für sie. Sie war nicht mehr abhängig und damit nicht mehr verletzbar. Die Welt, durch die sie ging, sagte ihr nichts mehr, beeindruckte sie nicht mehr. Diese Welt war aus Watte. Der Stiefvater seinerseits vermochte den Platz, den er für die Patientin möglicherweise hätte einnehmen können, nicht zu füllen. Vielleicht fühlte er sich von der Stieftochter provoziert und provozierte seinerseits, was nur dazu beitrug, daß sie sich immer weiter in ihrer narzißtischen Abwehr abkehrte. Die Patientin konnte die Welt nicht mehr verstehen. Die einzige Rettung eines neutralen, erträglichen oder auch sinnvolleren Lebens war die Schule. Ihre schwere emotionale Belastung jedoch war allein mit der Ausrichtung auf die schulischen Aufgaben nicht auszugleichen. Ihr zeitweiliges Versagen wurde damit nur allzu verständlich. Schon in der Pubertät war sie im Grunde elternlos, so daß sie den schweren Weg mit der Anforderung des Abiturs sich nicht mehr zutraute. Wie damals in der so belasteten Situation mußte sie auch hier alleine gehen, und sie schaffte es nicht mehr. – All das dachte ich. Für die Patientin hatte das inzwischen eine Selbstverständlichkeit, oder besser noch: die Unausweichlichkeit hatte einen selbstverständlichen Charakter erhalten.

Während ich mir diese Ereignisse und ihren inneren Zusammenhang vorstellte, merkte ich plötzlich, daß sie und ich nicht mehr zusammen im Gespräch waren. Ich dachte daran, wie vielleicht manches einen anderen, günstigeren Weg genommen hätte, hätte sie das Abitur gemacht. Ich war ein Stück weit mit ihr identifiziert, denn ich empfand alles als unerträglich, fast unglaubhaft; ich spürte Empörung. Ich sah mich auf dem Weg, wie die Patientin unter Vermeidung der Trauer in ein Bedauern und Ausphantasieren dessen auszuweichen, was nicht war. Darüber, daß mir das bewußter wurde, vermochte ich den Dialog zwischen uns wieder aufzugreifen. Weil mir das endgültige Versagen in der Schule im Grunde so unnötig erschien, fragte ich sie nach jener Zeit: ob damals noch anderes geschehen sei. Ich hatte recht mit meiner Vermutung. Die Patientin schilderte, daß sie zur Zeit jener Krise, in der sie das Gymnasium endgültig verließ, erstmals versucht hatte, dem Vater zu schreiben. Nie hatte er auf diesen ihren Brief geantwortet! An einer falschen Adresse konnte es nicht gelegen haben, denn ihr Brief kam nicht zurück. Von der Mutter nämlich hatte sie die Adresse des Vaters erhalten. Die ausbleibende Antwort aber drückte mehr aus: Der Vater hatte sie in eine Reihe mit der schuldigen Mutter gestellt. Ich glaubte, daß ich ihr das unbedingt hier sagen mußte, und zwar deshalb, weil es ja ungerechtfertigt war und diese schweigende Beschuldigung sie belasten mußte. Ich formulierte meine klarifizierende Deutung so: »Diese Abweisung des Vaters traf Sie auf Ihren Brief hin allein. Ihr Vater sprach Sie mitschuldig.« Ich fügte, weil es mir sehr belastend vorkam, hinzu: »Das stimmte nicht, und das war für Sie zu schwer zu ertragen.« Damit hatte ich die Realität ausgesprochen, nicht jedoch ihre Phantasien. Ich tat das, um zu zeigen, daß über Geschehenes, das möglicherweise falsch verstanden worden war oder auch belastende Phantasien ausgelöst hatte, im Dienste einer Klärung nachgedacht und darüber gesprochen werden konnte.

Es schien jetzt, daß sie sich entspannte. Sie rutschte etwas tiefer in den Sessel zurück und sagte jetzt: So habe sie das mit dem Brief nie gesehen – sie müsse es jedoch so gespürt haben. Es schien, als würde sie wacher und lebendiger. Ganz kindlich vertrauensvoll schaute sie mich an und fragte mich: »Und verstehen Sie das mit den Füßen?« Überrascht über ihre konkrete Frage, für die ich nicht unmittelbar über eine Antwort verfügte, merkte ich jedoch, wie innerlich aufmerksam sie war und sich ganz offensichtlich bei ihr etwas ordnete und nach Zusammenhängen suchte. Deshalb entschloß ich mich, auch wenn ich ihr schon eine nicht leichte Deutung zu ihrem fast stillstehenden Herzen zugemutet hatte, ihr meinen Gedanken zu sagen: »Ich könnte mir vorstellen, daß Ihre Füße deshalb so kribbeln, weil Sie nicht wissen, welche Richtung Sie einschlagen sollen: dem Vater nacheilen, bleiben oder den wirklich eigenen Weg gehen.« Sie hatte recht gehabt, wenn sie am Telefon geäußert hatte, wenn sich noch einmal in ihrem Leben etwas bessern solle, dann müsse es jetzt sein. Sie war also entschieden, etwas zu sehen und offenbar mutig genug, etwas zu verändern; denn auf meine Überlegung antwortete sie zu meinem größten Erstaunen: »Dann habe ich das ja selbst gemacht.« Von diesem Moment an stand fest, daß sie über den Graben der Unberührbarkeit hinweg, den ich gespürt hatte, wenn ich alles als aussichtslos empfand, erreichbar war. Sie war bisher so wenig, vielleicht niemals wirklich verstanden worden. Viele Fragen schienen sich in ihr zu rühren, denn sie kam auf ihr Herz zurück. Es legte sich ihr selbst nahe, daß ihr Herz bei all dem wohl nicht mehr mitgekommen sei. Seit langem war sie auf den Herzschrittmacher eingestellt. Mit dem Herzschrittmacher, so erzählte sie später, sei es ihr auch gefährlich erschienen, Kinder zu bekommen. Aber vielleicht – es war, als dächte sie laut – sei sie ja selbst noch ein Kind. Ich ließ diese Betrachtung ihrer selbst stehen. Sie war – hier in der analytischen Situation – eine noch viel zu zarte kleine Blüte, deren plötzliches Erscheinen ich nun weiter zu fördern hatte. Wieder fragte sie mich nach der Bedeutung eines weiteren Symptoms, die genannten Kopfschmerzen, für die sie eine neue Bezeichnung fand, wenn sie ihren Kopf als »Wattekopf« beschrieb. Inzwischen war so viel Schwerwiegendes gesagt, und es war so eindeutig, daß sie es verstand, daß ich mich nicht mehr gehindert sah, meine zuvor gemachten Überlegungen mitzuteilen: »Mir kommt es so vor, als hätten Sie sich abgewandt von all dem, was Sie nicht mehr ertragen und auch erinnern wollten, und so erlebte Ihr Kopf die Welt um ihn herum, als ob sie aus Watte wäre.« Wieder hatte sie mich gut verstanden, wenn sie diesmal sagte: Dann ginge sie ja an allem vorbei. Sie ging sogar noch weiter und meinte, daß sie dann allem die Bedeutung entzogen habe. Sie war radikal, doch genauso war es. So hätte ich es ihr nicht gesagt, noch hatte ich es so gesehen. Ich war sicher, sie jetzt vor dem eigenen, möglicherweise zu groß werdenden Erschrecken über das Ausmaß, in dem sie sich über Jahrzehnte von der Welt abgewandt hatte, schützen zu müssen. Ich mußte eine Deutung geben, die ihr psychisches Gleichgewicht wieder herstellte. Das war eine vorläufige Rekonstruktion ihrer Reaktion auf das Trauma. Ich empfand es als dringend, den Sinnzusammenhang im ganzen aufzuweisen, in dem sie ihren Lebensweg, ihre Entwicklung einordnend verstehen und möglicherweise vorläufig annehmen konnte. Ich gab ihr also eine Deutung, die eine Zusammenfassung des auslösenden Moments ihrer Krankheit und ihrer Reaktion darauf beinhaltete. Deshalb sagte ich zu ihr: »Es muß damals, als Ihr Vater endlich kam und gleich wieder ging, wie auch die Folgen, die das für die Familie hinterließ, zu viel für Sie gewesen sein. Sie haben sich dann, um sich zu schützen, wie in einen Kokon zurückgezogen. Dieser hat Sie zwar geschützt, aber auch isoliert.« Ich merkte, wie wichtig diese Wendung war, die Patientin nämlich wandte sich ganz ihrer Person zu, erstaunt und erschüttert darüber, was sie gemacht hatte. Sie äußerte, daß es nicht zu fassen sei, was sie verpaßt habe. Auch hier glaubte ich bald, bremsen zu müssen und ihr den Ausblick zu geben, daß es niemals zu spät sei, das Leben zu erfassen. Ich sagte ihr etwa: »Wenn Sie jetzt erkennen, daß die Watte um Sie von Ihnen gemacht wurde, können Sie es möglicherweise heute wagen, die Welt, wie sie heute wirklich ist, anzusehen.« Die Patientin war lebendig geworden. Sie äußerte, dann habe sie viel nachzuholen. Sie war gar nicht so lebensunerfahren, wenn sie gleich darauf einschränkte, daß manches gar nicht nachholbar sei.

In dieser Wendung sah ich einerseits ihre Lust und ihren Mut zu leben und zu erleben, und andererseits ihre selbstkritische Fähigkeit, eine Voraussetzung für die Trauer, die zu tragen anstand. In der kurzen Zeit dieses Erstgespräches war ihr bewußt geworden, daß sie mit dem Verlust des Vaters noch wesentlich mehr verloren hatte. Weil damals für sie die Trauer nicht tragbar, nicht zu leisten war, war an die Stelle der Trauer ein bis heute wirksamer einschränkender narzißtischer Rückzug getreten, mit einer nach außen lockeren, leichten Oberfläche, die mich eingangs so skeptisch gemacht hatte, ein Rückzug, der wesentliche Bereiche ihres Lebens in seiner Entwicklung nicht zur Entfaltung hatte kommen lassen. Da wir zum Ende der Zeit gekommen waren, konnte ich sie nicht anders als mit einer Hoffnung entlassen, indem ich ihr sagte, sie könne eine psychoanalytische Behandlung machen, und weil ich es für unmöglich hielt, sie weiterzuleiten, sagte ich, obwohl ich über keinen freien Platz verfügte, sie könne in einiger Zeit zu mir kommen. Daß ich sie und sie mich verstehen konnte, sie darüber bewegbar war, daß alles einen Sinn hatte, hatte ich in einem fast zu überschwenglichen Ausmaß mit ihr erlebt. Ich hielt die notwendige halbjährige und damit nicht allzu lange Wartezeit sogar gut für sie. So hatte sie Zeit, um selbst nachzudenken, ihre Entscheidung zu überprüfen und sich auf die kommende große Arbeit und Umstellung auszurichten. Ich hielt es gleichzeitig für wichtig, bei einer Patientin, die erstmals ihre Lebensgeschichte überblickte und ihren Sinn faßte, eine Möglichkeit für ein Gespräch für den eventuellen Bedarf anzubieten. Das sichtbar Gewordene war zu überwältigend. Einen einzigen Termin in der halbjährigen Wartezeit brauchte sie nur, nachdem sie mir nach sehr kurzer Zeit die Zusage zur Analyse übermittelt hatte. Ich sah darin ein günstiges Zeichen für ihr Wartenkönnen und die Fähigkeit, zu internalisieren gegenüber dem möglichen drängenden Bedürfnis, Veränderungen im Außen zu erzwingen.

Psychoanalytische Überlegungen

Die Patientin hatte ohne jeden Zweifel eine traumatische Neurose. Das ursprüngliche Trauma war verdrängt. Sie sagte, sich an die Fronturlaube oder jedenfalls einen davon in ihrer frühen Kindheit nicht erinnern zu können. Aber hier geschah es zum ersten Mal, daß der von ihr geliebte Vater wieder ging. Die Reaktualisierung des Traumas zehn Jahre später dagegen ist erzählbar. Auch wenn die Patientin von ihrer Entwicklung her in einem relativ stabilen Alter am Ende der Latenz stand, fiel das Trauma nach einer überlangen Zeit der Erwartung des Vaters wie in eine hochsensible Zeit der Prägung. Auch der Vater mußte mit intensiven Gefühlen auf das Wiedersehen mit der Ehefrau und der Tochter eingestellt gewesen sein, wenn er ihr eigens trotz der Not und über einen so weiten Weg ein Geschenk mitbrachte.

Im Hinblick auf die Folgen eines Traumas gibt es verschiedene Grade der Ausprägung und somit auch unterschiedliche Wege, auf denen das Ich die Folgen mit der Zeit bemeistert.

Es kommt sogar vor, daß das Ich solche Energie aufbietet, daß es beim Kind zu einer beschleunigten Entwicklung durch ein Trauma kommt. Hier dagegen geschah es, daß das Ich durch die Überflutung von äußeren wie von inneren Reizanforderungen in einen Zustand von Hilflosigkeit und Panik geriet, in dem es eine völlige Unterbrechung seiner Kontinuität und eine absolute Erschütterung seines Gleichgewichts erfuhr. Auch wenn die Patientin sich in weiten Bereichen gegen weitere Umweltreize abschottete, war dennoch etwas vom übererregten Zustand, der zum Zeitpunkt des Traumas entstanden war, geblieben. Furst (1967) unterscheidet nämlich zwei Arten des Kindes, unmittelbar auf ein Trauma zu reagieren: Einmal ist diese Reaktion durch *Lähmung* gekennzeichnet, oder aber durch *wilde Erregung*. Ein Stück dieser wilden Erregung war erhalten geblieben und kam in den ständigen Ehekrisen mit drohendem Hinauswurf als frustrane Wiederholungsform des Traumas zum Vorschein. Die ursprünglichen Affekte waren in diesen Reinszenierungen *falsch verknüpft* und daher unverständlich gewesen. Die Verarbeitung, die eine Abwehr der damals überwältigenden Affekte anzielte, war in eine narzißtische Abwehrstruktur geflossen, die darauf angelegt war, die gesamte Struktur der Patientin vor weiteren Reizeinflüssen zu schützen. Dabei kam es zur Abwehr in Form der Identifizierung mit dem Vater, der wegging. Das wiederholte sie, wenn ihr Mann sie alle Tage hinauszuwerfen drohte. Der Vater war *Opfer*, aber für sie auch *Täter*. Dieser Zweigesichtigkeit entzog sie sich, indem sie in den »Wattekopf« floh. So glaubte sie sich sicher, all dem nie wieder ausgesetzt zu sein – das sie dennoch ständig wiederholte. Mit dem aktiven Aspekt des Verlassens, den sie als Aggression erlebt hatte, war sie identifiziert, wenn sie sich auf nichts seither tiefer eingelassen hatte. Damit ereignete sich für die Abwehrformation der Identifizierung mit dem Aggressor zweierlei: sie tat etwas wie der Vater, das heißt darin war sie ihm auch ähnlich oder nah, und verwandelte gleichzeitig ein passives Erleiden in Aktivität. Sie hatte sich also etwas vom Vater angeeignet. Es bedeutete eine Kombination von Abwehr gegen innere wie äußere, sie zu überwältigen drohende Kräfte. Die Identifizierung mit dem Aggressor, eine Umkehrungsform, ist ein wichtiges Mittel im Umgang mit dem angsterregenden Objekt. Der große Nachteil dieser chronifizierten narzißtischen Abwehr war die Icheinschränkung und die zwangsläufige Isolierung, in der die Patientin *zeitlos* wurde. Die Zeitlosigkeit brachte sie, für sie selbst nicht mehr wahrnehmbar, um den Sinn ihres Lebens. Weiterführende Konstellationen oder Möglichkeiten waren in diesem Zustand nicht mehr aufzugreifen. Wesentliches konnte sie für sich gar nicht mehr aufgreifen. So beispielsweise sah sie keinen größeren Mangel darin, keine Kinder zu haben. Die Abwehr hatte zur Folge, daß ihre Entwicklung weitgehend stehengeblieben war. Das entsprach ihrer Erscheinung, die ich rückblickend mit der eines vielleicht acht- bis zehnjährigen Mädchens vergleichen könnte: leichtfüßig und hoffnungsvoll. Unter den gleichen Bedingungen einer vorherrschenden narzißtischen Abwehrformation war auch ihr sexuelles Leben nie wirklich erwacht; dies gehört aber als Befund durchaus zur traumatischen Neurose. Ihr Herz war nicht mehr mitgekommen. Das ist ein einfacher und zugleich gewagter Satz. Der Sprung des Affekts in die körperliche Funktion gilt als *mysterious leap*. Der Herzschrittmacher war sicher notwendig. Das Tragische bei diesem Ausweg war, daß niemand danach gefragt hatte, warum das Herz der Patientin nicht mitkam, zumal die Patientin es ja hätte berichten können. Den Zusammenhang einzufühlen und zu finden, wäre dem einigermaßen Interessierten leicht gefallen. Die kurze Zeit von nur einer knappen Stunde war für die Diagnostik dieser traumatischen Neurose ausreichend, um nachzuvollziehen und einzuschätzen, was ihr geschehen und was daraus gefolgt war.

Das Eigentümliche an dieser Patientin war, daß sie nie

selbst den übergreifenden Zusammenhang gesucht oder auch über ihren Entwicklungsgang nachgedacht hatte. Im Hinblick auf eine Selbstbetrachtung oder ein psychologisches Interesse war sie wie ein völlig unbeschriebenes Blatt und damit dem Zwang ihrer entwickelten Abwehrstruktur voll ausgeliefert. Mit der einfühlenden, das heißt Verstehen suchenden Hilfe des anderen war es für sie einerseits leicht, sehend für sich zu werden, mit Sicherheit jedoch ungemein schwer, die bisherige Blindheit für ihr inneres Befinden zuzugestehen und zu verändern. Ihr zweiter Anruf bei mir war ein Zeichen für ihr gewachsenes Bedürfnis, jetzt etwas, wovon sie keine Ahnung hatte, zu verändern. Das entspricht einerseits großem Mut, andererseits großer Verzweiflung. Uneingeschränkt hatte sie den Rat der Neurologin solange verfolgt, bis sie darüber befinden konnte, ob »Psychotherapie«, ein Wort, das sie nie gehört hatte, für sie sinnvoll sei. Es hatte sie verwundert, daß einer der Analytiker, die sie angerufen hatte, eine mögliche Behandlung deshalb verneinte, weil sie und er so nahe zueinander wohnten. Dieser Analytiker hatte nicht geahnt, daß er mit der Begründung für sein Nein mitten in das traumatische Ereignis stieß: wie der Vater wollte er eine mögliche Begegnung verhindern. Daß sie es verhältnismäßig gelassen trug, spricht für die Fähigkeit ihres Ichs; daß sie es mir berichtete, wird, vom Trauma aus gesehen, verständlich. Diese kleine Episode illustriert, daß selbst initiale Bemerkungen nicht unbedingt zufällig geschehen. Die Entschlüsselung zeigt sich oft wesentlich später, und es braucht große und geduldige Bereitschaft, die gleichzeitig diese Ereignisse im Analytiker wachhalten muß. Der dann gefundene Sinnzusammenhang ist ein späterer Lohn.

Da diese Patientin auf unbewußter Ebene nach langen Jahren des Leidens sehr motiviert war, kam der Lohn hier sehr bald. Zwei Einstellungen kamen sich in diesem Erstinterview entgegen: Ich konnte mir ihre Geschichte, das tragische Ereignis, seine Bedeutung und seine Auswirkung vorstellen, sie einfühlend nachvollziehen, das heißt imaginieren. Sie, die Patientin, konnte mitgehen, meine Deutungen aufgreifen, sie konnte die ausgelösten Bewegungen in ihr geschehen lassen. Sie konnte sich von den Zusammenhängen der ausgeblendeten Affekte und der konvertierten Ausdrucksgehalte der körperlichen Symptome beeindrucken lassen. Nicht unerwähnt bleiben sollte, daß das, was sich im Erstgespräch ereignet hatte, deshalb so leicht zusammenfügbar war, weil Schuld- und Schamgefühle oder Vorwürfe die Patientin hier nicht an dem Darüber-Sprechen und Darüber-Nachdenken hinderten. Doch das hatte seinen tieferen Grund, der kritisch genug für eine spätere Behandlung sein würde: die Patientin lebte mehr oder weniger bewußt mit einer totalen, sie entlastenden Schuldzuweisung an ihre Primärfamilie. Ihr Alter bedeutete bei der meinerseits erlebten Bewegbarkeit der Patientin keine Gegenindikation für die analytische Arbeit, die ich ihr aus den entwickelten Gründen vorschlug. Eine Analyse, das heißt die mehrjährige analytische Arbeit im Liegen über nahezu alle Tage in der Woche hielt ich für notwendig, um die Ruhe zu haben, die für das Aufarbeiten der Auswirkungen des Traumas wie seiner Abwehrmaßnahmen und für das neue Erfassen ihres Lebens gebraucht werden würden.

Theoretische Quellen und Ergänzungen

Wenn der Leser sich weiter in die Literatur über die traumatischen Neurosen vertiefen möchte, dann ist, abgesehen von Freuds eigenen Erarbeitungen, die mit den Studien über Hysterie beginnen, eine Übersicht am ehesten in dem von Sidney S. Furst herausgegebenen Buch *Psychic Trauma* (1967) möglich. Furst selbst nennt drei Voraussetzungen für die Auswirkung eines Traumas und die Ausbildung einer traumatischen Neurose: 1. konstitutionelle Faktoren, 2. der Niederschlag vergangener Erfahrungen wie 3. der psychische Zustand, der zur Zeit des traumatischen Einbruchs vorherrschte. Die Ausgänge von traumatischen Ereignissen sind natürlich sehr verschieden. Greenacre (1967) weist auf den möglichen Erwerb einer Art erhöhter Sensibilität und Verletzbarkeit nach einem Trauma hin, und schließlich gibt Anna Freud (1967) in ihrer großen Kunst der Zusammenfassung am Schluß dieses Buches einen Überblick aller wesentlichen Forschungsergebnisse und Erkenntnisse.

Aus der Reihe »Materialien aus dem Sigmund-Freud-Institut« möchte ich als eine der jüngsten Arbeiten *Psychisches Trauma. Ein psychoanalytisches Konzept im Theorie-Praxis-Zusammenhang* (1987) von Joseph Sandler und Mitarbeitern nennen.

Versagen als Versagung
Moralischer Masochismus

Bereits am Telefon betonte die Patientin, die sich bei mir zu einem Termin anmeldete, nachdrücklich, daß sie an mich *überwiesen* worden sei. Weil die Überweisende eine für die psychischen Aspekte von Krankheit aufgeschlossene, mir bekannte Ärztin einer Klinik war, die sie schließlich an mich empfohlen hatte – wie es im weiteren zum Ausdruck kam –, war ich darüber in Kenntnis gesetzt, daß die Patientin dort lange und vergeblich behandelt worden sein mußte. So konnte ich auch schließen, was vorlag. Denn wenn eine Frau in jener Klinik behandelt wurde, lange und ohne Erfolg, konnte es nur um Kinderlosigkeit gehen. Die von der Patientin so verstandene »Überweisung« nahm ich dennoch ernst. Jene Ärztin hatte mir mehrfach zur psychoanalytischen Behandlung geeignete Patienten zugeleitet. Der Gebrauch des Begriffs »Überweisung« jedoch hatte eine Bedeutung und konnte nicht von der Ärztin stammen, dies war ein Ausdruck der Patientin und ließ bereits auf eine Haltung innerer Gegenwehr schließen. Zu erwarten war, daß sie sich nicht allein hinter diesem Begriff verschanzen würde, wahrscheinlich würde sie im weiteren auch darauf beharren, daß ihre Organe deshalb nicht funktionierten, weil es körperliche Ursachen dafür gab, war sie doch einer *Funktionsstörung* wegen zu einem Arzt beziehungsweise Ärztin und nicht zu einem Psychoanalytiker gegangen. Der Begriff »Überweisung« erschien mir geeignet, als im weiteren sprachlose Aufforderung zu gelten, sie zu heilen. Wahrscheinlich würde sie sich selbst sogar in einem solch unfreiwilligen Behandlungsprozeß als ausgeliefert empfinden. Nachdem vor mir die Ärztin mit ihrer langen organisch orientierten Behandlung gescheitert war, befürchtete ich, ebenso zu scheitern, weil ich erst spät, vielleicht zu spät, einbezogen wurde. Ich sah mich bereits als die Letzte in der Kette des Versagens. Diesen ersten Eindrücken entsprechend gestaltete sich die Suche nach einem geeigneten Termin für das Erstgespräch schwierig. Mit Bestimmtheit sagte die Patientin mir, daß sie dann und dann nicht könne. In diesem »Ich kann [da] nicht« war bereits Wesentliches enthalten. Das Nicht-Können bezog sich schon jetzt auf ein Zusammenkommen von zweien: hier und jetzt von ihr und mir.

Als wir uns keine Woche später gegenüberstanden, erschien sie mir körperlich klein. Um so betonter wirkten ihre Bewegungen, sie enthielten geballte Dynamik. Bei der Begrüßung sah sie mich mit entschlossenen Augen fest an, kurz darauf schlug sie die Augen nieder. Ihre Schritte zum Behandlungszimmer empfand ich als energisch; erhobenen Hauptes und mit vorgebeugtem Oberkörper schoß sie vorwärts. Ohne Zweifel war dieser Kopf übergewichtig. Ich überließ es ihr, einen Platz zu wählen, und bevor ich mich selbst hinsetzte, saß sie längst wie auf mich wartend da. Ich fühlte mich schon im Verzug.

Hatte sie es bis dahin scheinbar eilig, so zierte sie sich jetzt, als sie fragte, ob sie nun erzählen *solle*. Mir wurde es etwas unbehaglich zumute; denn in dieser Weise – gezwungenermaßen – konnte hier nichts möglich werden. Die Geste der artigen Unterwerfung war offensichtlich notwendig, denn schon sprudelte es aus ihr heraus: sie sei erschöpft, sie könne nicht mehr. Wer sagte denn, daß sie mehr können müsse, war daraufhin eine Regung in mir, weil sie durchaus nicht den Eindruck machte, nicht ihr Bestes zu geben. Als Erklärung für ihre Erschöpfung trug sie unmittelbar Fakten vor, die ihr erwiesen schienen. Für meine Ohren waren es weiterhin erschwerende Vorbehalte gegenüber der Auffassung, ihre Störung komme aus ihr unbewußten Ursachen und Zusammenhängen, wie es ja die Ärztin vermutet hatte. Indem sich die Patientin gegen eine solche Erklärung vehement wehrte, wurde die Sprache des Unbewußten geradezu erstickt. Bis jetzt hatte sie ihre Störung nicht einmal formuliert. Sie führte an, daß Ärzte sie untersucht hatten, und so habe es Grenzbefunde, langjährige Behandlungen und immer Medikamente gegeben, seit kurzem auch Antidepressiva. Das letztere hieß für mich, daß sie auch den eindeutig psychischen Zustand des Traurigseins mit Medikamenten, von außen zu behandeln bereit war. Nichts indessen hatte gewirkt, und das Versagen aller dieser Möglichkeiten war die alleinige Motivation ihres Kommens. Sie kam zwangsläufig, und das hieß: ohne jede Ahnung der psychischen Natur beziehungsweise Bedingung ihrer Kinderlosigkeit. Hätte sie nicht alles bereits vergeblich versucht, säße sie jetzt nicht hier, beteuerte sie. Doch daß sie *nicht alles* versucht hatte, wußte sie dennoch; denn – so räumte sie zu meiner Überraschung jetzt ein – Gespräche habe ihr ein Professor schon vor fünfzehn Jahren empfohlen. An dieser Stelle wurden wir beide für kurze Zeit sprachlos. Ob sie die nun »verordneten« Gespräche würde nutzen können, fragte ich mich und bemerkte den aus leichter Verärgerung stammenden skeptischen Anklang. Bisher war alles andere als ihr inneres Erleben so herausgestellt worden. Damals, berichtete sie, nachdem sie etwas Luft geholt hatte, habe sie das weit von sich gewiesen. Jetzt dagegen war sie gekommen. Wahrscheinlich wußte sie – wenn auch aus anderen Gründen – so wenig wie ich, wie es nun mit diesen »Gesprächen« gehen sollte. Daß sie die eigene Person, die eigene Beteiligung, ihr Empfinden so hartnäckig entzog, löste Ärger in mir als ein Gegenübertragungsgefühl aus, den ich aushalten mußte. Ich stand vor der nicht leichten Aufgabe, sie an ihr eigenes inneres Leben heranzuführen. In ihrem geronnenen Trotz, ihrer tiefen Ambivalenz, hatte sie sich verstiegen, ohne daß sie das selbst gewußt hätte. Es lag auf meiner Seite, die Kunst aufzubieten, ihr eine Ahnung davon zu vermitteln, um was sie sich gebracht hatte. Sie mußte dazu erfahren, daß es durchaus noch sinnvoll war, ihre Grundhaltung dem Leben gegenüber zu verändern; denn ihre Einstellung war gegen das

Leben gerichtet. Ich mußte sie zur *analytischen* Patientin machen.

Sie ließ mich ihren Kummer ahnen, indem sie jetzt sagte: sie habe sich Kinder gewünscht und keine bekommen. Das war bis jetzt unausgesprochen und nur durch die Tatsache vorausgesetzt, daß sie von jener Klinik zu mir kam. In dieser nüchternen Formulierung lag eine Distanzierung von ihrem Wunsch, der Nichterfüllung des Wunsches wie auch der Klage darüber. Angesichts ihres Alters war mir ziemlich klar, daß ihre Zeit, Kinder zu bekommen, wahrscheinlich vorbei war. Das war um so trauriger, denn wenn eine Sterilitätsbehandlung stattgefunden hatte, besagte das, daß sie potentiell empfängnisfähig war. Für eine psychoanalytische Behandlung der Sterilität war es jetzt sicher zu spät. Meine Arbeit würde vielmehr darin bestehen, ihr nicht nur die Trauer sowohl über die Kinderlosigkeit als auch über die gescheiterten Behandlungen, aber damit auch ihre Ahnungslosigkeit gegenüber ihrer eigenen psychischen Natur nahezubringen, sondern sie müßte durch unsere Gespräche innerlich wachsen, um das, was zu ihrem Leben gehörte, ertragen zu lernen. Das waren meine Vorstellungen über die zukünftige Arbeit, als sie ihren unerfüllten Kinderwunsch erwähnte. Sie und ihr Mann, teilte sie weiter mit, hätten sich nach der mehrjährigen ersten Behandlung mit der Kinderlosigkeit »abgefunden«, nicht aber ein Arzt, den sie vor einiger Zeit eigentlich nur einer Vorsorge-Untersuchung wegen aufgesucht habe. Er hatte ihr gegenüber geäußert, es sei doch gerade noch Zeit, es noch einmal zu versuchen, als habe er etwas von dem inneren Widerspruch und der eigentlichen Potenz der Patientin gespürt. Diesen Rat hatte sie angenommen.

Eine Sterilitätsbehandlung erfordert den intensiven Einsatz der Patientin: Tabletten einzunehmen, etliche Untersuchungen, Injektionen etc. innerhalb eines Zyklus über sich ergehen zu lassen und sich an einen auf Tag und Stunde verordneten Beischlaf zu halten. – Drei Zyklen lang habe sie das nochmals auf sich genommen, dann habe sie diese erneut ergebnislosen Versuche abgebrochen. Ihre frühere Ausgewogenheit aber habe sie dennoch nicht mehr erreicht. Sie fühle sich nun auf ihr *Versagen gestoßen.* – Darum handelte es sich in der Tat. Bisher hatte sie das Versagen von Behandlungsmethoden geschildert, und nun sah sie sich in einem Versagen, das sie passiv auffaßte. Es war schlimm genug für sie. Eines nur sah sie nicht, daß sie sich selbst versagte, so wie es in dem Erstgespräch bisher geschehen war.

Sinnvoll wäre es gewesen, sie vor allen Behandlungen wenigstens zur psychoanalytischen Diagnostik zu schicken; noch besser wäre gewesen, sie selbst hätte psychoanalytische Hilfe gesucht. Doch das durfte nicht ausgesprochen werden. Versagen im Sinne von lautlosem Nicht-Ermöglichen war ihre Not, die sie nicht verstand. Dieses Wort »Versagen« stand im vollen Kontrast zu ihrer nachdrücklich geprägten Erscheinung und ihrer beruflichen Tätigkeit, die auf ein umfassendes Engagement und vielfältige Fähigkeiten schließen ließ. (Eingangs hatte sie mir ihren Beruf und ihre Position genannt.) Das Versagen mußte zutiefst einer Verneinung im Sinne einer Verweigerung in ihr entsprechen. Sie meinte, das Thema ihrer Kinderlosigkeit fortführend, ihr Mann nähme die erneute Erfolglosigkeit nicht so schwer, doch das helfe ihr nicht mehr. Neben der tiefen Erschöpfung habe sie eine neue Beschwerde bekommen, ein Gefühl, als ob Hände und Füße taub seien. Das sei Anlaß gewesen, sie vor wenigen Monaten in eine neurologische Klinik aufzunehmen, wo man trotz mehrwöchiger Beobachtung und Untersuchung nicht in der Lage gewesen sei, eine eindeutige körperliche Krankheit als Verursachung dieser Beschwerden zu diagnostizieren. Vor einer Krankheit neurologischer Art fürchte sie sich. Die Unklarheit darüber sei jedoch noch schlimmer. Sie habe sich anspruchsvolle Lektüre mit in die Klinik genommen und sich trotz der störenden Atmosphäre hindurchgearbeitet. Während sie betonte, wie anstrengend das gewesen sei, erzählte sie eher wie nebenbei, daß sie in der Klinik das Essen vorwiegend verweigert und sich »sackweise von Gummibärchen ernährt« habe. Sie hätten immer auf dem Nachttisch gelegen. Was sie zu sich nahm, war also sichtbar, und niemand hatte sich etwas dabei gedacht, die Patientin angeblich auch nicht; doch immerhin, sie erzählte es mir.

Wenn schon das Lesen den Charakter einer forcierten Aufnahme hatte, dann traf das für die Gummibärchen erst recht zu. Es handelte sich also um eine oral verschlingende Konzeption von Lektüre wie Gummibärchen. Die Gummibärchen waren unbewußt mit Samen gleichgesetzt worden, das hatte mir die Formulierung »sackweise« nahegelegt. Die Atmosphäre im Erstgespräch – nach wie vor war die Patientin an manifesten Tatsachen unter Ausschluß einer weiteren und tieferen Bedeutung orientiert – machte es mir allerdings unmöglich, das sinnlich Augenfällige mit seiner unbewußten Bedeutung zur Sprache zu bringen. Ich hätte mich lächerlich gemacht. Auf diese Weise mußte ihr vermutlich einmal ihr sinnliches Erleben entfremdet und Sachorientiertheit und Vernunft dagegen als höchste Werte anerzogen worden sein. Wenn ich das Gehörte zu Ende dachte, schloß das noch mehr ein: die Gummibärchen waren für ihr unbewußtes, ganz infantiles Erleben nicht nur in ihr Inneres, ihren Bauch – dort entstehen für das kindliche Vorstellungsvermögen Kinder – aufgenommen, sondern zuvor sicher lustvoll zerbissen und verdaut, also zerstört worden. Auf keinen Fall hätte ich das an dieser Stelle ausgesprochen. Doch der Gedanke, Gummibärchen in oral-sadistischer Form aufzunehmen – so würde man es psychoanalytisch beschreiben –, zeigte mir das gleichzeitige Sich-Wehren gegen eine Konzeption. Die zuvor aufgezählte Reihe unerschütterlicher Tatsachen verbot mir, ein solches analytisch kostbares Detail und seine Deutung – zu diesem Zeitpunkt mit Sicherheit vergeblich – interpretierend aufzugreifen. So hörte ich weiter dem Bericht zu, daß ein Arzt sie nach Wochen mit der freundlich und entlastend gemeinten Wendung aus der Klinik entlassen habe: »Sie können froh sein, daß sie nichts Organisches haben.« Sie aber sei traurig gewesen. Sie habe nicht fassen können, was mit ihr war, sie habe nicht krank sein wollen. Wenn sie die Gummibärchen aß, wollte sie Kinder bekommen, sie wollte etwas »Organisches« haben, etwas organisch Gesundes, eine Schwangerschaft. Aber darauf kamen Arzt und Patientin nicht. So kamen sie auch nicht darauf, daß es an ihrer Seele lag, und die Trauer ihrer Seele über all das wurde erneut einem vermuteten Organischen zugeschoben. Und da sollten nun Antidepressiva helfen. Der ganze bisherige Behandlungsweg war grotesk.

Ein psychiatrischer Klinikchef hatte dann nachdrücklich den Vorschlag einer stationären Behandlung gemacht. Daß sie das ablehnte, hatte nur damit zu tun, daß sie nicht psychisch krank sein wollte. Die Palette täglich einzunehmender Medikamente akzeptierte sie dagegen, doch damit zu leben und zu arbeiten, war unmöglich. Sie sei immer schwächer geworden, nichts ging mehr. Meinem noch gar nicht ausgesprochenen Vorschlag einer analytischen Behandlung vorauseilend und ihn bereits weitgehend unmöglich machend, meinte sie jetzt, daß sie schon wegen des weiten Weges (der in Wirklichkeit gemessen an den Wegen, die andere auf sich nehmen, überhaupt nicht weit ist) und ihren reduzierten Kräften höchstens einmal in der Woche kommen könne (anstatt täglich, wie es erforderlich gewesen wäre). Mir waren die Hände gebunden. Zu spät und mit einem Minimum an Zeit sollte ich gegen die Diagnose eines Ordinarius beweisen, etwas bewirken zu können, um nicht zu den Versagern gerechnet zu werden. Eines war klar: Würde sie zur psychoanalytischen Behandlung kommen, würde sie sich der unerbittlichen Härte, der ich jetzt ausgesetzt war, selbst gegenübersehen. Ihr Über-Ich und ihr Ideal-Ich waren von diktatorischem Charakter.

Mein erster Deutungsversuch in diesem Erstgespräch ging auf ihr Taubheitsgefühl in ihren Händen und Füßen ein:

eine eindeutige Konversionssymptomatik, nicht nur weil die organische Verursachung ausgeschaltet war; das Auftreten stand auch im sinnfälligen Zusammenhang mit der neuerlich ergebnislosen Sterilitätsbehandlung. Wenn nämlich die nochmaligen Versuche, eine Konzeption zu bewirken, gefruchtet hätten, hätte sich ihre Hoffnung auf ein Kind erfüllt; dann aber hätte sie ihren wachsenden Bauch tasten, die Bewegungen des Kindes erspüren und nach der Geburt das Kind selbst mit ihren Händen fassen können, sie wäre in den Stand der Mutter getreten. So deutete ich ihr Taubheitsempfinden als das eigentlich fehlende Gefühl, demnächst mit ihren Händen ein Kind anfassen zu können; ihre Füße hätten ihr schon in der Schwangerschaft beim Gehen und Stehen den neuen Stand vermittelt. Die tauben Hände und Füße waren Ausdruck der erwarteten, aber nicht eingetretenen Veränderung ihres Gefühls von sich als Mutter.

Diese deutende Darlegung *verneinte* sie sofort und mit aller Entschiedenheit. Sie sagte das gleich *zweimal*: zuerst schüttelte sie energisch und nahezu empört den Kopf und sagte nein, dann fügte sie hinzu, daß es ihr unglaubhaft erscheine. Schon das »Nein« kam viel zu schnell; sie konnte darüber noch gar nicht nachgedacht haben. Zu meiner Überraschung erwähnte sie jetzt erneut den Professor, der ihr schon vor Jahren Gespräche empfohlen hatte. Damit räumte sie versteckt ein Ja zu meinem Gedanken ein. Es schien mir jedoch unsinnig, diese Form ihrer Bejahung aufzudecken. Wir hätten uns nur in eine Wortaffäre verstrickt, und das hätte sich auf ihren Entschluß für eine Behandlung ungünstig auswirken können. Obwohl sie mich, wie aus ihrem Kommen und aus der bisher vorgetragenen Geschichte hervorging, zu brauchen schien, konnte sie mich zum Auffinden ihrer Wahrheit auch nicht im kleinsten Ansatz bisher tolerieren. Ich sah die Not ihrer Verfestigung, ja ihrer Verbissenheit, und zum Teil fühlte ich mich, ähnlich den Gummibärchen, von ihrem Nein zerbissen.

In den Monaten vor dem Erstgespräch war für sie ihr Leben immer unerträglicher geworden, denn ihre Lebenssituation mit der mehrjährigen, wiederholten Sterilitätsbehandlung, der neurologischen Abklärung der Konversionssymptomatik als einer psychischen Folge dieser Behandlungen und einer sich daraufhin einstellenden Depression in Reaktion auf diesen stationären Aufenthalt – die Depression sollte zudem jetzt mit einer hochdosierten Medikation von Antidepressiva behandelt werden – hatte sich wirklich zugespitzt. Ihr Empfinden und ihre Situation waren ihr so unerträglich und auch entfremdet worden, daß die Patientin schließlich die sogenannte Überweisung zu Gesprächen befolgte. Weil sie, ohne daß ich dazu aufgefordert hätte, nach meinem auf manifester Ebene gescheiterten Deutungsversuch ihrer tauben Hände und Füße weiter erzählte, und zwar die Geschichte ihrer Kindheit, nahm ich an, daß sie durchaus von sich erzählen und auch über sich wissen wollte. Nur durfte sie das nicht zugeben, weil sie – das ließ sich aus dem bisherigen Verhalten erschließen – den Anspruch haben mußte, stets »Herr über sich« und damit auch über ihr so fernes Unbewußtes zu sein, den Anspruch, stets alles »richtig zu machen« und das auch zu können. Daß sie erzählte, sprach für eine ganz andere, eine innere, noch unbewußte Bereitschaft. Sie erzählte, als hätte sie Jahre auf diese Gelegenheit gewartet. Die Schwierigkeit bestand jedoch weiterhin darin, daß sie die eigentliche, die tiefere Bedeutung ihrer eigenen Erzählung nicht ernst nehmen wollte.

So berichtete sie, sie sei die jüngste von fünf Geschwistern, eine »Nachzüglerin«, und betonte, daß sie von Gestalt her gegenüber ihren Geschwistern eher klein gewesen sei. Insbesondere von einem ihrer Brüder habe sie einiges ertragen müssen, aber sie habe es ihm auch zurückgezahlt. Wenn keiner an sie glaubte, habe sie es den anderen erst recht gezeigt. Damit ließ sie mich wissen, daß sie unter herausfordernden Umständen sehr wohl ein Selbstwertgefühl besaß und sich vertrat. Obwohl sie einmal in der Schule sitzengeblieben sei, habe sie studiert – als einzige von den Geschwistern, wie sie betonte. In ihrem Beruf heute als Dozentin – sie hatte nicht nur ihr Studium abgeschlossen, promoviert und sich habilitiert – habe es von Anfang an nicht an Anerkennung gefehlt; sie werde geschätzt, geachtet, und sie habe Erfolg. Dennoch bange sie permanent um ihre Arbeitsfähigkeit. Nicht einmal fünfzehn Jahre Berufserfahrung könnten sie einer grundsätzlich bestehenden Fähigkeit versichern, wie sie völlig verzweifelt an die Darstellungen ihres Könnens und ihrer Kraft anfügte. Sie berichtete von einem schweren Unglück, das einem ihrer Geschwister widerfahren war und dessen weiteres Studium unmöglich gemacht hatte. Die Eltern hätten damals geklagt: »Wo wir so viel mit ihm vorhatten!« Dieser Satz aus der Geschichte eines anderen, der etwas aus der Atmosphäre ihres Elternhauses widerspiegelte, mußte ihr in seiner Bedeutung zugänglich sein, allerdings nur im Hinblick auf den Bruder. Sie mußte ein Wissen einerseits um den Anspruch der Eltern auf Verfügbarkeit und andererseits die Forderung von Erfolgen haben, sonst hätte sie diesen Satz nicht zitiert. Ähnlich hatte sie ihr Eingeständnis, Hilfe zu benötigen, der »Überweisung« und später einem anderen, dem Professor, zugeschoben. Sie fügte nun hinzu, daß »natürlich« ihre Eltern von ihr Kinder, Enkelkinder also, erwartet hätten.

Mein Kommentar, daß demnach in ihrem Zuhause das Kind den Eltern zumindest ein Stück weit eigen gewesen sein müsse und sie entsprechend fordernde Eltern als innere Stimmen in sich beherberge, war zu früh; wieder verneinte sie. In ihr mußte ahnendes, vorbewußtes von bewußtem Wissen weiterhin getrennt gehalten werden. Sie stellte mit Stolz jetzt ihre Eltern vor, Adlige, die dazu beide promovierte Akademiker waren. Von der Einfühlung in Kinderleben mußten sie – so hochstehend – weit entfernt gewesen sein. Diesem Eindruck konnte ich mich immer weniger entziehen. Sie bestätigte ihn mit einer neuen Beschreibung des Vaters: Wenn sie etwas noch nicht gekonnt habe, habe ihr Vater seine Fassungslosigkeit stets ironisch zum Ausdruck gebracht. Die Diskrepanz, daß bei solch gebildeten Eltern von fünf Kindern schließlich nur ein Kind, nämlich sie, das Studium abgeschlossen hatte, bemerkte sie noch nicht; denn sonst hätte sie auch ihre nächste Information über den Vater entschlüsseln können: Sie erzählte, er habe die Stellung eines höheren Beamten innegehabt und sei nach dem Krieg »arbeitslos« geworden. Später habe er eine andere Tätigkeit gefunden, bei der seine akademische Ausbildung nicht mehr so wesentlich gewesen sei. Das sich hinter diesem beruflichen Abstieg verbergende Drama erkannte sie offenbar nicht. Sie stellte diese Tatsache kommentarlos hin. Hätte ich das Drama kommentiert, hätte ich ein Tabu durchbrochen.

An diesem Punkt war die Zeit für das Erstgespräch zu Ende. Ich sah sie in ihrer Not, der sie als Versagen im Sinne eines Nicht-Könnens oder Nicht-mehr-Könnens hilflos und verständnislos gegenüberstand, während ich mich mit allen meinen inneren Überlegungen und Anstrengungen enttäuscht, unglücklich und gescheitert fühlte. Unausgesprochen stand ihrerseits ein forderndes Ideales im Raum, so unerfüllbar und doch unabweisbar wie einmal in ihrer Kindheit: Nur Zaubern-Können wäre die Lösung gewesen. – Und so war nun ich, wie ehemals sie, das bemühte Kind, und sie forderte etwas wie einst ihre Eltern, das ich erfüllen wollte und auch sollte, aber nicht konnte. Ich hatte – wie man heute sagt – nichts »gebracht«; ich fühlte mich erschöpft und auch ein wenig böse über die Situation, in die ich geraten war. Dieses Bösesein hatte sie sich wohl nie erlauben können. Meine Erschöpfung glich der ihren. Sie hatte die Aggression nicht gewagt, um übersteigerte Anforderungen und Ideale zurückzuweisen. Der sehr wahrscheinlich erfolgte Sturz der Ideale des Vaters nach 1945 war jetzt wie früher in der Familie unaussprechbar geblieben. Ideale waren wahrscheinlich weiterhin hochgehalten worden, auch wenn sie entleert waren. Trauer über Verluste hatte bei ihr und wahrscheinlich auch bei ihren Eltern keinen Raum gefunden. Der Klärung und der folgenden Akzeptanz des menschlich Möglichen war wahrscheinlich früher vom Vater, wie von ihr in der Stunde heute, heftiger Widerstand entgegengesetzt worden. *Etwas nicht zu können, erlebte sie als unerträgliche Niederlage.* Die Unmöglichkeit, ihre Konflikte mit den Geboten und Idealen der Eltern, die sie sich zu eigen gemacht hatte, zu benennen, spiegelte sich im Ablauf dieser Stunde; einen Konflikt, ein Problem mit sich zu haben, hätte eine Niederlage für sie bedeutet. Mit einer unnötigen und übersteigerten Niederlage *strafte sie sich und ihre Eltern* dagegen unbewußt. Die Unfähigkeit, auf die innere Quelle, ihre Motivation oder den Ursprung ihres Befindens einzugehen, die ihrem Wissen nicht direkt zu Gebote standen, strapazierte meine Geduld bis aufs äußerste. Nur indirekt wurde ich entschädigt durch einen zwar von ihr ausgesprochenen, aber mit ihr zumindest jetzt noch nicht teilbaren Sinn, indem sie ganz am Ende des Erstinterviews den beruflichen Sturz ihres Vaters nannte, eine Niederlage, hinter der *ich* einen Grund finden sollte. Wahrscheinlich war seine Ironie, die er den Kindern entgegenbrachte, eine Reaktion auf diese Niederlage. Es ging bei der Patientin um das Hochhalten von verschleppten Idealen einer vergangenen und gescheiterten Epoche. Die Niederlage *büßte die Tochter*. Nichts durfte eingestanden werden. Während es dem Vater offensichtlich noch gelungen war, sein Leid zu verbergen und seine Autorität im Kreis der Kinder mit Ironie als letztem Mittel zu wahren, *litt die Tochter*, indem sie ihre natürlichsten Wünsche nicht mehr verwirklichen konnte. Mit der Vorstellung, wenn man nur wolle, erreiche man seine Ziele, war sie in ihren eigenen Erfolgszwang geraten. Nur einmal hatte sie ihren Eltern einen Affront geboten, als sie einen Nicht-Adligen heiratete. Doch hatte sie eine gute Erklärung, als sie das erzählte, eine Rationalisierung: sie habe nämlich ihren Mann geliebt, und heute sei eine solche Heirat nichts besonderes mehr.

Ich fühlte mich am Ende wie die Patientin: voll besten Wollens und auch Wissens, aber unfähig, dieses fruchtbar in die Beziehung zwischen uns zu bringen. Und nicht nur latent stellte dies ein *steriles Machtgefälle* wie einstmals zwischen ihren Eltern und ihr in der analytischen Situation wieder her. Obwohl ich so vieles sah und begreiflich fand, war eine befreiende Erkenntnis zwischen uns nicht zu ermöglichen. Es bestand auch hier ein Zwang zum Schweigen, ein Tabu zwischen Sehen und Erkennen, Sagen und Begreifen. Die Patientin hatte sich auf einer oberflächlicheren Ebene vielleicht vorläufig entlastet, sich aber der Erkenntnis des Zusammenhangs und der Bedeutung versagt. Die *aktive Versagung*, wie sie agiert wurde und sich in dem Gespräch gegen mich wandte, war ihr nicht bewußt. Sie hielt an der Auffassung eines *passiven Versagens* fest, und das war ihr Problem. Sie hätte es als Niederlage erlebt, hätte sie das, was ich sah und begriff, sich von mir zeigen lassen.

Psychoanalytische Überlegungen

Die Patientin hatte ihrerseits in diesem Erstgespräch alles gesagt und getan, was sie konnte. Das war ihre Tragik. Sie hatte die Geschichte ihres aktuellen Leides erzählt, die Irrwege ihrer Behandlung. Die Angst zu sehen war dagegen allein für mich erlebbar geworden wie der Zwang zu schweigen, wenn sie mich mit meinen Deutungsversuchen und Kommentaren scharf zurückgewiesen hatte. Sie hatte von der Bedeutung ihres Vaters und ihrer Mutter für sie berichtet, die darin bestand, in allem tadellos sein zu müssen. Darüber hinaus hatte sich etwas ereignet, das ich zwar deutlich erlebte, aber noch lange für mich selbst nicht deuten konnte. Mit dem Versuch einer Verschiebung hatte es begonnen: Nicht sie war es, die aus freien Stücken gekommen war, jemand hatte sie geschickt, »überwiesen«, möglicherweise, damit sie sich nicht selbst verantworten mußte. Sie hatte solche Angst vor Versagen. Das stand im Gegensatz zu der später von eindrücklichen Erzählungen gefüllten Stunde. Sie war nicht schwächlich, ihr Leben war nicht leer oder blaß, so daß sie sich hätte scheuen müssen, dazu zu stehen. Sie hatte alles dazu getan, damit ich mir ihre Geschichte vorstellen konnte, und hatte mich ihre negativ getönte Situation, in der es kein Genug und kein Zufriedensein gab, direkt erleben lassen, eine Bedrängnis, die schon am Telefon angefangen hatte. Der mir zugeschobene Anspruch, in einer seit langem verfahrenen Situation noch etwas bewirken zu sollen, konnte eigentlich nur zum Scheitern verurteilt sein. Ich mußte das Unbehagen ertragen, etwas gegen all das, was so endgültig schien, zu sagen, und ich hatte die scharfe Zurückweisung dessen zu ertragen, was ich sagte, die Unmöglichkeit, etwas in Frage zu stellen oder auch nur das auszusprechen, was sinnfällig auf der Hand lag. All das mußte sie auch selbst so erlebt haben, es stellte die ihr vertraute Atmosphäre dar. Vorläufig sah es so aus, als wäre ich gescheitert, als hätte ich diese Runde verloren. Gebraucht, aber unfähig und somit beschämt, stand ich da, weil ich nichts Lösendes, Verständnis-Bringendes sagen konnte. Wir waren getrennt geblieben. Sie hatte den Sinn erfolgreich versagt, und ich hatte mich zunächst vergebens bemüht und verloren. Hätte ich das Tabu des Schweigens über die Niederlage (des Vaters) in dieser Stunde gebrochen, wäre vermutlich zwischen uns der Krieg ausgebrochen, ein Krieg, der in ihr tobte und ihr sogar die Kinder nahm. Sie trug an etwas, das zu der vorausgegangenen Generation gehörte. Da sie folgsam und damit brav und gut sein wollte, konnte sie aus der Verweigerung nur eine ihr unbewußte Versagung machen. Die aber war als Versagen entschuldigt. – Gleich, ob es das passive Versagen oder die aktive Versagung war, in dieser Weise blieb alles beim alten, das allein Gültigkeit hatte, und machte die Situation für ein Neues, Fortführendes unfruchtbar.

Dieses Erstgespräch leitete trotz der mir nicht gerade einfach erscheinenden Verständigung unmittelbar zu einer analytischen Behandlung über. Sie brauchte mich also und kam. Ich greife eine spätere, meine Gedanken im Erstgespräch bestätigende Erkenntnis eines in ihr wirksamen übermäßigen Anspruchs ihres Über-Ichs und Ideal-Ichs auf. Das Unterdrücken von Fragen und Zweifeln kann eine Autorität vorgebende Person nur mit ausgesprochen oder unausgesprochen gefordertem Gehorsam erreichen, ein Gehorsam, der ohne Verweigerung, also trotzigen Aufsässigseins vom Kind nur dann erbracht werden kann, wenn Lieb-Sein zur existentiellen Bedingung gemacht und als solche vom Kind akzeptiert wurde. Die Anmaßung dieser autoritären Anforderung ist als Selbstverständlichkeit oder ein selbstverständliches Ideal verhüllt und kann auf diese Weise eingefordert werden. Jede Kritik im Binnensystem ist somit unmöglich. Daher war es nicht verwunderlich, daß die Patientin in ihrer Kindheit an allen »erlaubten Stellen« – wie sie sagte – eine überscharfe Kritik übte. Als sie das später erzählte, bemerkte sie erstmals, daß ihre Schlagfertigkeit und auch Spitzfindigkeit sich an allen außer an den Eltern ausgewirkt hatte. Der Bruder hatte das meiste abbekommen. Doch die Forderungen und Ideale der Eltern waren zum eigenen, geliebten Anspruch geworden. Sie durfte den Bruch im Berufsleben des Vaters, den sie doch über diese Ideale liebte, nicht befragen, weil sonst das als ideal erhaltene Bild einen Schatten bekommen hätte. Die fortbestehende kindliche Gebundenheit an die Eltern ermöglichte eine *Transgeneration*, eine Übergabe des Ungelösten, Unmöglichen, aber Idealisierten. Auf diese Weise konnten die Eltern die volle Annahme ihrer eigenen Geschichte abwehren, und die Patientin hatte ihre Abwehr auf Kosten ihrer Weiblichkeit entwickelt und damit gegen ihren ureigensten Wunsch, Kinder zu bekommen. Der Wunsch der Eltern, neben Studium und Promotion selbstverständlich auch Enkelkinder zu haben, war damit enttäuscht. Jedwede Weigerung war in dieser

Familie verboten. Sie hatte sich geweigert, »vollkommen« zu werden, und in der Neurose geschieht das immer in falscher Verknüpfung. So stand sie mit dem für andere Selbstverständlichsten, nämlich Kinder zur Welt zu bringen, im Kampf. Das war eine *lautlose Versagung* in erster Linie *gegen sich selbst*. Die Verweigerung hatte sich in der gestörten Funktion zu empfangen materialisiert. Gegen die Verweigerung aber stand ein die Verweigerung und damit auch jede kritische Überlegung des eigenen Möglichen aufhebender und zugleich die eigenen Möglichkeiten entgrenzender absolut gültiger Satz: Wenn man nur will, kann man alles. – Eine solche These kann nur zu Größenvorstellungen führen. Letztere, bei einer ganz bewußten Erziehung zur Bescheidenheit, mußten ihr verborgen, also unbewußt bleiben, doch war sie von ihnen beherrscht. Als ich kurz nach Beginn der Behandlung von diesem Satz, der ganz ihrer Überzeugung entsprach, hörte, wurde mir die narzißtische Dimension der an sich ödipalen Thematik deutlich. Auch letztere durfte im Erstgespräch nicht angesprochen werden, obwohl sie doch natürlicherweise enthalten war.

Eineinhalb Jahre nach Beginn der Behandlung bestätigte sie meine beim Erstgespräch gegebene Deutung der Taubheit ihrer Hände, als sie wieder einmal von ihrer Kinderlosigkeit sprach und jetzt sehr gefühlsbewegt sagte, sie sehne sich danach, ein Kind an der Hand zu haben, dessen Hand in der ihren zu fühlen und als seine Mutter mit ihm zu gehen. Ich konnte ihr in diesem Moment sehr nahe sein. Ich war ihr dankbar dafür, daß sie ihren Wunsch in ein so ergreifendes Bild, in sich nur eine Geste, bringen konnte. Sie hatte im Laufe der Behandlung die Möglichkeit gewonnen, ihr Gefühl, etwas nicht zu können, auszuhalten, es als etwas Schmerzhaftes besser zu ertragen. Damit hatte sie eine innere Vorstellung, ein inneres Erleben von dem entwickelt, was sie ersehnte und entbehrte und was mir mitzuteilen nicht mehr als Schande oder Niederlage erlebt wurde. Das Taubheitsgefühl war darüber verschwunden, und es gab das Gefühl des Traurigseins über den unerfüllt gebliebenen Wunsch. Mit dieser Veränderung war ihre Fähigkeit zur gereifteren Objektbeziehung, zum Zusammenkommen, so wie es sich mit mir in der genannten Vorstellung von der Kindeshand in der eigenen Hand darstellte, ermöglicht worden. Gefühle hatten endlich Gültigkeit.

Theoretische Quellen und Ergänzungen

Wenn sich hier eine Entwicklung zum Besseren zeigte, so war der in der Versagung enthaltene Protest dagegen für die Patientin lange nicht einsichtig. In einem solchen Fall stößt jeder Vorschlag der Herausarbeitung des Protests auf unbewußte und daher unerträgliche Schuldgefühle, die einen solchen Patienten in der Analyse lange zu *negativ therapeutischen Reaktionen* zwingen, denn eine Besserung erhöht zunächst den Druck der unbewußten Schuldgefühle. Über die Schwierigkeit des Umgangs mit dieser Reaktion kann in der Arbeit von Ursula Grunert: »Die negative therapeutische Reaktion als Ausdruck einer Störung im Loslösungs- und Individuationsprozeß« (1979) gelesen werden. Ebenso zu empfehlen ist die Arbeit von Terttu Eskelinen de Folch und Pere de Folch (1988): »Negative Übertragung« (1988).

Ich möchte darüber hinaus den gravierenden unbewußten Konflikt mit einem ausführlichen Zitat aus Freuds Aufsatz »Das ökonomische Problem des Masochismus« (1924c) verdeutlichen. Vielleicht wird es sich zu späterer Zeit als gesichertes Wissen auswirken, daß beispielsweise Sterilitätsbehandlungen in solchen Fällen geradezu traumatisch mitten in den unbewußten Konflikt fallen und damit Leid vergrößern.

Die dritte Form des Masochismus, der moralische Masochismus, ist vor allem dadurch bemerkenswert, daß sie ihre Beziehung zu dem, was wir als Sexualität erkennen, gelockert hat. An allen masochistischen Leiden haftet sonst die Bedingung, daß sie von der geliebten Person ausgehen, auf ihr Geheiß erduldet werden; diese Einschränkung ist beim moralischen Masochismus fallen gelassen. Das Leiden selbst ist das, worauf es ankommt. [...] Es liegt sehr nahe, in der Erklärung dieses Verhaltens die Libido beiseite zu lassen und sich auf die Annahme zu beschränken, daß hier der Destruktionstrieb wieder nach innen gewendet wurde und nun gegen das eigene Selbst wütet, aber es sollte doch einen Sinn haben, daß der Sprachgebrauch die Beziehung dieser Norm des Lebensverhaltens zur Erotik nicht aufgegeben hat und auch solche Selbstbeschädiger Masochisten heißt.

[...] Ich habe an anderer Stelle [(1923b)] ausgeführt, daß wir in der analytischen Behandlung auf Patienten stoßen, deren Benehmen gegen die Einflüsse der Kur uns nötigt, ihnen ein »unbewußtes« Schuldgefühl zuzuschreiben. Ich habe dort angegeben, woran man diese Personen erkennt (»die negative therapeutische Reaktion«) und auch nicht verhehlt, daß die Stärke einer solchen Regung einen der schwersten Widerstände und die größte Gefahr für den Erfolg unserer ärztlichen oder erzieherischen Absichten bedeutet. Die Befriedigung dieses unbewußten Schuldgefühls ist der vielleicht mächtigste Posten des in der Regel zusammengesetzten Krankheitsgewinnes, der Kräftesumme, welche sich gegen die Genesung sträubt und das Kranksein nicht aufgeben will; das Leiden, das die Neurose mit sich bringt, ist gerade das Moment, durch das sie der masochistischen Tendenz wertvoll wird.

[...] Das unbewußte Schuldgefühl wird uns von den Patienten nicht leicht geglaubt. Sie wissen zu gut, in welchen Qualen (Gewissensbissen) sich ein bewußtes Schuldgefühl, Schuldbewußtsein, äußert, und können darum nicht zugeben, daß sie ganz analoge Regungen in sich beherbergen sollten, von denen sie so gar nichts verspüren. Ich meine, wir tragen ihrem Einspruch in gewissem Maße Rechnung, wenn wir auf die ohnehin psychologisch inkorrekte Benennung »unbewußtes Schuldgefühl« verzichten und dafür »Strafbedürfnis« sagen, womit wir den beobachteten Sachverhalt ebenso treffend decken. Wir können uns aber nicht abhalten lassen, dies unbewußte Schuldgefühl nach dem Muster des bewußten zu beurteilen und zu lokalisieren.

Wir haben dem Über-Ich die Funktion des Gewissens zugeschrieben und im Schuldbewußtsein den Ausdruck einer Spannung zwischen Ich und Über-Ich erkannt. Das Ich reagiert mit Angstgefühlen (Gewissensangst) auf die Wahrnehmung, daß es hinter den von seinem Ideal, dem Über-Ich, gestellten Anforderungen zurückgeblieben ist. Nun verlangen wir zu wissen, wie das Über-Ich zu dieser anspruchsvollen Rolle gekommen ist, und warum das Ich im Falle einer Differenz mit seinem Ideal sich fürchten muß.

Wenn wir gesagt haben, das Ich finde seine Funktion darin, die Ansprüche der drei Instanzen, denen es dient, miteinander zu vereinbaren, sie zu versöhnen, so können wir hinzufügen, es hat auch dabei sein Vorbild, dem es nachstreben kann, im Über-Ich. Dies Über-Ich ist nämlich ebensosehr der Vertreter des Es wie der Außenwelt. Es ist dadurch entstanden, daß die ersten Objekte der libidinösen Regungen des Es, das Elternpaar, ins Ich introjiziert wurden, wobei die Beziehung zu ihnen desexualisiert wurde, eine Ablenkung von den direkten Sexualzielen erfuhr. Auf diese Art wurde erst die Überwindung des Ödipuskomplexes ermöglicht. Das Über-Ich behielt nun wesentliche Charaktere der introjizierten Personen bei, ihre Macht, Strenge, Neigung zur Beaufsichtigung und Bestrafung. Wie an anderer Stelle ausgeführt [(1923b)], ist es leicht denkbar, daß durch die Triebentmischung, welche mit einer solchen Einführung ins Ich einhergeht, die Strenge eine Steigerung erfuhr. Das Über-Ich, das in ihm wirksame Gewissen, kann nun hart, grausam, unerbittlich gegen das von ihm behütete Ich werden. Der kategorische Imperativ Kants ist so der direkte Erbe des Ödipuskomplexes (1924c, 378-380).

Es ist denkbar, daß der moralische Masochismus eine Abwehr darstellt. Psychoanalytisch gesehen, wird der moralische Masochismus keinen dynamischen Endpunkt in einer Persönlichkeitsstruktur bilden. Auch er wird der Abwehr eines unerträglichen Inhalts dienen. Das aber kann erst eine fortgeschrittene und erfolgreiche Psychoanalyse aufweisen, und zwar dann, wenn es ihr gelungen ist, den moralischen Masochismus zu mildern. Es ist wahrscheinlich, daß dann ein zwangsneurotischer Konflikt mit Todeswünschen den Eltern gegenüber zutage tritt, wobei der Mordwunsch beziehungsweise -impuls einer Tochter, insbesondere der Mutter gegenüber, bei einer solchen Struktur ein nahezu unüberwindbares Tabu im Denken darstellen wird.

Wie gewonnen – so zerronnen
Eine Phobie

Eine Patientin rief mich an; sie wollte eine analytische Behandlung beginnen, zu der ihr ein Internist geraten hatte. Sie wisse, fügte sie hinzu, daß das sehr schwierig sei, wolle es aber probieren. Ob es nun schwierig sei, eine analytische Behandlung auf sich zu nehmen und durchzustehen oder überhaupt erst einmal einen Behandlungsplatz zu finden, ging daraus nicht hervor. Um sie nicht zu provozieren, unterließ ich es, danach zu fragen, empfand diese Äußerung allerdings als einen möglichen, von ihr abgewiesenen Ausdruck ihrer Ambivalenz. Es mir zu sagen, schien für die Patientin notwendig. Ich gab ihr einen Termin für ein Erstgespräch.

Als die Patientin zur vereinbarten Zeit erschien – sie war trotz eines sehr weiten Weges ganz pünktlich –, wirkte sie auf mich besonders erwartungsvoll. Ihr Gesicht war glatt, maskenhaft starr, sie hatte dunkle, mich fest fixierende Augen. Von der Nasenwurzel in die Stirn stiegen zwei tiefe senkrechte Falten hoch. Die stark gezupften Augenbrauen hatte sie wie zwei schwarze Balken nachgezogen. Ihre Kleidung vermittelte einen gepflegten und betont dezenten, nicht gerade heiteren Eindruck. Die Patientin begann zu erzählen: Seit zwei Jahren habe sie eine unerklärliche Angst. Sie verlasse kaum noch das Haus, auf der Straße bekäme sie Schwindelanfälle und Schweißausbrüche, ja, regelrechte Panikzustände, aber auch in geschlossenen Räumen könne sie nicht sitzen bleiben.

Mich wunderte ein solches Beschwerdebild. Die Patientin war vierzig Jahre alt, und Triebangst, die solche Symptomatik unterhält, setzt nicht so spät ein. Während ich bereits innerlich mit der Frage nach den Gründen ihrer Panik, in die sie jetzt geraten war, beschäftigt war, redete sie immer eindringlicher auf mich ein, als ob sie durch diese Situation, in der ich vorläufig nur zuhörte, frustriert würde. Sie mußte von mir etwas erwarten; denn ihre Schilderung blieb nach nicht einmal fünf Minuten stecken, sie sackte aus ihrer aufgerichteten Haltung, in der sie mir in wachsender Erregung ihre Symptome geschildert hatte, zusammen und schwieg. Ich scheute mich zunächst, zu fragen, was vor zwei Jahren, als die Symptomatik auftrat, geschehen sei; denn, wenn sie den Zeitpunkt so genau anzugeben wußte, mußte sie das doch wissen. Als ich sie dann doch danach fragen mußte, weil sie nichts mehr sagte, richtete sie sich auf eine mittlere Höhe im Gegensatz zur anfangs eingenommenen Größe auf. Leise, aber doch sicher, sagte sie jetzt, es seien vielleicht die letzten zehn Jahre, die sich so belastend für sie ausgewirkt hätten. In der letzten Zeit hätte sie in Gesprächen mit Freunden bemerkt, daß diese mehr gesehen hätten als sie selbst. Auf diese Weise sei ihr einiges über sich aufgegangen. Während sie vermied, zu erzählen, was ihr selbst einsichtig geworden war, hatte sie die so exakte Zeitangabe durch die Erweiterung verschwommen gemacht. An sich entsprach das meinen Überlegungen, denn eine solche Panik, wie sie sie geschildert hatte, konnte nicht ohne frühere Krankheitsanzeichen erst in diesem Alter entstanden sein. Dennoch waren die exakte, kurze und die weiter zurückreichende Zeitangabe irritierend für mich; denn die erstere sprach für ein traumatisch wirkendes Ereignis, das ohne Schwierigkeiten hätte angebbar sein müssen. Mit dieser zugespielten Unklarheit, einer gewissen Widersprüchlichkeit, deutete sich hier schon an, daß sie etwas auf mich übertrug. Sonst hätte sie nicht die zuerst genaue Zeitangabe wieder relativiert und dazu die Freunde, also andere, angeführt, die ihr zum Verständnis verholfen hatten, das, so mußte ich nach ihrer Anmeldung annehmen, sie jetzt bei mir suchte. Doch offenbar sollte ich nicht klar wissen dürfen. Ein anderes aber schien sie mir mit ihrem Kommen anzutragen: ihre

Blindheit gegenüber ihren Problemen. Sie mußte den Zeitpunkt im Zusammenhang mit einem die Symptomatik auslösenden Ereignis doch gekannt haben, wenn sie erzählte, daß die Freunde sehen konnten, was mit ihr war und was sie bis dahin nicht erkannt hatte.

Die Patientin berichtete weiter, eigentlich seien ihre Symptome nach dem Verkauf der »Ruine« aufgetreten. Daraufhin schwieg sie wieder. Mich überraschte die plötzlich aufgetretene Konkretheit gegenüber den vorausgegangenen, allgemein gehaltenen Darstellungen, die ich als Unwilligkeit, mich genauer in ihr Leben einzuführen, empfunden hatte. Ich war nun neugierig auf die »Ruine«; ich dachte zunächst an eine Burg und fragte, was es denn für eine »Ruine« gewesen sei. Sie erzählte, in einem kleinen Dorf in Südfrankreich hätten ihr Mann und sie ein Wirtschaftsgebäude eines alten Gutshofes, ein ziemlich verkommenes Gebäude, gekauft, um sich einen Traum zu erfüllen. Deshalb habe sie so viel darauf gesetzt. Sehr bald habe sie das Vorhaben allein durchführen müssen, weil ihr Mann mit anderem beschäftigt war. Freunde hätten ihre Hilfe bei der Restaurierung zugesagt. Sie habe sich aber verrechnet. Als es soweit gewesen sei, habe keiner Zeit dafür gefunden. Auch habe ihr Geld dann nicht gereicht, so daß sie sich gezwungen sah, die »Ruine« wieder zu verkaufen.

Von einer »Ruine« allein, bei der man sich nur verschätzt hat und die man glücklicherweise wieder losgeworden ist, bekommt man keine solche Symptomatik. Der »Ruine« mußte eine symbolische Aussage innewohnen. Sie erschien als ein entferntes und unbelebtes Objekt, auf das etwas verschoben sein mußte. So nahm ich an, daß sie sich selbst als diese »Ruine«, zu der keine Freunde und Freundinnen mehr kamen, vorkommen mußte, ohne diesen Gedanken jedoch zu äußern, noch zu verstehen, warum das so war.

Die Patientin erzählte weiter und wandte sich zurückliegenden Ereignissen zu. Vor vierzehn bis fünfzehn Jahren habe sie beim Studium ihren Mann kennengelernt. Sie seien rasch zusammengezogen. Da sie beide kein Geld hatten, wollten sie auf ihren Vorschlag hin abwechselnd studieren. So habe zuerst ihr Mann studiert, und sie habe das Geld verdient. Dann aber sei alles ein wenig anders gekommen, so daß sie ihr Studium nicht abgeschlossen habe. Ihr Mann habe noch promovieren wollen. Dazu sei ein neuer Wohnsitz notwendig gewesen. Inzwischen verheiratet, hätten sie im Haus einer alten Dame eine schöne Wohnung bekommen. Diese alleinstehende und sehr freundliche Dame habe ein Stück Gemeinschaft mit ihnen gepflegt, was sie nie als etwas Besonderes empfunden habe, weil sie selbst in einer Großfamilie aufgewachsen sei. In jener Zeit habe sie ihrem Mann viel geholfen, der neben der Arbeit an seiner Promotion ein Geschäft aufgebaut habe. Sie habe bald ihr erstes Kind erwartet, jedoch eine Fehlgeburt erlitten. Die alte Dame, die sich dadurch an ihr eigenes Schicksal der Kinderlosigkeit erinnert gefühlt habe, habe sich entschlossen, dem jungen Paar, mit dem sie nun einige Zeit zusammengelebt hatte, ihr beachtliches Vermögen zu hinterlassen. Wenige Tage nach der Hinterlegung des Testaments sei sie verstorben. Bis zu jenem Zeitpunkt hätten – so sagte die Patientin – sie und ihr Mann wie Studenten gelebt. Der Ehemann habe das Geschäft nebenher betrieben und auch andere Nebenverdienste annehmen müssen, wie beispielsweise Nachhilfeunterricht. Daß dabei ein ernsteres Verhältnis zwischen ihrem Mann und einer Nachhilfeschülerin entstanden sei, habe sie nicht gemerkt. Nach einer zweiten Fehlgeburt, kaum ein Jahr später, habe sie sich nicht nur körperlich krank gefühlt und sehr abgenommen, schlimmer noch sei gewesen, daß sie ein tiefes Unwertgefühl als Frau überkommen habe. In dieser Situation habe sich die Nachhilfeschülerin ihres Ehemannes ihr vorgestellt und ihr mitgeteilt, daß sie von ihm ein Kind erwarte. Heute – so meinte die Patientin – könne sie es kaum fassen, daß sie zurückgetreten sei, um sich einer fruchtbareren Ehe nicht in den

Weg zu stellen. Für die Nachhilfeschülerin und ihren Mann seien Scheidung und Wiederverheiratung völlig selbstverständlich, geradezu glattgegangen.

In dieser Beschreibung vermied die Patientin einzugestehen, daß die Ereignisse für sie nicht glattgegangen waren. Ich wollte sie mit der Konfrontation dieses Vermiedenen im Moment nicht unterbrechen, weil die Beziehung zu mir noch wenig belastbar erschien. Doch begann ich das Ausmaß der Abweisung ihrer Triebansprüche und deren Abwehr in Form der Umwandlung in altruistische Abtretungen und phobisches Verhalten zu sehen. Als die neue Ehefrau ein zweites Kind bekommen habe, habe sie das nicht mehr verkraften können und sei vom Ort weggezogen. Auf meine Frage, warum sie zunächst in der Nähe wohnen geblieben war, meinte sie, daß es ihr und ihrem früheren Mann ganz selbstverständlich vorgekommen sei, nach der Scheidung gemeinsam weiter in dem Geschäft zu arbeiten. Sie hätten zusammen auch einen Hund besessen, der einmal mit ihrem Mann und einmal mit ihr spazierengegangen sei. Ich fragte hier, wie das denn möglich gewesen sei, an einer Stelle also, an der sie vom Hund erzählte, um an einem wenig riskanten Punkt etwas von der Zerreißprobe, die sie nach so vollständiger Trennung auf der Ebene des Wohnens und Arbeitens eingerichtet hatte, in Frage zu stellen. Es war mir unvorstellbar, daß es in dieser Weise hätte gutgehen können. Daraufhin antwortete sie, als sei es ganz selbstverständlich: »Er war sein Herrchen, und ich war sein Frauchen.« Ich fühlte mich ob dieser Naivität beinahe erschlagen. Doch es ging in dieser Weise weiter: sie berichtete, daß sie nach einem Jahr des Abstandnehmens zurückkehrte, weil sie in der Arbeit mit ihrem früheren Ehemann zusammensein wollte. Dieser sei bald darauf so schwer erkrankt, daß er ein Vierteljahr später gestorben sei. Weil er noch so jung gewesen sei, habe niemand mit einem bevorstehenden Lebensende gerechnet. Über der aktuellen Schwere der Krankheit hätten angeblich alle vergessen, ein Testament zu hinterlegen. Mündlich sei immer besprochen gewesen, daß sie als die erste Ehefrau an dem geerbten Vermögen teilhaben solle. Nach dem Tod des Mannes habe sie mit dem Wort der zweiten Ehefrau jedoch nicht mehr rechnen können. In dem Haus, das ehemals ihr und ihrem früheren Mann von der alten Dame vererbt worden war, habe sie keine Bleibe finden können, auch die Anstellung oder Teilhabe im Geschäft sei nicht geregelt gewesen, die Firma sei aufgelöst worden, und sie habe finanziell sehen müssen, wo sie blieb.

Die Patientin hatte diese ihre Geschichte bis hierher ohne Anzeichen innerer Bewegung wie eine Berichterstattung wiedergegeben, so daß ich die Erschütterung, die mich ergriffen hatte, mein Unverständnis für das Geschehene aussprechen mußte. Es wäre mir nicht nur uneinfühlsam vorgekommen, das so stehenzulassen, ich mußte sie auch auf den von ihr vermiedenen Affekt und seine Zugehörigkeit zu dieser Geschichte aufmerksam machen. Beschreibend und gleichzeitig mit einem beurteilenden Affekt sagte ich zu ihr: »Das war ganz außerordentlich viel und außerordentlich schwer, was sich dort in Ihrem Leben ereignete.« Aufgrund dieses noch ganz allgemeinen Eingehens auf sie war es der Patientin jetzt möglich, erstmals über sich zu sprechen: Sie sei ein Mensch, der die anderen fördere, über den andere sich nicht ärgern sollten. Sie selbst ärgere sich auch nie.

Weil ich nun meine ärgerliche und empörte Erregung über die geschilderten Ungerechtigkeiten, zu denen sie das Ihre offenbar beigetragen hatte, nicht mehr aushalten konnte, weil sie sich weder vertrat noch verteidigte, intervenierte ich und sagte: »Genau an der Stelle, an der Sie sich nicht ärgern, aber doch alles dafür spricht, daß Sie sich ärgern müssen und auch dürfen, ersticken sie in Ihrer Angst. Sie haben *Angst* davor, *böse zu sein*.« Mit dieser Deutung hatte ich eine tiefere Entwicklung des Dialogs in Gang gebracht. Die Patientin schaute mich etwas erstaunt an, und ohne mir gegenüber auf das Böse-Sein-Können einzugehen, äußerte sie unvermittelt und jetzt emotional bewegt einen Aspekt der Beziehung zu ihrer Mutter, in dem eine Beschwerde, ein Ärger zutage kam: Sie fühle sich von ihrer Mutter *bedrängt*. Es folgten Beispiele: Die Mutter rufe sie in der Woche mehrmals an, frage nach alltäglichen Dingen, erzähle ihr von ihren eigenen Angelegenheiten, von denen sie, die Patientin also, nichts hören wolle. Sie mache ihr Vorschriften, zum Beispiel, wie sie sich heute anziehen solle, weil es kalt sei. Das reize sie. Die Mutter habe das Gefühl, daß sie für sie sorgen müsse, weil sie angeblich mit dem Leben nicht zurechtkäme. Dabei sei sie doch vollkommen zufrieden. – Die Mutter war es, der gegenüber sie feindselige Impulse hegte. Das also war jetzt gesagt.

Dennoch erstaunte mich eine solche Abhängigkeit von der Mutter – in diesem Ausmaß und in diesem Alter. Ich fühlte immer noch Ärger, daß ihr so großes Unrecht geschehen war und mehr noch darüber, daß sie für sich selbst nicht eintrat. Im Hinblick auf die Beziehung zur Mutter sagte ich daher: »Und Sie tragen Ihrerseits dazu bei, daß die Mutter auch Anlaß zur Sorge findet.« Daraufhin wurde die Patientin selbstbewußter, sie richtete sich auf, und zum ersten Mal vertrat sie sich mir gegenüber, indem sie ganz nachdrücklich Nein sagte. Nein, das sei erst seit zwei Jahren so, seit dem Tod ihres Vaters. Da waren nebenher plötzlich die zwei Jahre erschienen, nach denen ich gesucht hatte, der zeitlich exakt angegebene Punkt, der doch zu einem erinnerbaren besonderen Ereignis gehören mußte. Es war der Tod des Vaters. Sie erzählte dann, daß die Mutter seither allein sei. Mit dem Bericht über die Situation der Mutter nach des Vaters Tod entfiel jede Äußerung über ihre Trauer beim Tod des Vaters. Sie, die Mutter, sei eine organisatorisch sehr begabte Frau, fuhr sie – weiterhin über die Mutter sprechend – fort, doch seitdem der Vater gestorben sei, habe sie niemanden mehr, um den sie sich kümmern könne. So habe sie sich ganz auf sie, die Tochter nämlich, ausgerichtet, was ihr, der Tochter, allerdings zuviel sei. Ich fragte: »Und Sie können das nicht abwenden?« Diese

Frage war eigentlich müßig; denn sie hatte mir zuvor eindrücklich genug erzählt, wie sie, eigene Triebbedürfnisse abwehrend, für ihren Freund und späteren Mann gesorgt und dabei alles aufgegeben hatte. Dieses übertriebene Sich-zur-Verfügung-Stellen diente dem totalen Aufheben der Wahrnehmung eigener Triebansprüche.

Ich wollte einerseits der Patientin die Notwendigkeit eines Reagierens in der Objektbeziehung, um nicht überrollt zu werden, zeigen, andererseits war mir klar, daß sie das Versorgtwerden durch ihre Mutter auch genoß. Die Patientin zeigte mir dennoch auf meine Frage ergänzend ihre Methode, wie sie vor zwei Jahrzehnten, jedenfalls äußerlich, das Problem mit der Mutter gelöst zu haben glaubte. Daß sie sich späterhin zusätzlich in Abwehr mit der fürsorgenden, also in altruistischer Abtretung aufgehenden Mutter identifizierte, war ihr unbewußt geblieben. Letzteres hatte sie mir ausreichend an der Beziehung zu ihrem früheren Mann dargestellt. Jetzt sagte sie, gleich nach dem Abitur sei sie »von zu Hause weg«; sie sei nach Madrid gegangen, um dort Spanisch und Französisch zu lernen. Es wurde mir schlagartig klar, daß die Patientin sich nur über eine große räumliche Distanz von der Mutter trennen konnte, und Spanisch, das mußte der Mutter außerdem »spanisch« vorkommen. Da ergänzte sie schon, daß ihr Bruder nach seinem Abitur nach Kanada gegangen sei. Das erschien mir wie eine Bestätigung dafür, daß diese Kinder sich nicht anders von ihrer Mutter trennen konnten als durch das Einrichten großer räumlicher Entfernungen, ein Agieren im Konkreten unter Verkennen des inneren Motivs. Eine wechselseitige Verständigung und Regulierung über und von Bedürfnissen war zwischen den Kindern und der Mutter nicht möglich. Der Aspekt der Infantilisierung bei dieser einseitigen und projektiv abgetretenen Bedürfnisbefriedigung wurde weder von der Mutter noch der Tochter wahrgenommen. Eine Versorgungsaktion stellte ja auch das übermäßige Erbe dar. Für beide Kinder, die Patientin und ihren Bruder, war es schwer, sich vom Elternhaus, im besonderen von der versorgenden und sich sorgenden Mutter zu trennen. Nur durch radikales Sich-Entfernen schien Eigenständigkeit garantiert. Wahrscheinlich waren für die Mutter die Familie, die Kinder, später der Vater allein und dann wieder die Tochter einzige Quelle von Sinn und Selbstwert, weshalb sie die anderen zu Versorgungsobjekten degradierte. Über diesem Gebrauch war die Patientin nicht eigenständig geworden. Wenn sie ihr Recht auf eigene Entwicklung beanspruchte, bekam sie Schuldgefühle. Im Sich-Entziehen oder Gehen sah sie eine Schuld, der Mutter etwas zuzufügen, also böse zu sein. Sie maß sich mit den Augen der Mutter. Selbst und Objekt, beziehungsweise die entsprechenden psychischen Repräsentanzen waren in der psychischen Entwicklung nicht zu ausreichender Ausbildung, noch Trennung gekommen.

Die Patientin beendete die fast schon vergangene Stunde mit einer weiteren Information: Nicht nur ihr Vater war vor zwei Jahren gestorben, sondern auch ihr Hund. Für mich auffällig, sagte sie jetzt, seinen, also des Hundes, Tod habe sie kaum verkraftet. Wenn sie zuvor vom Weggehen gesprochen hatte, sprach sie jetzt erneut vom Verlassenwerden. Bisher hatte sie zu allem, was sie oder ich gesagt hatten, nicht Stellung genommen. Sie weigerte sich unausgesprochen, meine Sinnzusammenhänge suchende Einstellung zu teilen. Sie verwehrte das, was ein Arbeitsbündnis genannt wird, was aber von einer positiven Übertragung abhängig ist. Nirgendwo war es über die Bedeutung und die Zusammenhänge zwischen ihr und mir zu einer klarstellenden oder vertiefenden Verständigung gekommen. So dachte ich, daß der Hund wohl das einzig Eigene in dem ganzen Elend war, er hatte ihr gehört, sie war sein »Frauchen« gewesen. Über seinen Verlust, der auch vor zwei Jahren eingetreten war, konnte sie kurz, aber offen und eindeutig sprechen. Er mußte das Objekt sein, auf das die Liebe zum Vater verschoben war. Über ihn konnte sie trauern. So merkte niemand, auch sie selbst nicht, etwas von ihrer heimlichen Liebe zum Vater. Einen so tiefgreifenden Zusammenhang hier ausdrücklich zu deuten, verbot jedoch schon die Tatsache, daß sie das Eigentliche ganz an das Ende des Erstgesprächs plaziert hatte. Sie war zu infantil, um der Erschütterung, der sie dann weitgehend allein ausgesetzt gewesen wäre, gewachsen zu sein.

Ich bat die Patientin wiederzukommen. Sie hatte mir alles in den Schoß gelegt. Sollte ich jetzt die Sorge übernehmen? Ich brauchte weitere Zeit, um zu versuchen, mit ihr über die Ursache des Elends, in das sie geraten war und das ihre Panikzustände auslöste, sprechen zu können. Nur wenn ich sah, ob und wie sie darauf eingehen würde, konnte ich mit ihr überlegen, ob eine psychoanalytische und damit weitergehende aufdeckende Bearbeitung ihrer inneren Konflikte von ihr erwünscht und für sie erträglich war, das heißt erlösend in der neuen Sichtweise und damit auch herausführend in eine neue, bessere Möglichkeit zu leben. Von progressiven oder konstruktiven Möglichkeiten war – außer, daß sie sie bei anderen förderte – bisher bei ihr nichts zu sehen gewesen. Sie hatte gegenteilig alle ihre Möglichkeiten wieder aufgegeben oder fallenlassen, einschließlich der kommenden Kinder.

Als sie mir beim zweiten Interview aufrecht mit brav in den Schoß gelegten Händen gegenübersaß, fiel mir erneut ihre Erwartung und gleichzeitige Verweigerung der Beteiligung, ihre Unwilligkeit auf. Jetzt erst sah ich den schmollenden Mund. Beim ersten Mal hatte die Patientin mir ihre Symptome, Angst und Panik, quasi »serviert«. Ich spürte deutlich ihren Trotz, als sie sich als erstes darauf bezog, ich habe gesagt, sie *solle* kommen. Die Möglichkeit, die in dieser Stunde lag, nutzte sie zunächst in der Weise, daß sie mich zu einer über sie bestimmenden Person machte. In derselben Weise hatte sie sich ja auch zum Erstgespräch angemeldet: Dr. X. habe gesagt, sie solle sich um eine Psychotherapie bemühen. Es war, als folge sie wie ein Hündchen aufs Wort, unter Verweigerung jedes Gedankens an den Sinn des Ganzen. Ihre

Bravheit, die schon den Charakter der Dressiertheit trug, wirkte um so herausfordernder. Ich glaubte nicht mehr, daß sie der Spannung einer Konfrontation gewachsen sein würde. Indem ich nun daran erinnerte und beschreibend sagte, daß wir ja vor einer Woche miteinander gesprochen hatten, forderte ich sie indirekt auf, ihre möglichen weiteren Gedanken darüber mitzuteilen. Sie antwortete lediglich mit »Ja«. Damit verblieb sie auf der konkretesten Ebene, daß es nämlich so gewesen war, und banalisierte damit jeden Inhalt. Meine Suche nach dem Grund für das Leidvolle in ihrem Leben hatte sie nicht verstanden, und sie ließ eine Pause entstehen, die leer auf mich wirkte. In mir wollte der Entwertung wegen Ärger hochkommen, weil sie auf diese Weise das Gespräch wie einen Kaffeeklatsch beiseitelegte. Ich versuchte zu helfen, indem ich wiederholend Allgemeines beschrieb: »Sie haben mir bedeutsame und einschneidende Dinge aus Ihrem Leben erzählt.« Die Patientin ließ mich warten. Mit einem allgemein gehaltenen Satz antwortete sie schließlich, daß es ihr gut getan habe zu erzählen. Nach einer weiteren Pause meinte sie, ihre Freunde hätten ihr ja schon recht Ähnliches gesagt. Das war eine erneute Entwertung mir gegenüber: Nichts also war über jene freundschaftlichen Ratschläge hinausgegangen, nichts hatte eine Bedeutung gehabt, an der es für sie wertvoll gewesen wäre festzuhalten. Das ähnelte ihrem Leben nach der äußeren Trennung von zu Hause. Aus ihrer Erzählung war so deutlich, daß sie die guten Dinge nicht zu halten wußte. Sie erstarrte immer mehr. Ich hatte das Gefühl, ihr Hals habe sich verlängert, als wachse die drohende Mutter aus ihr mir gegenüber heraus, als sei ihre Mimik noch unbewegter als beim ersten Mal. In der Tat war sie stärker geschminkt, so daß die maskenhafte Starre mir noch gefährlicher vorkam. Dazu unterstrich eine altdamenhafte Bluse mit einem Stehbord und das jetzt streng auf dem Kopf zusammengefaßte Haar das Groteske, das sich bereits in der mimischen und sprachlichen Erstarrung ausdrückte. Eindeutig war, daß die Patientin längst eine Übertragung mir gegenüber entwickelt hatte und sich nahezu konkret ihrer Mutter gegenüber fühlte. Für sie war es wie ehemals in ihrer Kindheit: ich wollte sie für mich haben. Die angebotene Hilfe mußte sie als aufgenötigt empfinden, sie glaubte sich wehren zu müssen, und ich wurde bedrohlich für sie, wie wohl einst und sogar heute noch ihre Mutter ihr bedrohlich vorkam. Im übertragenen Sinne war sie nach der ersten Stunde »nach Spanien weg«, sie hatte die mögliche Nähe durch innere Distanzierung aufgehoben. An die Erklärung, daß sie von dem Arzt, dem gegenüber sie sich ähnlich wie dem Vater gegenüber gefühlt und dem sie ihre Panik eröffnet haben mußte – er hätte sie sonst nicht zu einer Psychoanalytikerin geschickt –, enttäuscht war und sich weggeschickt, verlassen fühlen mußte, hatte ich bisher nicht gedacht. Die Kränkung, vom Arzt als einer Vaterfigur zu einer Mutterfigur, der Psychoanalytikerin also, die etwas will, geschickt zu werden, ergab einen Sinn für ihre Unwilligkeit bei mir. Das Weggeschicktwerden durch den Arzt, ihn für sich zu verlieren, entsprach dem Ausbruch ihrer Angstsymptomatik beim Tod ihres Vaters. Vielleicht hätte er sie zu einem Analytiker schicken sollen. Ihr Geschickt-worden-Sein fiel auf unbewußter Ebene mit dem Verlust des Vaters zusammen, an dem sie seit zwei Jahren akut krankte.

Schon mit den vom Arzt ganz einfach geschickten oder eben überwiesenen Patienten ist es für die psychoanalytische Arbeit schwer genug, weil diese Patienten zumeist keine oder noch keine ausreichende Motivation zur Introspektion haben, die diese Behandlung erfordert. Man leistet eventuell die Vorarbeit für eine spätere Zeit, unter Umständen für eine Kollegin oder einen Kollegen. Daß sich die Patientin bei mir verweigerte, sozusagen an der falschen Adresse, konnte sie nicht sehen. Ihr Unglück war geradezu doppelt, wenn sie sich an den praktischen Arzt gewandt hatte, ein Vatersubstitut, und dieser sie zu mir wegschickte. Vielleicht hatte sie, weil sie das Nachdenken wenig kannte, auch noch nie wahrgenommen, daß es Psychotherapeuten und Psychoanalytiker gibt.

Ich versuchte, ihr Einsicht auf der Linie ihrer Beziehung zur Mutter zu ermöglichen, um ihr ihren Zustand zu erleichtern: »Ich glaube, es kommt Ihnen hier vor, als wollte ich Sie zu irgendetwas führen, ja zwingen.« Als sie nicht antwortete, versuchte ich, ihr ihre neurotische Verfangenheit deutlicher zu machen: »Sie fühlen sich offensichtlich mir gegenüber wie ehemals gegenüber Ihrer Mutter, von der Sie sich mit soviel innerem Trotz absetzen mußten, schon als Sie nach Spanien gingen, und die unglücklicherweise nach dem Tod Ihres Vaters wieder nach Ihnen griff.« Um ihr die Zusammenhänge erlebbarer und sinnvoll zu machen, ergänzte ich erklärend: »Ihre Mutter ist unglücklich, wenn sie niemanden versorgen kann.« Sie sagte immer noch nichts, und so mußte ich alles noch direkter auf die aktuelle Situation bezogen ausdrücken: »Ich will Sie nicht versorgen, ich will Ihnen auch gar nicht raten. Aber Sie dürfen sich das bei mir holen, was Sie glauben, von mir gebrauchen zu können, wenn ich versuche, mit Ihnen das Krankmachende in Ihrem Leben zu verstehen.« Daraufhin brach die Patientin in Tränen aus. Ich reichte ihr nach einiger Zeit ein Taschentuch, weil sie keines bei sich hatte. Langsam tauchte sie aus den Tränen wieder auf und schaute sogar zu mir herüber. Ein erstes Lächeln erschien in ihrem Gesicht, und sie begann, über ihren Vater zu berichten, ihre Bewunderung für den Vater, für dessen Eigenschaften und Liebhabereien, und sie betonte seine Eigenständigkeit innerhalb der Familie. Danach mußte ich das Erstgespräch zu einem Abschluß bringen, weil die Zeit sich dem Ende näherte. Meine Annahme, daß es der Vater sei, den sie so sehr, aber auch auf ganz infantile und damit zugleich heimliche Weise liebte, womit sie in scharfer Rivalität zur Mutter stand, hatte sich bestätigt. Da die Patientin vom Emotionalen geführt analytisch sinnvoll erzählte – in der ersten Stunde war sie am Schluß zum betrauerten Hund, dem Verschiebungsobjekt gekommen, in der zweiten zum Vater, dem bewunderten und geliebten –, bot ich ihr an, sich zu überlegen, ob sie eine analytische Behandlung beginnen wolle. Die genaue Besprechung des Settings schob ich auf, bis sie mir ihr Ja zu einer Behandlung mitgeteilt hätte; denn diese Besprechung beinhaltet eine neue, andersartige Belastung für den Patienten. Danach hätte sie sich endgültig für eine Analyse entscheiden können. Ich bot ihr also an, sie in einiger Zeit zu einer Behandlung anzunehmen, und erklärte ihr, daß ich eine Wartezeit habe, wie sie überall bestehe. Wir verabschiedeten uns mit der Vereinbarung, daß sie mich anrufen möge, um mir ihren Entschluß mitzuteilen. Ich hörte nichts mehr von ihr.

Psychoanalytische Überlegungen

Das Thema der Feindseligkeit der Patientin ihrer Mutter gegenüber war ausdrücklich agiert, aber nicht nachdrücklich genug zur Sprache gekommen. Damit war das Thema der Schuld, bewußte und unbewußte Schuldgefühle, ebenfalls nicht ausdrücklich geworden, sondern weitgehend vermieden; Schuld, die auch entsteht, wenn man sich abgrenzt und sich selbst vertritt. Letzteres erklärt, daß sie nichts für sich halten, festhalten konnte und alles verloren gab. An der heimlichen Liebe zum Vater aber hatte sie geradezu ausschließlich festgehalten. In der Terminologie von Melanie Klein war sie fixiert in der paranoid-schizoiden Position und hatte sich von dort aus unter Vermeidung der depressiven Position in die ödipale Situation zu retten versucht. Die Mutter mußte zum verfolgenden Objekt werden, wobei sie in Panik geriet. Ihre vermiedene Stellungnahme, ihr vermiedenes selbstkritisches Nachdenken, also die vermiedene Reflexion mit mir war für beide Erstgespräche kennzeichnend, und damit war ihre Infantilität unerschüttert geblieben. Doch fast nichts ist schwerer als mit einem so hohen, im Dienste der Abwehr gefestigten Maß an Naivität umzugehen. Zur Erhaltung ihres Krankheitsgewinnes hatte sie auf diese Weise ein Unwissendsein verteidigt, also ein Naiv-bleiben-Wollen und ein damit verknüpftes Vorrecht, Anklage zu erheben. Einmal hatte sie etwas direkt über sich gesagt, doch das war im Grunde die Aussage eines Kindes gewesen: Sie möchte nicht böse sein. Alles war so gekommen, als hätte nichts davon mit ihr etwas zu tun. Sie hielt sich für unbeteiligt. Außer panischer Angst gab es fast keine Affekte und Gefühle, also keine Form der Verarbeitung und Differenzierung der primitiven Emotionen. So blieb sie auch innerlich unbeteiligt, was ich eingangs in der maskenhaften Starre ihres Gesichts beschrieben hatte. Sie blieb Erleidende und unfähig, Schuld zu tragen. Genau das machte sie gesichtslos. Hätte ich auf der Frage nach dem, was sich vor zwei Jahren ereignet hatte, als Angst und Panik eingesetzt hatten, bestanden, hätten die beiden Erstgespräche sicher einen anderen Verlauf genommen. Dann aber hätte sie, die sie so artig war, meiner Frage gehorchen müssen, und die Abwehr gegen eine in dieser Weise intrusive Mutterfigur wäre wahrscheinlich noch heftiger geworden. Die Feindseligkeit wäre so gefährlich geworden, daß sie etwa das Gespräch abgebrochen hätte oder anders noch in eine fassadenhafte Erzählung geraten wäre. Rückblickend war eindeutig, daß sie mit ihrer Angst und Panik seit zwei Jahren auf den Verlust des Vaters reagierte. Diese ungelöste und daher noch so bedeutsame Bindung hatte sie zuvor schon in der Ehe scheitern lassen. Hinter der seit Kindheit gleichgebliebenen Bedeutung des Vaters verschwand die Bedeutung des Ehemannes, seines Verlustes, und es verschwand auch, wieviele Möglichkeiten ihres Lebens sie zu jener Zeit nicht zu halten und weiterzuführen imstande war. Sie war innerlich nicht erwachsen und demzufolge nicht eigenständig. Deshalb mußte sie sich durch den Tod des Vaters existentiell verlassen fühlen, der Mutter ausgeliefert, und demzufolge stürzte sie in Panik. Es war der Vater, der ihr unausgewogenes Verhältnis zur Mutter reguliert hatte, ein Gegenpol zur festhaltenden Mutter, und deshalb brauchte und liebte sie ihn um so mehr. Doch hatte er nicht geholfen, die Tochter von der Mutter zu trennen, wahrscheinlich weil er sie wiederum gegenüber der Mutter für sich brauchte. Eine Reifung in der Beziehung zu beiden Eltern hatte nicht stattgefunden. Um so belastender war die heimliche, unbewußte Phantasie, die fulminant ihre Auswirkungen zeigte. Sie hatte nichts Eigenes aus den Vorbildern der Eltern gemacht. Sie hätte sich mit den besonderen Eigenschaften, den Liebhabereien, insbesondere der Eigenständigkeit des Vaters – das alles war ihr aufgefallen – identifizieren und somit von ihm lernen können. Die Liebe zum Vater war eine ödipale Konstellation, die unbewußt wie ein Block in ihrem Leben stand und in der sie verharrte, als würde sie hier – wie ich es spürte – auf Konkretisierung drängen. Das tat sie, anstatt ihr Leben zu ergreifen. Sie sprach nicht von Trauer über den Tod ihres Vaters. Vielleicht standen die schwarzen Balken – so hatte sie ihre Augenbrauen neben den senkrechten Falten verändert – statt dessen über ihren Augen. Zwei Jahre waren nicht nur genug Zeit zum Trauern gewesen, sondern auch, um sich aus der Trauer herauszulösen. Sie jedoch war in Panik gefangen, als rivalisiere sie jetzt mit der Mutter darum, wer bei dem Tod des Vaters mehr verloren habe. Den Schuldgedanken in der Rivalität zur Mutter vermied sie und war dafür trotzig in einem abhängigen, analen Kampf mit der Mutter verblieben. Es sei eingeräumt, daß die Mutter ihrerseits wahrscheinlich mit übertriebener Sorge an den anderen festhielt und in den Dingen des täglichen Lebens versierter als die Patientin zu sein schien. In dieser Verfangenheit mit der Mutter konnte sie ihre Schuldgefühle einerseits masochistisch abbüßen und andererseits in der Anklage auf die anspruchsvolle Mutter verschieben. Die partielle Regression aus dem ödipalen Konflikt erklärt aber noch nicht ihren Verzicht auf eigenes Recht, das sie schon vor des Vaters Tod in der Ehe und gegenüber der zweiten Frau ihres Mannes hätte vertreten müssen.

Als Frau hatte sie sich noch nie begriffen. Ich nehme an, daß die Abwehrformation der altruistischen Abtretung, die schon in der Freundschaft und später in der Ehe so augenfällig ist, sie vordergründig sehr edel erscheinen ließ, sie jedoch gleichzeitig von der immer auch Angst auslösenden Aufgabe freistellte, ihre Triebansprüche wahrzunehmen und zu gestalten. Das machte sie zudem für ihr eigenes Gefühl unschuldig. Der Preis, den sie dafür zahlte, bestand in der Aufgabe ihrer weiblichen Rolle und ihrer Rechte. Dazu war die fügsame Passivität als Wiedergutmachung zum Konzept ihres Lebens geworden. Die Ausbrüche von Angst, also Panik, wie die Ausbrüche von Trotz zeigten die unzureichende Integration aggressiver wie libidinöser Triebimpulse. Das einzige, was sie tat, war Verweigerung. Darüber kam sie nicht hinaus.

Daß Trotz und Verweigerung so heftig waren, läßt auf eine ungenügende Trennung zwischen Mutter und Kind mit der ausgebliebenen Individuierung schließen. Die ödipale Situation konnte daher als notwendiger zweiter Reifungsschritt nur unzureichend weiterführen. Im Trotz lehnte sie die Mutter ab, und um so mehr lehnte sie sich an den Vater an. Sie merkte nicht, wie sehr sie dennoch mit aggressiven Strukturanteilen der Mutter identifiziert war, die den Übergriff bedingten. Sie handelte zwar wie die Mutter, wenn sie für andere sorgte. Aber den aggressiv anspruchlichen Anteil der Mutter kehrte sie in Ablehnung und Verweigerung ganz einfach um. Sie wollte nicht sein wie die Mutter und war es doch, ohne daß sie es wußte. Bei ihrem Freund und späteren Mann spielte sie die Mutter, die mitmacht, mitsorgt, aber Ehefrau und wirkliche Mutter wurde sie nicht. Die Kinder, die sie hätte bekommen können, konnte sie nicht halten, genauso wenig wie das Vermögen, das ihr zugefallen war. Sie hatte wohl nie in ihrem Vater und in ihrer Mutter den Mann und die Frau gesehen. So war sie weder Frau noch Mutter geworden. Brav und folgsam wie ein Kind hatte sie sich von ihrem Mann in Arbeit und – für ihre Entwicklung schlimmer noch – in

Selbstverzicht einspannen lassen. Dieser Selbstverzicht hatte als Masochismus Bestrafungscharakter, weil sie auf den Vater nicht verzichtete, was in der ödipalen Phase hätte geleistet werden müssen. Sie verzichtete fortan im Übermaß, büßend an der falschen Stelle. Scheinbar wollte sie gar nichts, in ihrer inneren Wirklichkeit dagegen zuviel: nämlich den ausschließlichen Besitz des Vaters. Die Identifizierung mit der fürsorgenden Seite der Mutter nahm ihr die heterosexuelle Ausrichtung, das Akzeptieren ihrer Sexualität. Die Ehe war eine Beziehung, die auf der Ebene »Brüderchen und Schwesterchen« einseitig fürsorgend verblieben war. In Verleugnung von aggressiven wie libidinösen Triebansprüchen konnte sie ihrem früheren Ehemann nahe sein, wenn sie sogar nach der Trennung noch in der Firma arbeitete. In dieser prägenitalen Unreife, die sich für sie nach den zwei Fehlgeburten in dem Gefühl des Unwertes als Frau erstmals andeutete, war sie wie die verlassene Ruine, die sie geschildert hatte: ein zweitrangiges Haus, in dem, wie sie es für das einstmals gekaufte Haus, das Wirtschaftshaus eines Gutes, geschildert hatte, das Wirtschaften nicht mehr möglich war. Die Gemeinsamkeit im Sinne der Triangulierung gelang nicht. Sie sagte: »Und die Freunde kamen nicht.« Den Selbstverzicht in ihrer Ehe hatte sie nicht sehen müssen, weil ihr und ihrem Mann ein Glück in den Schoß fiel, über die Maßen groß, daß sie glauben mußte, es sei alles so in Ordnung, und es füge sich alles, weit entfernt von Schuld. Der verhaltene Trotz und das innere Beharren auf der Fügung, dem Glück zu Beginn ihrer Ehe, waren ungeeignet, das Durchstehen von Konflikten und schweren Situationen in dieser weiteren wichtigen Lebensepoche zu erlernen. So hatte sie ihr Studium nicht abgeschlossen, nicht die Rolle eingenommen und den Anspruch erhoben, den sie als Frau gegenüber ihrem Mann hatte. Der Rivalin hatte sie frühzeitig, ja, vorzeitig Platz gemacht, ein Platz, den sie in ihren ihr unbewußten Phantasien der Mutter hätte freigeben müssen. Als sie die zweite Fehlgeburt erlitt, entwickelte sie »ein tiefes Unwertgefühl als Frau«, doch sie nahm das hin, wohl als Bestrafung, und suchte nicht nach Klärung und Hilfe; denn in der folgenden Regression verschob sie und wurde »Frauchen« für den Hund.

Wenn ich die Patientin nicht gewinnen, oder anders gesagt, halten konnte, hing das, abgesehen von ihrer Infantilität, mit ihrem inneren Zwang zusammen, agieren zu müssen anstatt die Zusammenhänge, die allein Sinn machten und dann hätten weiterführen können, zu begreifen. Sie verblieb in einer Denkweise, die psychische Arbeit zu umgehen sucht. Daß sie nach ihrem Abitur nach Spanien »weg«gegangen war, erklärte sie – was vordergründig sogar glaubwürdig erschien – damit, daß sie habe »Spanisch lernen« wollen. Dieser innerlich unfreie Widerstand durch Weggehen verblieb im Bereich des Agierens, wurde eventuell durch das »Spanischlernen« übersetzt, d. h., er änderte nichts an der inneren Struktur, weil auch zu jener Trennungszeit der Schmerz der Reifung vermieden worden war. Die Übergewichtigkeit einer solchen agierenden Abwehr im Trennungskonflikt zeigte die Vorherrschaft eines früheren Konflikts an, der aus dem Bereich der Trennung vom Primärobjekt resultiert. Der ödipale Konflikt, dem sie der Entwicklung gemäß später ausgesetzt war, konnte nur mit dieser unzureichenden innerpsychischen Vorbereitung, d. h. nicht ausreichender Trennung von Selbst- und Objektrepräsentanzen und demzufolge unreifer Ichstruktur, angegangen werden. Mit dieser Voraussetzung mußte sie in der ödipalen Konfliktkonstellation scheitern. Die Abwehrleistung der Verdrängung, die den Untergang des Ödipuskomplexes bewirkt, die also den Konflikt nach innen nimmt und damit eine Reifung der Gewissensstruktur ermöglicht, wurde nicht erbracht. Die Verflechtung des frühen Trennungskonfliktes mit dem ödipalen Konflikt war sehr deutlich. Für die psychoanalytische Behandlung ist es leichter, Verdrängungen aufzuheben als Voraussetzungen für die Bewältigung des Ödipuskonfliktes nachzuholen. Das Nachholen betrifft die Neutralisierung insbesondere von feindseligen Triebkräften. In einer Behandlung hätte die Patientin wahrscheinlich bei jeder kritischen Zumutung – und das sind Deutungen – damit gedroht wegzugehen. In ihrer analytischen Behandlung hätte ein weiter Weg, ihren Haß zu bearbeiten, vor ihr gelegen, den sie bei mir jedenfalls vermieden hatte. Die Überweisung durch den Arzt wiederholte, ohne daß er oder ich dies hätten wissen können, für das Erleben der Patientin genau die Situation, die die Symptomatik der Angst und Panik ausgelöst hatte: den Verlust, beziehungsweise Tod des Vaters und der folgende besitzergreifende Zugriff der Mutter. Das aber wirkte sich bei einer Struktur, die die Trennung und Individuation nicht bewältigt hatte, was immer auch Folgen für die Denkfähigkeit beinhaltet, so katastrophal aus.

Theoretische Quellen und Ergänzungen

Ich möchte, um diesen eindrucksvollen Fall abzuschließen, zwei Stellen aus Freuds Studie von 1909 über den kleinen Hans aus der »Analyse der Phobie eines fünfjährigen Knaben« zitieren: Der Zustand des kleinen Patienten damals ist mit dem der dargestellten Patientin, auch wenn eine anders geartete sexuelle Problematik ins Erwachsenenalter verschleppt ist, in gewisser Weise ähnlich.

Aus dem »Wochenbericht des Vaters«:

([Hans] bemerkt, daß ich alles notiere, und fragt: »Weshalb schreibst du das auf?«) Ich: »Weil ich es einem Professor schicke, der dir die ›Dummheit‹ wegnehmen kann.« (1909b, 273)

Als »Dummheit« hatte der kleine Hans seine Krankheit selbst bezeichnet:

Am 2. März sage ich ihm, wie er sich wieder fürchtet: »Weißt du was? Die Dummheit – so nennt er seine Phobie – wird schwächer werden, wenn du öfter spazieren gehst. Jetzt ist sie so stark, weil du nicht aus dem Hause herausgekommen bist, weil du krank warst.« (1909b, 265)

Am Schluß der gleichen Arbeit heißt es in der »Epikrise«:

Wir sehen, wie unser kleiner Patient von einem wichtigen Verdrängungsschube befallen wird, der gerade seine herrschenden sexuellen Komponenten betrifft. Er entäußert sich der Onanie, er weist mit Ekel von sich, was an Exkremente und an Zuschauen bei den Verrichtungen erinnert. Es sind aber nicht diese Komponenten, welche beim Krankheitsanlasse (beim Anblick des fallenden Pferdes) angeregt werden und die das Material für die Symptome, den Inhalt der Phobie liefern...

Dies sind bei Hans Regungen, die bereits vorher unterdrückt waren und sich, soviel wir erfahren, niemals ungehemmt äußern konnten, feindselig-eifersüchtige Gefühle gegen den Vater und sadistische Koitusahnungen entsprechende, Antriebe gegen die Mutter. In diesen frühzeitigen Unterdrückungen liegt vielleicht die Disposition für die spätere Erkrankung. Diese aggressiven Neigungen haben bei Hans keinen Ausweg gefunden, und sobald sie in einer Zeit der Entbehrung und gesteigerten sexuellen Erregung verstärkt hervorbrechen wollen, entbrennt jener Kampf, den wir die »Phobie« nennen. (369)

Es sind die feindselig eifersüchtigen und furchtsamen Gefühle gegenüber den Eltern der frühen Kindheit, die die Patientin nicht wahrnimmt, weil sie sich in einem naiven Zustand hält. Dadurch kann sie glauben, *unschuldig* zu sein. Dieser Zustand entspricht der paranoid-schizoiden Position, in der dann die Schuld zum Verfolger wird. Daß sie sich in dieser Weise dem Leben entzieht, ließe sich umgangssprachlich als »Dummheit« bezeichnen. Denn in diesem Zustand weiß sie auch das Gute nicht zu halten.

Mutters Augenstern
Ein Nicht-Ich

Am Telefon bezog sich eine Patientin auf die Empfehlung einer Psychoanalytikerin, mit der sie ganz zufällig, gar nicht im Rahmen der Praxis, gesprochen hatte, und erwartete gleich die Zusage zu einer Behandlung. Meine kurze Erklärung über wenigstens einen der Gründe für ein Erstgespräch, das gegenseitige Kennenlernen, schien ihr einzuleuchten. Ich mußte schon während dieses Augenblickes die Kränkbarkeit gespürt haben, wenn ich nichts von der Notwendigkeit einer Diagnostik, der Indikation, schließlich der Klärung der Finanzierung erwähnte – all das steht vor dem Beginn einer Analyse –, und statt dessen mich auf ein so Entgegenkommendes, Selbstverständliches berief. Zu meiner Überraschung kam die Patientin in Begleitung ihres Ehemannes, der wie ein Schatten wirkte. Ich fühlte mich ein wenig irritiert und bedrängt, aber er blieb ohne Schwierigkeiten wartend im Empfangsraum zurück. Gestalt, Bewegung, Gestik und die Art der Begrüßung der Patientin machten auf mich einen eher nachdrücklichen, kräftigen, vitalen Eindruck. In ihrer Erscheinung lag etwas Tatkräftiges und Optimistisches. Alle ihre Bewegungen waren harmonisch, und sie selbst war ziemlich groß. Ihr Haar war außerordentlich kurz geschnitten, was ihr etwas Burschikoses gab. Ihre Kleidung hatte eine leicht sportliche Note, sie war korrekt, dabei auch brav, ja schulmädchenhaft. Beim ersten Kontakt mit einem neuen Patienten bin ich auf dessen äußere Erscheinung immer sehr gespannt, und ich frage mich innerlich, ob ich mir ihn oder sie als Analysanden beziehungsweise Analysandin vorstellen kann. So war es auch hier. Das sich leicht einstellende »Ja« bewahrte ich. Der Blickkontakt beim Aufnehmen des Gesprächs zeigte mir, daß ihre Augen besonders zu glänzen schienen und lebendig waren; doch ich merkte auch den möglichen Umschlag diese Blickes in etwas Starres und Fixierendes.

Zunächst, nachdem sie Platz genommen hatte, schien sie sich zurückzulehnen, geriet aber unmittelbar in eine spürbare emotionale Beunruhigung, eine drohende Panik, als sie merkte, daß ich zuhören wollte. Daß sie aktiv werden müßte, hatte sie offenbar nicht erwartet. Die Situation hatte den Anschein, als sei sie wie bei einem Arztbesuch darauf eingestellt, *behandelt zu werden*. Diese gewisse Irritation zwischen uns bemerkte sie rasch und begann geradezu korrigierend die entstandene Lücke zu schließen. Sie äußerte keine Klage, doch wie sie in der Folge ihr Elternhaus in der vielfältigen Diskrepanz zwischen Wirklichkeit und Anspruch vorstellte, war eindrucksvoll. Sie war das einzige und über zehn Jahre lang ersehnte Kind ihrer Eltern und hatte ihren spät aus dem Krieg heimkehrenden Vater erstmals im Alter von zehn Jahren gesehen. An eine Begegnung mit dem Vater, einen Fronturlaub, der in ihrem ersten oder zweiten Lebensjahr stattgefunden haben mußte, konnte sie sich nicht erinnern, doch erwähnte sie sie. Für mein vorläufiges, unausgesprochenes Verstehen ließ sie mich damit wissen, wie bedeutungslos er war, aber auch, wie sehr er gefehlt hatte. Die Eltern hatten ein gutgehendes und angesehenes Feinkostgeschäft in einer Kleinstadt, das die Mutter über die schweren Kriegs- und Nachkriegszeiten hinweg, gerade wie zum Trotz, geführt hatte; sie mußte tüchtig gewesen sein und Bescheid gewußt haben. Nicht nur der Vater als Spätheimkehrer war »hinzugekommen«, wie die Patientin sich ausdrückte, sondern auch sie selbst, die erst nach zehn Jahren Ehe geboren worden war, dachte ich mir, als sie von der Geschäftigkeit der Mutter und der Rückkehr des Vaters erzählte, während sie betonend fortfuhr, »Mutters Augenstern« gewesen zu sein. Die Mutter habe sie – im Grunde bis heute – behütet, sie habe alles von ihr gewußt, und vor allem habe die Mutter alles, was sich für sie ereignen oder ergeben würde, im voraus kommen sehen. Die Überbetonung als »Mutters Augenstern« kündete in meinem Ohr die Ambivalenz der Mutter an, und in der Tat berichtete die Patientin fortfahrend, die Mutter habe insbesondere alles Schlimme, das eintreten würde, vorausgesagt. Mir fiel das Wort »unken« ein. Ich sprach es nicht aus, weil ich es als zu belastend und kategorisierend empfand und die Patientin erzählen lassen wollte. Sie erzählte weiter: man habe größten Wert auf Äußeres gelegt, was in der kleinen Stadt auch von jedermann registriert, ja sogar kontrolliert worden sei. Es sei ein Kampf um das Ansehen gewesen. Sie habe das Gymnasium besucht und Abitur gemacht – hatte also eine anspruchsvollere schulische Bildung als ihre Eltern. Sie hatte sie mir zuvor als Geschäftsleute geschildert. Daß sie mitten in der Pubertät einmal sitzengeblieben sei, sei von ihren Eltern und auch von ihr als eine Schande aufgefaßt worden. An dieser Stelle schluchzte sie plötzlich auf. Als sie sich wieder beruhigt hatte, wunderte sie sich darüber, daß sie das heute noch so bewege. Sie sagte weiter, sie habe sich immer am Rande gefühlt, weil die Eltern der anderen Kinder ihrer Umgebung Akademiker oder sehr vermögende Leute waren. Ihre Eltern seien ehrgeizig mit ihr gewesen und hätten erwartet, daß sie einmal einen »studierten Mann« heirate. Sie habe einen Studienfreund gefunden, der im Gegensatz zu ihr, die sie ein mehr angewandtes und soziales Fach studierte, eher Theoretiker war. Als sie nach Abschluß ihres Studiums heirateten, habe sie sich bald in der Familie ihres Mannes als »die Hinzugekommene« betrachtet und behandelt gefühlt. Diese Bezeichnung hatte sie nun schon zum zweitenmal gebraucht. Die Karriere ihres Mannes habe absoluten Vorrang gehabt. Soweit sie gekonnt habe, habe sie mitgearbeitet. Trotzdem habe sie sich von der Familie herabgesetzt gefühlt. Es sei im Kreis jener Familie wichtig gewesen, den Pelz nach der allerletzten Mode und auch die passende Hose dazu zu tragen. Anläßlich von Feiertagen, Familienfesten, beim Besuch feiner Restaurants habe sie von der Familie ihres Mannes nur kritische Blicke erhalten. Sie habe ständig das Gefühl gehabt, in den Boden versinken zu müssen, und das Essen sei ihr im Halse steckengeblieben, denn sie habe ständig befürchtet, Messer und Gabel nicht richtig zu halten. Das nicht aufhörende Gefühl, sich falsch zu benehmen, sei in dieser Ehe immer qualvoller geworden. Kinder hätten sie zurückgestellt. Erst als ihr Mann eine wichtige Stufe in seiner Laufbahn erreicht habe, habe die Familie ihres Mannes Kinder gewünscht. Als diese nicht gleich kamen, sei sie zu einem Gynäkologen geschickt worden. Es habe sich herausgestellt, daß bei ihr eine Konzeption nicht selbstverständlich sei. Eine Operation sei ihr vorgeschlagen worden. Bei der Entscheidung zur Operation habe sie erstmals eine innere Trennung von ihrem Mann gespürt, denn er sei der Auffassung gewesen, daß sie das allein entscheiden müsse. Sie habe das Gefühl überkommen, alleingelassen zu werden. Die Operation habe schwere Komplikationen nach sich gezogen, und als sie danach das erste Mal aufgestanden sei, habe sie mit einem Kreislaufkollaps auch den ersten schweren Angstanfall erlebt. Bis heute seien viele gefolgt. Die anschließende Trennung von ihrem Mann nach siebenjähriger Ehe und der – wie sie sagte – »höherwertigen Welt« seiner Familie sei danach so selbstverständlich gewesen, daß sie fast nur noch aus einer Formalität bestanden habe.

Ich war überrascht. Bis hierher war mir nicht klargeworden, daß die Patientin geschieden war, denn sie hatte immer vom »Mann« oder »ihrem Mann« gesprochen. Wenig später habe sie zum zweiten Mal geheiratet. Ihr jetziger Mann, so schloß sie an, sei ruhig, könne still irgendwo in der Landschaft draußen sitzen; sie wanderten gern. Sie ergänzten sich. Sie seien beide aufnehmende Charaktere. Landschaft, Musik oder Literatur würden sie zusammen genießen.

Der Schilderung hatte ich bis hierher schweigend zugehört, und ich meinte, den mir sinnfälligen Grund dieses Kontrastes zwischen früher und heute benennen und damit akzentuieren zu müssen, eine Deutung, die die Bedeutung dieses Handelns erklärte, ihr einen faßbareren Sinn gab: »Wenn es jetzt in Ihrer zweiten Ehe gutgeht, dann Ihrer freien Wahl wegen; Ihr eigenes Ich wählte; und Sie wählten *Ihren* Mann.« Diese Deutung, mit der ich die Patientin in ihrer Autonomie und der folgenden Entscheidung anerkennend herausstellte, bewirkte unverhofft und überraschend für mich, daß sie jetzt nur noch von all ihren schlechten Gefühlen sprach; nicht endende Klagen brachen hervor, eine bereits erkennbare negative therapeutische Reaktion. In ihrem Beruf stünde sie permanent unter Druck, erfolgreich zu sein. Sie habe ständig das Gefühl, sie müsse gegenüber ihren Vorgesetzten Rechenschaft ablegen und käme von ihrem eigenen Ehrgeiz nicht los. Sie habe Platzangst, die sie im Theater oder im Konzertsaal überfalle; zu Hause bräche es oft mit der Angst aus ihr heraus: »Was soll ich denn noch alles machen!?« Dann stellten sich sofort auch Schwindel, Übelkeit und Lähmung ein, und sie müsse ins Bett. Oft befürchte sie, die letzten drei Schritte dorthin nicht mehr zu schaffen. Schon zwei Jahre lang hüte sie nachmittags das Bett und könne das Abendbrot nicht mehr machen. Die Vormittage im Amt seien ein einziger Zustand von Panik. Immer stelle sich ihr die Frage, ob sie durchhalte. Selbst Dinge, die sie sich fest vornehme und die sie gerne tue, gäben ihr nicht die Sicherheit, daß sie damit fertig würde und sie nicht die schiere Angst überfalle.

Es war eine schlagartige atmosphärische Veränderung vor sich gegangen von der geradezu gepflegten, gar nicht direkt anklagenden Darstellung ihrer Umwelt zu der des erregten dunklen Tobens und der Wut gegen offensichtlich fremde Ansprüche, die sich in Krankheitssymptome *konvertiert* hatten. In der voraufgegangenen Deutung hatte ich das Recht auf ihr eigenes Ja, das Recht zu sich selbst angesprochen, ja bestärkt. Ich hatte nicht gemerkt, daß ich sie für ihr Erleben ein zweites Mal – das erste war mein Schweigen zu Beginn, meine Nichtvorgabe, jetzt war es die Herausstellung ihrer Autonomie – von mir und den Erwartungen, die sie an mich richten wollte, *getrennt* hatte. Sie ertrug die Autonomie, die sie doch auch mit ihrer Vitalität ausstrahlte, nicht. Mit der klärenden Deutung hatte ich, ohne daß ich es geahnt hätte, einen Zugang zu ihren Leiden geöffnet, die ganz auf den Kampf um die Verschiebung der Verantwortung ausgerichtet waren. Für mich schien es, als wirkten die alten ehrgeizigen Pläne, die die Eltern mit ihr hatten, in ihr fort, als ringe sie nach der Scheidung noch mehr um die Anerkennung durch die Eltern und als trage sie sogar eine Angst der Eltern, nichts zu gelten. Es schien mir, als müsse sie noch mehr als nur wieder gutmachen, was ihre Eltern in ihrem eigenen Leben nicht eingelöst zu haben glaubten. Sie selbst, und darum konnte es letztlich nur gehen, hatte sich nicht akzeptiert. In dem Aufschrei: »Was soll ich denn noch alles machen!?« sah ich sie und ihr eigenes Urteil über ihr Vermögen, doch diese Frage richtete sie an ein scheinbar anonymes Außen, in Wirklichkeit an die Mutter aus ihrer frühen Kindheit. Rückgreifend auf diesen Satz, den ich wiederholte, deutete ich ihr Tun: »Sie haben so recht, wenn Sie das sagen, das ist ihre Form von *Protest*, wenn es zuviel ist.« Die Wendung ließ ja offen, ob die Patientin das zu sich selbst beziehungsweise der inneren Mutterrepräsentanz sagte oder an andere im Außen als Stellvertreter richtete, auf die ihre eigenen Ansprüche verschoben waren und die daher als die Angeklagten dastanden. Das war für die Patientin im Moment das weniger Wichtige. Das eigentlich Wichtige war zunächst ihr Protest, der in der Betonung dieser Frage lag und den sie selbst darin nicht empfunden hatte. Ihr oberstes Ziel war, lieb und gefällig zu sein, wobei sie ahnungslos gegenüber der Wucht ihres Protestes blieb. Er mündete in die Krankheiten, Angst, *Todesangst* – wie sie es nannte –, Schwäche, Schwindel, Zu-Bett-Müssen. Als ich den Protest benannte, begann die Patientin zu weinen und erzählte, erneut schluchzend, als Kind ungeheure Wutanfälle gehabt zu haben. Mit Ergänzungen korrigierte sie meine erste Deutung, die ihre Autonomie in ihrer eigenen Wahl, als sie ihren jetzigen Mann heiratete, herausgestellt hatte, und zeigte mir damit, daß ich sie innerlich erreicht hatte, daß das Vertrauen zu mir und in der aktuellen Situation auch zu ihr selbst gewachsen war und nun unser Dialog ihrer Wahrheit gemäß zurechtgerückt wurde. Sie relativierte, daß die von mir als frei bezeichnete Wahl des zweiten Ehemannes doch nicht ganz so frei gewesen war. Ich hatte zwar Wichtiges ausgesprochen, aber zu weit gegriffen. Sie hatte damals bei der Wahl des zweiten Ehemannes noch keine ausreichenden eigenen Urteile, sie stand noch nicht so sicher zu sich. Daher war der anklagende Satz: »Was soll ich denn noch alles machen!?« wohl auch immer noch an die Umwelt, die anderen, gerichtet. Indem sie ins Bett ging, entzog sie sich der fordernden Welt und auch ihrem Mann. Auf diese Weise ergab sich eine verlorene, von stummem ungehörtem Protest und Trotz erfüllte Lebenszeit, die bereits die Nachmittage von zwei Jahren umfaßte. Ich fühlte die bedrückende Last von Unerfülltheit. Daß dieses Verhalten ein *masochistischer* Schlag ins eigene Vermögen ist, in die eigenen, doch auf Verwirklichung drängenden Möglichkeiten, kann ich heute schreiben. So klar habe ich es damals in der Situation selbst sicher nicht gesehen und nur das Quälende gespürt, so daß ich nach dieser geballten Vorstellung ihres Befindens eine zweite Stunde zur Klärung des von ihr so selbstverständlich gewünschten Unternehmens, eine Psychoanalyse zu machen, vereinbarte.

Sie kam – diesmal allein – wieder und begann, sie habe sich noch nie so verstanden gefühlt. Das, was ich ihr gesagt hatte, habe ihr so viel Sinn gemacht. Dann erzählte sie eine Geschichte von ihrer Angst, dieses Mal mit einem anderen Ausgang. Sie habe sich in einem fremden Land befunden. Eine Gruppe, zu der sie und ihr zweiter Ehemann gehörten, hätten eine Wanderung unternommen. Sie hätten einen Berg ersteigen wollen. Etwa auf mittlerer Höhe habe sie die Angst überwältigt, so daß sie nicht mehr habe gehen können. Um die

Gruppe nicht zu behindern, habe sie gesagt, sie bleibe einfach sitzen. Die anderen, auch ihr Mann, seien weitergegangen. Plötzlich sei ein Mann gekommen, ebenfalls ein Ausländer, der sie nach dem Weg gefragt habe. Sie habe ihn gewußt, und ohne zu überlegen, habe sie angeboten: »Ich kann Sie führen.« Auf diese Weise seien sie zum Gipfel gelangt. Der Positionswechsel, von Mutter und Tochter, von Führer und Geführtem, von groß und klein, war für mich so offensichtlich, daß ich ihn der Patientin deuten mußte. Der Aspekt, daß sie den Gipfel erreichen und sogar führen konnte, war im Hinblick auf die günstige Prognose einer Analyse festzuhalten und wurde von mir erneut in der ihre Fähigkeit festhaltenden Deutung: »Sie können also« zum Ausdruck gebracht. Es war, als hätte die Patientin in der zweiten Stunde auf diese Weise vom zukünftigen Unternehmen der Analyse gesprochen und ihre und meine Rolle bereits vorgezeichnet. Wir sprachen nicht mehr viel. Die Vereinbarung der Analyse fand ohne großen Aufwand statt. Wenige Tage später – ich ermögliche den zukünftigen Analysanden und auch mir meistens eine Bedenkzeit – erhielt ich ihre sehr freudige, vielleicht allzu freudige endgültige Zusage am Telefon.

Psychoanalytische Überlegungen

Bereits im ersten analytischen Kontakt setzten sich entscheidende innerpsychische Strukturen durch, von denen in der Form von Ereignissen in der Beziehung zu anderen berichtet wurde. Es begann damit, daß die Initiierung einer Analyse von einer Außenstehenden bewirkt worden war, von der genannten Psychoanalytikerin. Bis über die zweite Eheschließung hinaus waren es die Ansprüche der anderen, die vorrangig gewesen waren und ihr Verhalten bestimmt hatten. Nachträglich gesehen haben meine Deutungen im ersten wie im zweiten Interview immer wieder die eigene und vorhandene Befähigung der Patientin herausgestellt. Damit aber habe ich mehr oder weniger ahnend vermieden, selbst ins Spiel, in den symbiotisierenden Sog, zu kommen. Noch vor unserer ersten Begegnung, schon am Telefon, sollte ich eine Zusage zur Analyse geben, ein Wunsch, dem ich mich nur schwer entziehen konnte.

Bereits die initiale Beunruhigung der Patientin darüber, erzählen zu können, signalisierte die Irritation, daß ich und sie getrennt, also zwei sich begegnende Individuen waren. Meine Initiative hätte bedeutet, für sie Verantwortung zu übernehmen. Entsprechend appellierte sie nach meiner ersten Deutung, in der ihre eigene Wahl als ihre autonome Fähigkeit im Mittelpunkt stand, indirekt durch die dann geschilderten Angstzustände an meine »ärztliche Rolle«: ich sollte Initiative und Verantwortung übernehmen, ich sollte sie behandeln. Es gelang mir dort immer noch, das zu vermeiden. Ich spürte sicher nicht allein am intrusiven Blick die Last dieser Rolle. Ich entzog mich noch der Aufhebung der Trennung und der folgenden symbiotischen Verschmelzung zwischen ihr und mir, was die Patientin beängstigte; denn sie war es gewohnt, Zielobjekt projektiver Identifikation zu sein, wie auch – in Identifikation mit dem Aggressor – ebenso sicher den anderen für die eigenen Bedürfnisse und Wünsche zum Zielobjekt zu machen. Damit aber wird Eigenverantwortung verschoben. Die Rache für meinen Entzug der Verantwortung stellte die Patientin in der Erzählung der zweiten Stunde dar: Sie wurde dann die Wissende, die, die führt, was nur geht, wenn der andere unwissend ist. Mit dieser Erzählung hatte sie bereits für eine spätere Zeit den letzten Abschied zwischen uns vorgezeichnet. Ich ahnte es nicht. Bis zu unserer endgültigen Verabschiedung nach mehrjähriger Analyse – ein solches Ende wird immer mehr als ein halbes Jahr zuvor besprochen, und so war es auch hier – hatten wir bis zum Beginn der Sommerferien, einem Zeitpunkt, den wir seit langem als das Ende der Analyse beschlossen hatten, noch drei

Stunden; überraschend ließ sie mich wissen, sie halte die letzten Stunden nicht mehr aus. Sie fände die verbleibenden Stunden sinnlos und wolle gehen. Die Situation, die sich schließlich damals ereignete, war die, die sie im zweiten Interview geschildert hatte: Sie verkehrte die Positionen und wurde zum Führer, sie bestimmte auf einmal das zuvor gemeinsam vereinbarte Ende und – ließ mich sitzen. Sie konnte den Abschied, die Trennung nicht aushalten. Sie schien den lange zuvor gemeinsam vereinbarten Termin der Beendigung der Analyse plötzlich als aufoktroyiert zu sehen und konnte damit die bevorstehende, ihr unerträglich scheinende Trennung als qualvollen Akt erleben, den ich ihr zumutete. Sich vorzeitig zu trennen, sah sie irrigerweise als Akt ihres Mutes und ihrer gewonnenen Selbständigkeit an. So geschah es, äußerlich gesehen, wehleidig. Der Affekt, auf den es ihr im Grunde ankam, tonangebend zu sein, mich triumphierend sitzenzulassen, verbarg sie so vor sich selbst. Sie gab das Bild des guten, aber gequälten Kindes vor. Damit war auch der Trauer bei der endgültigen Trennung ausgewichen worden. Da ein Patient gehen kann, wann er will, hatte ich – so ließe sich sagen – das Nachsehen; denn ich wurde auf diese Weise nicht nur um eine gemeinsame Beendigung, sondern auch um mein Honorar gebracht. Es ist eine bekannte Tatsache, daß die »bösen Geister« am Ende einer Behandlung noch einmal wiedererscheinen. Die Patientin hielt die kommende und vereinbarte Trennung nicht aus und nahm, das analytische Verhältnis zwischen Analytiker und Analysand auf ein nicht trianguliertes Groß-Klein-Verhältnis reduzierend, das Ende selbstmitleidig und sich scheinbar den Schmerz ersparend vorweg, wobei ich zudem entwertet wurde, denn sie bedeutete mir damit, daß die letzten Stunden keinen Sinn mehr hätten.

Das Erstgespräch hatte zunächst die Welt, in die sie hineingeboren worden war, dargestellt. Durch die wenigen und knappen Deutungen erfuhr die Erzählung entscheidende Änderungen. Daß ich als Psychoanalytikerin von der Patientin in eine dominierende Inszenierung gezogen, also von ihr behandelt würde, hatte sich schon am Telefon angekündigt, als ich mich ohne vorausgehende und notwendige Diagnose- und Indikationsstellung für ihre Analyse entscheiden sollte. Sie mußte eine existentielle Angst, *Todesangst*, gehabt haben, von mir als Nachfolgerin ihrer frühen Mutter nicht angenommen zu werden. Während das erste Interview ihr *Erlittenhaben* wiedergab, zeigte das zweite Interview ihr *Antun.* Diese Umkehrung des Grundthemas war dann am Ende der Behandlung noch einmal absolut führend geworden. Deshalb habe ich das Schlußstück aus der Behandlung hier aufgegriffen. – Die Abwehrformation der Vermeidung, hier ein geradezu *phobisches Syndrom,* als Abwehr von Verantwortung und damit auch Schuld, zog sich durch das Erstgespräch. Die Patientin bezog sich allein auf die Empfehlung einer Analytikerin. Es folgte die versuchte Vermeidung der eigenen Gestaltung des Gesprächs. Dem allem stand ihre Nachdrücklichkeit und Vitalität von Anbeginn an augenfällig gegenüber. Sie war nicht hilflos. Sie fürchtete sich vor der Getrenntheit. In dieser müßte sie *sie selbst* sein. Wie es für Phobiker typisch ist, brachte sie eine Begleitperson mit: Der Ehemann saß während des Erstinterviews im Empfangsraum. Es ist nicht leicht oder sogar unmöglich, über jemanden zu sprechen, der vor der Tür sitzt. Durch dieses Arrangement war äußerlich schon eine Vermeidung erstellt. Dazu kam, daß sie mit diesem Arrangement keinen Moment allein war, Trennung bestand damit für sie nur aus einem Wechsel des Objekts. Normalerweise hätte sie auf dem Weg zu mir und dem anschließenden Weg nach Hause allein sein müssen: jewels eine Chance zur eigenen Besinnung. Indem ich den wartenden Mann als Erwartenden erlebte, verschob auch ich; denn die Patientin mit soviel Angst und Vermeidung erwartete viel von mir. Nachdem ich sie zum Abschluß des zweiten Gesprächs gefragt hatte, ob sie den weiten Weg trotz ihrer Angst während der kommenden Analyse allein zurücklegen könne, kam sie dieser indirekten Anforderung scheinbar leicht nach, doch später berichtete sie oft nachdrücklich und ausführlich, unter welchen *Qualen*, unter welcher *Panik* sie allein zu mir fuhr. Darüber konnte sie nicht verbergen, wie ihr das Fahren mehr und mehr Vergnügen bereitete, was meinen Eindruck, daß sie vital und belastbar sei, bestätigte. Daß sie ihren Vater als »Hinzugekommenen« darstellte, war ein wichtiges, von mir im Erstgespräch nicht aufgegriffenes noch bedachtes Thema. Es war das Thema der nicht ausreichenden Triangulierung. Es war zu spät geworden, als daß der Vater die fatale symbiotische Beziehung zwischen Mutter und Tochter noch hätte beeinflussen können. Ich war bereits der vereinnahmenden Überwältigung erlegen und appellierte, wenn ich die Autonomie der Patientin ins Spiel bringen wollte, schon an einen Dritten. Die Erhaltung dieser den Vater charakterisierenden Bezeichnung, des »Hinzugekommenen«, die sich aus seinem Schicksal ableitete, kennzeichnete ihn als Störenfried der symbiotisierenden Beziehungsform von Mutter und Tochter. Seine Integrierung hatte weder äußerlich, noch innerlich als väterliche Objektrepräsentanz stattgefunden. Die ödipale Konstellation erwuchs nicht. Stattdessen verblieb die Patientin in einer Zweiersituation, aus der sie sogar weiter regredierte in einen symbiotisierenden Zustand mit Aufhebung der Grenzen zwischen sich und der versorgenden, wissenden, sogar vorher-wissenden und bestimmenden Mutter. Diese Aufhebung galt auch für die Selbst- und Objektrepräsentanzen. Die gleiche Konstellation wiederholte sich mit ihrem ersten Mann, gewählt nach dem Wunschbild der Eltern, mit dem sie so lange zurechtkam, wie kein Dritter, Familie oder Kind, hinzukam. Mit der Abwehr der Vermeidung, die durch Einbeziehung des anderen kompensiert wird, schilderte die Patientin am Vater den Grund für das Zurücktreten hinter einen anderen: die Hilflosigkeit. Als der Vater nach Jahren der Kriegsgefangenschaft hinzukam, war er krank, eingeschränkt, angewiesen auf Hilfe. Daß auch sie bei ihrer Geburt wie bei ihrer Heirat eine »Hinzugekommene« war, hatte sie projektiv am Vater dargestellt. Neugeboren und als kleines Kind war sie einmal hilflos. Diese Hilflosigkeit ist dann bedrohlich, wenn die Mutter das Kind sie nachdrücklich erleben läßt. Bei allem war sie äußerlich gesehen nicht hilflos geblieben. Die Hilflosigkeit, deren Vorgabe heute den sekundären Krankheitsgewinn einbrachte, ermöglichte sich dadurch, daß sie sich gut darauf verstand, kleine Erpressungstheater zu betreiben, eine Identifikation mit der als bemächtigend erlebten Mutter. Die Befriedigung erfolgte im Hinblick auf die Macht über den anderen und auf den Erfolg, daß er das Tun des anderen übernehmen mußte. Dies ist der Punkt der Verschränkung: der Helfende wird auf diese Weise aufgewertet, was die Hilflosigkeit des Subjekts bestätigt; dem helfenden Objekt dient der Hilflose zusätzlich als Projektionsfläche für die bei sich befürchtete oder bestehende eigene Hilflosigkeit, ein ebenfalls doppelter Gewinn. Die Mutter mußte ihrerseits vom Beginn des Lebens der Patientin an bis heute ein Bedürfnis nach einem derartigen Verhältnis gehabt haben. Ihre Angst und ihre negativen Voraussagen hatten, statt ihr Kind zu ermutigen, die Patientin *krank geschont*. Ich durfte nicht zögern, sie anzunehmen, d. h. ich sollte anders sein als die Mutter; aber dazu wurde ich gezwungen. Das lag im ersten Satz ihres Anrufs, ich mußte sie nehmen, während ihre Mutter wohl Jahre gezögert hatte, sie zu empfangen. In der endlos verzögerten Empfängnis lag sehr wahrscheinlich die Angst und die vorgestellte Hilflosigkeit angesichts der Anforderung, Mutter sein zu sollen. Diese Kränkung durch die zögernde Annahme war das Trauma der Patientin: Sie fühlte sich nicht eindeutig bejaht und damit *nicht sicher*. Ihre ständige Unsicherheit kompensierte sie, indem sie stets den anderen vorschob. Sie konnte nicht sie selbst sein. Von Anfang an – und das hatte ich unmittelbar gespürt – war es an mir gewesen, in der Situation mit ihr Kränkung zu vermeiden.

Wenn Eltern lange, trotz intensiven Wunsches, kein Kind bekommen, liegt das, abgesehen von organischer Krankheit, in der Regel an einer chronifizierten Konfliktstruktur der Ehe, die eine Ambivalenz dem möglichen Kind gegenüber in der Regel mitbeinhaltet. Der eine kann für den anderen die Bedeutung eines Kindes erhalten, samt den anderen Bedeutungen, die auf infantiler Ebene ein Kind haben kann, womit ein Sorgeverhalten in die Ehe getragen wird, das sie erfüllt. Ein tiefes Unzufriedenheitsgefühl, aus eigener Bedürftigkeit entstammend, gibt dann den Platz für das Kind nicht frei. – Die Tochter, die spätere Patientin, blieb ein *Selbstanteil der Mutter im Dienste der Projektion eines ungenügenden, ungeliebten Anteils in ihr.* In der Analyse der Patientin wurde nach einiger Zeit die Verschlechterung des gesundheitlichen Befindens der Mutter, die stets Hand in Hand mit einem besseren Befinden der Patientin einherging, der Beobachtung zugänglich. Der schlechte Zustand der Mutter bedingte dann eine erneute Verschlechterung bei der Patientin und daraufhin Genesung bei der Mutter; ein Beleg für die *paradoxe Verschränkung.*

Da es ungewöhnlich ist, in einem Erstinterview nicht von sich zu berichten oder zu erzählen, greife ich den Anfang des Erstgesprächs noch einmal auf, denn er enthält vor jeder sprachlichen Verständigung das Drehmoment der Pathologie der Patientin. Sie erwartete, von mir »behandelt« zu werden. Als das nicht geschah, drohte Leere und Panik einzubrechen, vor der ich mich wie die Patientin fürchtete. Das kennzeichnete den Beginn unseres ersten Gesprächs. Sie *durfte nicht existent* sein, nicht im Mittelpunkt des sich entwickelnden Gesprächs stehen. Statt dessen wurde weitgehend die Geschichte der Mutter und des Vaters dargestellt. In dieser Vermeidung oder dem *Nicht-vorhanden-Sein* der Patientin zeigte sich bereits das Gefühl eines Zuwenig an Bedeutung ihrer selbst und ein Zuviel an Bedeutung der Mutter und ihrer Welt für die Patientin. (Ich selbst habe nach dem Interview noch lange gebraucht, um dieses initiale Ereignis zu verstehen, das die gesamte Pathologie, einschließlich der Angst auf meiner Seite enthält. Wolfgang Loch (1990a) spricht vom kindlichen Gefühlssturm auf beiden Seiten bei der ersten Zusammenkunft, der vom Erwachsenen natürlich gebremst wird, auch vom Analytiker; dennoch, er war vorhanden.) Wenn ich sie »behandelt« hätte, wäre das einer *Annahme* gleichgekommen – wahrscheinlich eine Wiederholung ihrer Geburtssituation. Statt einer Vorstellung ihrer Selbst, ihrer Geschichte, ihres Tuns, selbst ihrer Beschwerden schilderte sie die Atmosphäre eines Zuhause, in das sie hineingeboren wurde. Daß es ihr alle diese Gegebenheiten schwergemacht hatten, blieb der Auslegung des Zuhörenden überlassen. Ebenso war es mit der Darstellung der Familie, in die sie durch ihre dem Wunsch der Eltern gemäße Heirat kam, die Familie im Rang einer sogenannten höherwertigen Welt, die nur das alte Gefühl, nicht recht zu sein, sich falsch zu benehmen, in ihr aufs neue auslösen konnte. Bei der anschaulichen und ausführlichen Darstellung ihrer Eltern wäre bereits die hinter jedem Satz stehende Anklage aussprechbar gewesen. Aber erst in bezug auf die zweite Familie konnte sie das Nicht-recht-Sein oder Sich-falsch-Benehmen benennen. Damals, während der Trennung vom ersten Ehemann, wie in der Erzählung darüber jetzt, gab es keinerlei aggressiven Affekt, war doch die Trennung nur noch eine Angelegenheit der Form gewesen. Angst und Kollaps, Ausdrucksweisen totaler Hilflosigkeit, griffen seither um sich. Ihre Anpassungsbereitschaft, die darin lag, sich ganz hinter einen anderen zu stellen und dessen Ziele zu teilen, was die Ausbildung von Neid und erlebbarer Wut verhinderte, war dennoch im Erstgespräch schwer zu erkennen, weil ich mit ihr gehend sprachlos wurde und zusah, wie die Ungeheuerlichkeit im Außen sich auftürmte. Als ein »liebes« Kind war sie gehorsam, indem sie sich ganz an ihre Mutter anpaßte; eine unausgesprochene Bedingung, um *existent* sein zu dürfen. Ihr zu zeigen, daß gerade das ihr Elend war, hätte ihre Welt auf den Kopf gestellt. Eine solche Konstellation der Hörigkeit weitet sich aber aus. Dann muß auch unaufgefordert den Klagen und Zweifeln der Mutter in einem *Erfüllungszwang* entgegengekommen werden. Das war wahrscheinlich der Grund dafür, daß sie einmal sitzengeblieben war. Ihr Schluchzen heute galt nicht der Tatsache des Sitzenbleibens, sondern dort spürte sie wohl schon im Erstgespräch ihre unheilvolle Gefolgschaft, die sie der Mutter zuliebe leistete. In Wirklichkeit war sie sehr begabt. Sie hatte im Erstgespräch nebenbei, als sie von der Gymnasialzeit erzählte, erwähnt, daß sie für ein Begabtenstipendium vorgeschlagen worden war. Sie schleppte ihre unausgesprochene Unsicherheit, ihre innere Unmöglichkeit, mit sich, die sie selbst nicht in Worte fassen konnte und nur als Leiden für sich erlebte, das gleichzeitig dem stummen Vorwurf an andere diente. Dieses Leiden könnte als *existentieller Masochismus* bezeichnet werden. Sie wagte auch nach vier Jahrzehnten ihres Lebens nicht, für sich selbst einen Lebenssinn zu formulieren oder sich diesen selbst zu geben.

Phobisches Verhalten, Vermeidung geschieht aus Angst. Es ist bereits aus der zwingenden Anmeldung und dem initialen Übertragungsangebot, der inneren Panik bei meinem Schweigen, nachvollziehbar, daß das selbstverständlich akzeptierende und belastbare Gegenüber als ein Part, gegenüber dem das keimende Ich sich fühlen und entwickeln kann, einst in dieser Weise fehlte, so daß die zentrale Verunsicherung der Patientin nicht aus der ödipalen Situation resultierte, sondern aus ihren Babytagen. Diese Angst verhindert zu leben und erzwingt ständige Verschiebung im Dienste der Entlastung des Primärobjektes. Das ängstlich Vermiedene ist jedoch durch Vermeiden nicht zu entfernen und wird in einen anderen Zusammenhang, an ein anderes verwiesen, beispielsweise auf ein Kleinstes, eine Banalisierung, wie es mir am Telefon passierte. Sie wollte angenommen werden wie ein kommendes Kind; gleichwohl wußte sie, daß sie inzwischen ein sehr schwieriges Kind war. Der letzte Weg ist sogar der der Identifizierung mit dem Primärobjekt, das das Kind so nicht akzeptieren konnte, eine Konfrontation, die die Spannung zwischen beiden erhöht, bis einer der beiden den scheinbaren Gewinn davon zieht, durch eine Umkehrreaktion gegenüber dem anderen, um sagen zu können: »So wie du bin ich nicht!« Die Angst des Kindes entängstigt schließlich die Mutter. Aber das Kind wird sich dabei *entfremdet* und weiß nicht mehr, ob seine Reaktion Ausdruck seiner selbst ist. Das Ich dessen, der nicht zu seinen Gedanken, zu seinem Tun, zu dem, was ihm gehört, stehen kann, muß in der Belastungssituation abwehren. Er versucht zu glauben, nicht verantwortlich zu sein, und kann somit im weiteren nicht in seinem Ich wachsen. Aus anderer Sicht betrachtet, geht es um das Problem der tragbaren und der nicht mehr tragbaren Schuld. Das ist abhängig von der gelungenen Trennung aus der frühen symbiotischen Beziehung zur Mutter, die aus der Dyade in eine Zwei-Personen-Beziehung führt aufgrund der vorausgegangenen Bildung von Selbst- und Objektrepräsentanzen. Vergleichbar ist dieser Entwicklungspunkt – in der Auffassung und Terminologie Melanie Kleins – mit dem Erreichen der »depressiven Position«, die die Fähigkeit zur »Wiedergutmachung« einschließt. In der Vermeidung dieser Trennung, die mit Trauer über den Verlust des versorgenden mütterlichen Objekts einhergeht, kann sich keine ausreichende Objektrepräsentanz, kein authentisches Ich entwickeln. Ein solches Ich reagiert in seiner Angst mit dem ständigen Entzug: ich kann nicht. Als Träger abgelehnter Selbstanteile der Mutter heißt diese innere Repräsentanz sogar: *ich bin nicht* oder *ich darf nicht sein.* Von dieser intrusiv verlagerten Aggressivität versucht der Träger sich jedoch in gleicher Weise, wie es ihm angetan wurde, zu entlasten. Weil die Patientin sich ausschließlich ihrer Anpassungsbereitschaft bewußt war, bemerkte sie ihre Aggression nicht. Die Anpassung aber kehrt sich um in aggressives Fordern, der andere muß sich ihr anpassen, und es entsteht so die gleiche zwingende und bedrängende Unduldsamkeit, unter welcher die Patientin sich einst zur steten Anpassung gezwungen sah. Gegenüber der Tatsache, daß sie den anderen wiederum zwingen, daß also dieses Verhalten aggressiv ist, verhalten sich solche Patienten ahnungslos und sogar empört, sollte ihnen das in einer Konfrontation entgegengehalten werden. Haben sie doch ihrer Meinung nach, was ja auch richtig ist, genug erlitten. Bei der Patientin hatte ich das früh an dem starr werdenden und fixierenden Blick gespürt, der mich zu ergreifen schien und in mir ein Gefühl des Zurückziehenwollens auslöste. Das war der Auftakt für die Wiederholung von Zwingen und Gezwungenwerden in einem *Circulus vitiosus,* wobei die Voraussetzungen nicht mehr die gleichen sind: Ihre Mutter fühlte sich durch die endliche Empfängnis gezwungen, ich schließlich wurde durch ihre Kränkbarkeit gezwungen, und zwingend mußte man sich ihrer annehmen. Wenn sie behandelt werden wollte, behandelte sie stumm den anderen mit diesem Wunsch. Das ursprünglichste Behandeltwerden aber war die Bedürftigkeit in der Situation nach ihrer Geburt. Hier wollte sie angenommen werden und nicht die Hinzugekommene sein. Genau das stellt, übertragen in andere Situationen, den Punkt der »falschen Verknüpfung« (Freud 1895d, 121, Fußnote), den Kern des Übertragungsvorganges dar.

Die in der Schilderung des Erstinterviews enthaltene latente Anklage, die sich aus der Differenz zwischen Anspruch und Wirklichkeit ergab, aber nicht von der Patientin benannt wurde, erzwang eine *Beurteilung,* die deshalb dem Zuhörer zufiel, weil sie ein aggressives Element enthält. Diese Beurteilung, eine Sublimationsleistung, ermöglicht mit der Begriffsfindung eine Klärung des agierten Zustandes und damit einen möglichen Fortschritt. Dieses Moment des Aussprechens der Bedeutung war der zu bewältigende kritische Punkt. Es wäre damit auf die unausgesprochene, aber ständig wirksame Aggressivität verwiesen worden, was von der Patientin als vorwurfsvoll und existentiell gefährlich, als grundsätzlich böse erlebt worden wäre und deshalb *vermieden* wurde. Nach ihrem Wunsche wäre ich dann lieb gewesen, wenn ich sie in ihrer Misere bedauert hätte. Das aber wäre der Zustand des Mitleids, in den sie schon selbst versunken war, und ich hätte ihre Hypochondrie, die Krankheit, an der ihre Mutter krankte, genährt. Mit mitleidiger Verstärkung wäre ihre Anklage auch erfüllt gewesen, ohne daß die aggressiven Momente hätten ausgesprochen werden müssen. Ich hätte dann den narzißtischen Rückzug aus der Beziehung gefördert wie die folgende um so dramatischere stumme Anklage gegen sich selbst und den anonym bleibenden anderen.

Während sie so tendenziös, Klage als auch Anklage vermeidend, über andere sprach, war ich ungeduldig und leicht ärgerlich geworden. Ich hatte im Erstgespräch die tieferliegende existentielle Not nicht begriffen. Dagegen führte mein Gefühl einer drohenden übergroßen Belastung meinerseits – was genau der Pathologie entsprach – zu der ihre Autonomie und Fähigkeiten bestätigenden Deutung. Damit aber hatte ich sie in den Mittelpunkt gerückt, ein für sie unmögliches und unerträgliches Gefühl. Der drastische Umschlag in den zweiten Teil des Erstinterviews, in dem sie mir zeigte, wie schlecht es ihr aktuell ging, war die zwingende Folge. Sie schilderte einen unerträglichen Leistungsdruck, den sie selbst aufrechterhielt, weil sie ihn als notwendig für ihre Existenz hielt. Folgte sie dem nicht, fühlte sie sich als ein *Nichts*. Das allerdings war sie auch, wenn sie sich trotzig-resignierend ins Bett zurückzog. Als sie all das schilderte, war sie weit davon entfernt, diese Auswirkungen in Krankheit und Versagen als Ausdruck der Auflehnung wie auch Erfüllung internalisierter Ansprüche, Ideale wie negativer Prophezeiungen ihrer Elternimagines zu erkennen. Der Absturz, die Nicht-Erfüllung der vermeintlichen Ideale, wie schon einmal das Sitzenbleiben, war Zwang, die Zweifel der Mutter zu erfüllen, wie Rache an ihr in einem. Doch das traf heute nicht mehr so sehr ihre Mutter wie ihren Mann und ihr eigenes Leben – und nun mich. Die Aufhebung des ursprünglichen Zusammenhangs, die Übertragung, ermöglichte das Durchscheinen der Anklage bei ihrem jetzigen Mann wie bei mir. In dieser Weise wurden auch dem ersten Mann die Kinder versagt.

Wie weit die Vermeidung ihrer Vitalität reichte, zeigte der Einbezug ihrer Generativität. Die Patientin stützte sich zwar in ihrer Erklärung auf eine organische Ursache, doch das erschien wie das letztliche Ergebnis einer chronischen Dysfunktion; aber hatte sie sich nicht auch in Abwehr mit der Mutter identifiziert bis hinein in die ursprünglichste weibliche Funktion, so schwer nur empfangen zu können? Mit dieser Mutter war jede Rivalität verboten. Hätte sie den »angesehenen« Mann behalten und außerdem noch ein Kind bekommen, hätte sie die Mutter doch in den Schatten gestellt. Sie bekam kein Kind und verlor sogar den Mann dazu. Wäre diese Entwicklung, die begonnen hatte, als sie sich von zuhause des Studiums wegen getrennt hatte, weiter günstig verlaufen, hätte es wie ein Triumph über die Mutter sein können; denn die Patientin mußte Wut und Zorn auf die Erwartungen der Mutter haben; Erwartungen, die der Patientin den eigenen Weg versagten. Auch diese aggressiven Triebwünsche gerieten in die Identifizierung mit der Mutter, und so war sie auch zur Unterwerferin geworden. Das richtete sich gegen das Leben, ihr eigenes, das möglicher Kinder, wie heute das ihres Mannes, wenn sie leidend im Bett liegend nicht einmal das Abendbrot richten konnte. Mit ihren unausgesprochenen Klagen und ihrer unbeeinflußbar erscheinenden, einerseits dramatisiert banalen, andererseits absolut existentiellen Angst, etwa die zwei Schritte bis zum Bett nicht mehr gehen zu können, konnte sie mich wie ihren Mann doch beherrschen und unterwerfen. Aus der Schwäche erwuchs eine Stärke von negativem Charakter, die natürlich auch die Übertragungsneurose zu mir später beherrschte.

Diese Form von Phobie, die das Individuum nicht freigibt, hängt also nicht ursprünglich mit der Bewältigung ödipaler Konfliktthemen zusammen, durch die die klassischen Phobien strukturiert sind. Hier handelt es sich um eine frühe Störung in der *Akzeptanz* eines Kindes, dem dann die innere Repräsentanz des guten Objektes fehlt, beziehungsweise die Diskontinuität des guten Objektes führt zu den tiefen existentiellen und damit angstvollen Zusammenbrüchen der Kontinuität des Ichs. Die Separation konnte nicht gelingen, weil das Kind existentiell von der Mutter gebraucht wurde und sich weiterhin in dieser Weise gezwungen fühlte bis dahin, daß die Patientin der Mutter die Gesundheit abtreten mußte. Das aber bedeutet eine abwechselnd durch Liebesversprechen und Drohung des Liebesentzugs erhaltene beziehungsweise erzwungene Symbiose, die aus Neid auf ein vielleicht glücklicheres und noch offenes Leben des anderen entsteht.

Theoretische Gedanken und Quellen

Das Konfliktthema dieser Falldarstellung läßt sich heute als das einer *negativen Identität* oder *Nicht-Identität* beschreiben. Entsprechend sagte die Patientin in fortgeschrittener Behandlung: »Ich glaube, ich muß mich ganz umpolen.« Wenn in der frühkindlichen Entwicklung dem Kind der eigene Raum, die eigene Intention, der eigene Weg durch überdimensionierte Konflikte der Eltern, die diese zu externalisieren suchen, nicht freigegeben werden kann, kommt es zu offensichtlich tieferen Eindrücken und Einprägungen, als es die als Reminiszenzen bekannten Erinnerungen sind, an denen der Hysteriker leidet. Es waren Margaret S. Mahler und Donald W. Winnicott, die die Entfaltung der Psyche im Gegenüber zum Objekt so nachdrücklich beschrieben haben; erstere, als sie mit autistischen und psychotischen Kleinkindern und ihren Müttern beschäftigt war. Donald W. Winnicott als Kinderarzt und Psychoanalytiker beobachtete und beschrieb die Anpassung der psychischen Entwicklung an die Bedürfnisse der Mutter oder ihrer Ersatzperson und war vom Verlust des Eigenen – er sagt: »wahren Selbst« – beeindruckt, dem Selbst, das, aus der Entwicklungsrichtung des Kindes gesehen, ein falsches war. Das aus der Sicht der Mutter sich entwickelnde, ich möchte sagen: das »richtige Selbst« des Kindes, also das *angepaßte* oder auch sich völlig in die Situation *einfügende* Selbst bedeutet in Wirklichkeit ein »falsches Selbst«; so benennt es Winnicott. Es wird von der Mutter, weil als »richtig« gewünscht und deklariert, bestätigt und gratifiziert. So weiß das Kind und der spätere Erwachsene vorwiegend nicht, daß seine Unechtheit sein eigenes Kunstprodukt ist. Zu späterer Zeit, wenn diese Persönlichkeit äußerlich von der Mutter getrennt ist, bemerken Außenstehende in der Tat, daß sie etwas Falsches hat, beziehungsweise schlimmer, daß sie allein gar nicht bestehen kann. Der Betroffene selbst hat im günstigen Fall eine Ahnung von seinem Verlust oder der Verkümmerung seiner eigentlichen Wünsche und Intentionen. Indem ihm als Kind etwas aufgeprägt beziehungsweise abverlangt wurde, wurde ihm gleichzeitig der entwicklungsspezifische Anreiz vorenthalten, den er in objektaler oder instrumentaler Art phasenentsprechend benötigt hätte. Der Patient kommt vielleicht sogar zur Analyse; dennoch ist der Prozeß, in dem es darum geht, es nicht allein dem anderen zuliebe zu tun, nicht von seiner Bestätigung zu leben und statt dessen den Mut zu sich selbst zu gewinnen, ein langwieriger, tief verunsichernder und schmerzhafter.

1982 veröffentlichte ich – in Gegenüberstellung zu den Kindern der Verfolgten des Dritten Reichs – die aus dem Behandlungsverlauf gewonnene Struktur eines Patienten, dessen Vater zu den Verfolgern im Dritten Reich gehörte. Von Geburt an hatte ihn seine Mutter als großartig gepriesen, und er stellte in der kriegsbedingten Abwesenheit seines Vaters ihr

Idol dar. Es ist der gegenteilige Verlauf der Entwicklung und folgenden Strukturbildung im Vergleich zu der untersuchten Struktur dieser Patientin. So hatte er es nicht nötig, seine wohl vorhandenen psychischen und geistigen Kräfte anzustrengen und im Dienst seiner Entwicklung einzusetzen. In der Folge entwickelte der spätere Patient ein »falsches Selbst«, das das Gesamt der unerfüllt gebliebenen libidinösen Wünsche und Idealvorstellungen der Mutter zu tragen und darzustellen hatte. Seinerseits konnte das, was er in dieser Weise lebte, nur eine Vorgabe sein, und daher war der Patient mit allen defensiven Abwehrstrategien bemüht, diese Vorgabe durch Verdecken und Verteidigen zu erhalten. Das manifeste Bild einer solchen Struktur, die gar nicht so selten ist, charakterisiert sich durch Größenphantasien unter der Verleugnung jedweder Realität, beziehungsweise verallgemeinert, des Realitätsprinzips überhaupt; bei dieser Form der Abwehr bedarf der Patient, um die Unlust zu vermeiden – weil er sonst in die depressive Position im Sinne von Melanie Klein geriete –, einer ständig beschworenen manischen Hochstimmung. Letztere aufrechtzuerhalten, bedarf es allerdings eines manipulierbaren, Versorgung gewährenden Objekts, um Grandiosität in einer neu erstellten omnipotenten Symbiose zu haben und zu leben. Damit ist eine Persönlichkeit um die Entwicklung der eigenen Intentionen gebracht, *enteignet*. Haydée Faimberg nennt dies, vom Objekt aus gesehen, »Aneignung«. Diese gesamte Konstellation dient der Abwehr der Triangulierung, was um so leichter gelingt, als hier auch die Verführerin ein Interesse an dieser Konstellierung hat. Es ist leicht – insbesondere für ein Kind, weil es das Uneigentliche, das Unrealistische dieser »Mitgift« des Verführers oder in diesem Falle der Verführerin nicht erkennt –, diese Gratifikationen und Scheinaufwertungen anzunehmen, wenn sie angeboten, notfalls sogar aufoktroyiert werden. Es weiß deren Nicht-Realität, die Unwirklichkeit, noch nicht einzuschätzen.

Gegenüber dieser Akzeptanz der Abspaltung eines libidinös großartigen, positiven, nur erhofften, daher unerfüllten Selbstanteils gibt es den in dieser Fallstudie dargelegten gegenteiligen interpersonalen Vorgang: den der Akzeptanz eines negativ-aggressiven Selbstanteils des mütterlichen Objekts. Diesen interpersonalen Vorgang der Abspaltung eines negativen Selbstanteils auf das Kind hat Haydée Faimberg in einer Arbeit unter dem Titel der »Ineinanderschiebung der Generationen« (1987) mit ihrem Fall »Mario« dargestellt. »Mario« trug die ganze Last der negativen Selbstanteile seiner Mutter, die diese auf ihn abgespalten hatte. Er hatte diesen Fremdanteil auch *akzeptiert,* eine Identifizierung mit allem, was nicht sein sollte: Aber damit fühlte er sich als ein Nichts, Faimberg nennt es eine »Nicht-Identität« (vgl. auch Eckstaedt, 1989a, 63-81).

Wenn Freud bereits 1897 in einer Beilage zu einem Brief an Wilhelm Fließ vermerkte, »daß die Herablassung des Hausherrn zur Dienstmagd durch eine Selbsterniedrigung der Tochter gesühnt wird« (Freud, 1950a, 171), dann hatte er schon hier den Gedanken an eine Übergabe unter den Generationen gefaßt, der 50 Jahre später in den Gedanken von Donald W. Winnicott und Margaret S. Mahler erneut als eine Beeinflussung durch die Elterngeneration deutlicher wurde. 1971 beschrieb Heinz Kohut die Entstehung dieser *abhängigen psychischen Verbindungen* in dem Bild des »telescoping« (53-54). Für Judith S. Kestenberg wurde in ihren Arbeiten über Kinder der Verfolgten seit 1974 die Übergabe unverarbeiteter traumatischer Anteile überlebender NS-Verfolgter auf ihre Kinder in Analysen schließlich augenfällig und zum zentralen Phänomen der Pathologie der »zweiten Generation«. Sie benannte das zunächst als »Zeittunnel« beschriebene Phänomen schließlich als *Transposition* (1982, 148). – Für die Kinder der Verfolger gilt ein gleiches. Daß das Kind zur Übernahme der unerfüllten Wünsche und Wunschvorstellungen und sogar Ideale oder ihrer Gegenteile, der Ablehnung und des Hasses vom Primärobjekt vorbereitet, d. h. manipuliert wird, habe ich als »ichsyntone Objektmanipulation« 1983 erstmals vorgetragen (vgl. Eckstaedt, 1989b+c).

Aus der Abwehrkonstellation der *Abspaltung* und *Übergabe* eines *libidinös-besitzergreifenden* oder eines *unerwünschten*, also *aggressiv-intrusiven Selbstanteils* eines Eltern-Objekts und dem Verhalten des Kindes lassen sich zwei Formen eines falschen Selbst, und zwar durch ihre jeweilige *Akzeptanz* entwickeln. Zunächst ist zu unterscheiden, ob vom Primärobjekt unerfüllte, jedoch *libidinös* besetzte Selbstanteile auf das Kind abzuspalten versucht wird oder aber *aggressive* und unerwünschte Selbstanteile. Im weiteren kommt es auf den Empfänger, also das Kind, an, ob es diese Abspaltung *akzeptiert*, das heißt, den Anteil auf sich nimmt und sich im Sinne der Mutter »richtig« verhält, was für es selbst bedeutet, ein »falsches Selbst« zu entwikkeln.

Die *Akzeptanz* des *negativen Selbstanteils* wird in den Fällen »Mario« von Haydée Faimberg und »Mutters Augenstern« geschildert, wobei schon in diesen Fällen mit Sicherheit Akzeptanz und Verweigerung abwechseln, die Akzeptanz jedoch dominiert. Im Falle der vorwiegenden *Verweigerung* der Annahme des negativen Selbstanteils dagegen ist dies zunächst nur durch den Abwehrmechanismus der *Umkehr* möglich, das heißt ein Sich-gegen-die-Mutter-Stellen. Manifest gesehen, erscheint das als *Trotz*, der allerdings auch sehr kaschiert auftreten kann. In einer Psychoanalyse erweist sich das von Anbeginn als permanenter Widerstand. Diese Struktur kann als chronische Abwehr eines »falschen Selbst« bezeichnet werden (Eckstaedt, 1989a, 463). Sie erscheint nur partiell fixiert und verfügt daher über einen höheren Grad an Autonomie gegenüber den beiden Formen des »falschen Selbst«, die vorzugsweise durch die symbiotische Objektbeziehung charakterisiert sind. Wahrscheinlich sind diese Patienten die gleichen, die Fenichel (1946, 33 f.) als reaktive Charakterneurosen beschrieb. – Ich zeige hier Grenz- oder Extremfälle auf, an denen die Pathologie eklatant wird – Mischfälle werden das übliche sein –, und daher sind Fälle wie »Mario« von Haydée Faimberg und »Mutters Augenstern«, die sich vorzugsweise durch negative therapeutische Reaktionen kennzeichnen, verhältnismäßig selten. Man könnte diese mit dem negativen Selbstanteil identifizierten Strukturen auch als eine *Umkehrform* oder *Gegenform der Hysterie*, als eine *Anti-Hysterie* bezeichnen. Das Leiden kreist um ihre Existenz, und fast möchte ich sagen, sie leiden an einem *existentiellen Masochismus*.

Der Veranschaulichung halber zitiere ich einige Passagen aus Haydée Faimbergs Arbeit (1987):

Der erste Patient, dem ich es verdanke, über dieses Problem, [...] nachzudenken, war ein Mann, der den Eindruck vermittelte, psychisch leer und tot zu sein.

[...] Der Patient blieb unerreichbar: er schien abwesend zu sein und erkannte meine Anwesenheit nicht an. Ich fand keine erfolgreiche Deutungsmöglichkeit, um mich in seiner Psyche präsent zu machen, um ihm genau diese Abwesenheit deuten zu können. Mein einziges Verdienst war, in solch einer Situation – in meiner Gegenübertragung – die Angst behalten zu können, nicht zu verstehen, als Analytikerin in der Psyche des Patienten nicht zu existieren und seine Leere und seinen psychischen Tod nicht verändern zu können. (115)

Das genau repräsentiert das ehemalige Verhältnis von Mutter und Kind. Der Analytikerin wird »angetan«, und sie empfindet deutlich, was einst dem Kind angetan wurde und wie es sich dabei erlebte.

1. Wie wir aufzeigen konnten, sind diese Identifizierungen sprachlos, nicht erhörbar.
2. Sie können erst in einem aufschlußreichen Moment des Übertragungsgeschehens bemerkt und festgestellt werden.

[...]
4. Wenn die Identifizierung eine Form der Bindung zwischen den Generationen darstellt, ist das Objekt der Identifizierung selbst ein historisches. Die Identifizierung enthält demnach notwendigerweise in ihrer Struktur grundlegende Elemente der inneren Geschichte dieses Objektes. Die Identifizierungen haben eine Ursache; sie sind nicht ursprünglich als gegeben anzusehen, weshalb sie einer Erklärung bedürfen.
[...]
6. Dieser Typus des Identifizierungsprozesses verdichtet eine Geschichte, die zumindest teilweise *nicht*[1] der Generation des Patienten angehört.
Ich nenne diese Verdichtung von drei Generationen eine Ineinanderrückung (télescopage) der Generationenabfolge. (Faimberg, 1987, 122)

Haydée Faimberg beschreibt im weiteren, wie sich der »Narzißmus der Eltern auf das Kind aufpfropfen kann«, wie das Kind »genötigt« ist, »sich in ihr [der Eltern] eigenes narzißtische System einzuschreiben«. Faimberg orientiert sich an Freuds Arbeit *Zur Einführung des Narzißmus* (1914c):

Entsprechend der Logik des Narzißmus, der durch das Lust-Unlustprinzip reguliert wird, erfolgt die Gleichung, wonach das Ich ein Äquivalent der Lust und das Nicht-Ich ein Äquivalent der Unlust ist.
Dies bedeutet, daß, wenn der Betreffende Unlust empfindet, er dazu neigen wird, diese einem Nicht-Ich zuzuschreiben. Und wenn das Objekt ihm Unlust verschafft, wird er dazu neigen, es zu hassen. (Faimberg, 1987, 124f.)

In der Übertragung wird nach Faimberg auf etwas gestoßen, das nicht unter dem Gesichtspunkt der materiellen Realität der Eltern steht, sondern was in die psychische Realität des Patienten eingeschrieben wurde. Der Patient ist mit seinen »inneren Eltern« als Organisatoren seiner Psyche identifi-

---

[1] Hervorhebung A.E.

ziert, und so funktioniert er selbst mit einer narzißtischen Regulierung.

Deshalb ist diese Identifizierung eine in dem Ausmaß entfremdete und vom Ich abgespaltene Identifizierung, wie ihre Verursachung in der Geschichte des anderen beruht.
[...]
»Alles, was verdient, geliebt zu werden, bin ich, wenn dies auch von dir, dem Kind, stammt.« (Wenn ich »Kind« sage, beziehe ich mich auf die dem Kind eigene Trieberfahrung und auf die Erfahrung eines eigenen psychischen Raumes.)
»Was ich als von dir, Kind, stammend erkenne, hasse ich; zusätzlich werde ich dir alles aufbürden, was ich in mir nicht gutheißen kann: Du, Kind, wirst mein Nicht-Ich sein.«
Ich nenne das erste Merkmal der narzißtischen Liebe *die Funktion der Aneignung* und das zweite Merkmal des narzißtischen Hasses *die Funktion des Eindringens*. Die Funktionen des Aneignens und des Eindringens sind für die narzißtische Objektregulierung charakteristisch.
[...]
Diese entfremdende Funktion steht [...] am Ursprung einer Ich-Spaltung des Kindes, was ein Entfremdungsgefühl hervorruft. Mit dem Begriff der Entfremdung spiele ich auf das *Gefühl* der Entfremdung, aber auch auf eine *Fremdbestimmung* durch etwas, was einem anderen gehört, an: darin beruht die Entfremdung. (Das Entfremdungsgefühl kann als klinisches Faktum mit dem von Fairbain, Winnicott und Bleger beschriebenen Gefühl der Entrückung in Beziehung gesetzt werden.)
[...]
Ich glaube, daß die Ursache dafür, die wir der Klinik entnehmen können, darin beruht, daß die Eltern nicht die einzigen Protagonisten dieser Beziehung sind, sondern daß sie ihrerseits in das ihnen eigene Familiensystem eingeschrieben sind. Dies erklärt, warum *drei Generationen bei diesem Typus der Identifizierung mit inbegriffen sind.*
Ich liebe, ich bin: das will heißen, daß ich das gute Objekt bin. Ich hasse, du bist, will heißen, daß du das schlechte Objekt bist. Das kann die Formel sein, durch die jene dramatische Situation bestimmt

wird, in der die internalisierten Eltern das Kind für immer *ihrer eigenen Geschichte der Angst und des Todes*[2] unterwerfen. (Faimberg, 1987, 125-127)

Wenn Haydée Faimberg feststellt, daß erst in fortgeschrittenerem Übertragungsprozeß solche Phänomene erscheinen und auch für den Psychoanalytiker erlebbar werden, wie die Leere, die Nicht-Präsenz des Analytikers für den anderen, die Nicht-Präsenz des Patienten für sich selbst, die Irritation im Psychoanalytiker, als Gegenübertragungsgefühle, die Faimberg im Dienste der Erkenntnis für sich selbst und für das Verständnis des Patienten zunächst merken, dulden und später analysieren konnte, dann möchte ich hier hinzufügen, daß diese Phänomene von Anbeginn an da sind. Sie sind dann allerdings schwer zu begreifen. Und es ist sicher auch nicht notwendig, sie in ihrer Aussage unmittelbar für eine Deutung zu verstehen, weil dies für den Patienten wie erraten schiene und er auf die eigene Verarbeitung und Integration solcher Deutungen noch lange nicht vorbereitet ist. Würde der Psychoanalytiker es hier bereits selber wissen und aussprechen, wäre er so intrusiv und omnipotent wie einstmals das Schaden verursachende Elternobjekt. Für die Diagnose dagegen sind die ersten Anzeichen wichtig zu registrieren, weil sie Aussagen über den zu erwartenden analytischen Prozeß machen. Die Irritation meiner Patientin, »Mutters Augenstern«, gleich zu Beginn des Gesprächs, die sich auf mich ausbreitete, ihre Fehlerwartung, daß ich, wie auch immer, irgend etwas mit ihr tun würde, was die Bedeutung haben sollte, sie zu akzeptieren, ihre Ankunft, im Grunde ihre Geburt zu bejahen, die im ersten Moment der analytischen Begegnung *wiederholte* Situation ihrer Ankunft bei ihrer Mutter, stellte das zentrale Problem initial dar. Wenn die Patientin ihren Vater mehr als zwei Jahrzehnte nach seiner Rückkehr aus *zehn*jähriger Kriegsgefangenschaft mir gegenüber als den »Hinzuge-

---

2 Hervorhebung A. E.

kommenen« bezeichnete – diese Bezeichnung hatte sie von ihrer Mutter übernommen –, so verweist das deutlich auf die Zeit, die ihre Mutter ebenso lange – zehn Jahre – auf ihre Ankunft gewartet hatte. Diese Ankunft aber muß mit einer Ambivalenz behaftet gewesen sein, denn in diesem Begriff des »Hinzukommens« erscheint etwas nicht Selbstverständliches, etwas Fremdbleibendes, etwas, das einen *uneigentlichen* Charakter trägt. Das containing des Psychoanalytikers muß also auch eigenes Nicht-Verstehen, aber Aufmerksam-geworden-Sein umfassen, das eventuell zu viel späterer Zeit erst seinen Sinn erhält und dem Patienten erst dann gedeutet werden kann. Den gleichen Sachverhalt aus einer anderen Sicht gesehen drückt Haydée Faimberg aus, wenn sie in ihren Ausführungen betont, auch das als das eigene Wissen festzuhalten: nichts zu wissen.

Literaturhinweise
zum psychoanalytischen Erstgespräch

Die Literatur über das psychoanalytische Erstgespräch ist nicht sehr umfangreich. Diese Liste erhebt keinen Anspruch auf Vollständigkeit. Für Hermann Argelander stellte das Erstinterview ein Forschungsgebiet dar, in dessen Rahmen er die »szenische Funktion des Ichs« hervorhebt. Otto Kernberg bezeichnet in seinen Arbeiten die erste analytische Untersuchung als »strukturelle Diagnose« und »strukturelles Interview«. In der im weiteren genannten Literatur werden zum Teil Einzelaspekte des Erstgesprächs herausgehoben und untersucht. Die Liste spiegelt ein wenig den weiten Weg von einer Exploration beziehungsweise biographischen Anamnese zu einem von der unbewußten Dynamik des Patienten geführten analytischen Erstgesprächs wider, so wie es in Freuds Bericht von »Katharina«, 1895 veröffentlicht, einer ersten, einmaligen und sicher auch etwa einstündigen Begegnung nachlesbar ist. Doch von dort aus bedurfte es noch eines langen Weges, bis der diagnostische Wert und seine Psychodynamik erkannt und eine entsprechende psychoanalytische Technik erarbeitet werden konnte. Michael und Enid Balint haben das 1961 erstmals ausdrücklich dargestellt, Hermann Argelander dann 1966, 1967 und 1970.

Argelander, Hermann (1966): »Zur Psychodynamik des Erstinterviews«, in: *Psyche* 20, 40-53.
ders. (1967): »Das Erstinterview in der Psychotherapie«, in: *Psyche* 21, 341-368, 429-467, 473-512.
ders. (1970): *Das Erstinterview in der Psychotherapie*, Darmstadt: Wissenschaftliche Buchgesellschaft.
ders. (1976): »Im Sprechstundeninterview bei Freud. Technische Überlegungen zu Freuds Fall ›Katharina‹«, in: *Psyche* 30, 665-702.
ders. (1978): »Das psychoanalytische Erstinterview und seine Methode. Ein Nachtrag zu Freuds Fall ›Katharina‹«, in: *Psyche* 32, 1089-1098.

ders. et al. (1973): »Das Sprechstundeninterview«, in: Psyche 27, 1001-1066.

Balint, Michael und Enid Balint (1961): »Das diagnostische Interview«, in: dies.: Psychotherapeutische Techniken in der Medizin, Bern/Stuttgart: Huber, Klett 1963, 205-265.

Been, Harold (1985): »The clinical interview: Assessment and definition of the focus«, in: Althea J. Horner (Hrsg.): Treating the oedipal patient in brief psychotherapy, New York/London: Aronson, 93-113.

Benz, Andreas (1988): »Möglichkeiten des psychoanalytischen Erstinterviews«, in: Psyche 42, 577-601.

Biermann, Gerd (1962): »Biographische Anamnese und Beratungssituation in ihrer Bedeutung für Diagnose, Prognose und Therapie neurotischer und psychosomatischer Störungen im Kindes- und Jugendalter«, in: Zeitschrift für Kinderheilkunde 86, 257-279.

Breuer, Joseph (1895): »Frl. Anna O«, in: ders. und Sigmund Freud: Studien über Hysterie, Frankfurt: Fischer 1972, 20-40.

Buchheim, Peter, Manfred Cierpka, G. Scheibe (1988): »Das Verhältnis von Psychoanalyse und Psychiatrie dargestellt am Beispiel von Konzepten für das psychiatrisch-psychodynamische Erstinterview«, in: Rudolf Klußmann, Wolfgang Mertens und Frank Schwarz (Hrsg.): Aktuelle Themen der Psychoanalyse, Berlin: Springer, 57-71.

Deutsch, Felix und William F. Murphy (1955): The clinical interview, New York: International Universities Press.

Eckstaedt, Anita (1989a): »Lernen und Lehren in der Psychoanalyse. Allgemeine Betrachtungen zu Lernsituation und Lerngegenstand des Erstinterviews«, in: Herbert Bareuther, Hans-Joachim Busch, Dieter Ohlmeier und Tomas Plänkers (Hrsg.): Forschen und Heilen. Auf dem Weg zu einer psychoanalytischen Hochschule, Frankfurt: Suhrkamp, 583-621.

dies. (1989b): »Darstellung der Traumatisierung in drei psychoanalytischen Erstgesprächen«, in: dies.: Nationalsozialismus in der »zweiten Generation«. Psychoanalyse von Hörigkeitsverhältnissen, Frankfurt: Suhrkamp, 27-82.

dies. und Rolf Klüwer (Hrsg.) (1980): Zeit allein heilt keine Wunden. Psychoanalytische Erstgespräche mit Kindern und Eltern, Frankfurt: Suhrkamp.

Ehlers, Wolfram und Helmut Enke (1988): »Zur objektivierenden Diagnostik präödipaler Störungen«, in: *Zeitschrift für Psychosomatische Medizin und Psychoanalyse* 34, 325-337.

Erle, Joan B. und Daniel A. Goldberg (1984): »Observations on assessment of analyzability by experienced analysts«, in: *Journal of the American Psychoanalytic Association* 32, 715-737.

Ermann, Michael (1980): »Das psychoanalytisch-diagnostische Interview. Grundlagen, Technik und Gefahren«, in: *Internistische Praxis* 20, 501-510.

Freud, Sigmund (1895d) (Zusammen mit Josef Breuer): *Studien über Hysterie*, GW I, 75-312, darin bes. 184-195.

ders. (1905e): *Bruchstück einer Hysterie-Analyse*, GW V, 161-286.

ders. (1913c): *Weitere Ratschläge zur Technik der Psychoanalyse: I. Zur Einleitung der Behandlung*, GW VIII, 454-478.

ders. (1933a): *Neue Folge der Vorlesungen zur Einführung in die Psychoanalyse*, GW XV.

Friedrich, Hannes (1984): »Anamnese als Drama – Die ersten Sätze«, in: *Zeitschrift für psychosomatische Medizin und Psychoanalyse* 30, 314-322.

Gill, Merton, Richard Newmann und Frederick C. Redlich (1954): *The initial interview in psychiatric practice* (mit Schallplatten), New York: International Universities Press.

Glover, Edward (1955): *The technique of psycho-analysis*, New York: International Universities Press.

Haesler, Ludwig (1979): »Zur Technik des Interviews bei ›unergiebigen‹ Patienten«, in: *Psyche* 33, 157-182.

Hersen, Michel und Samuel H. Turner (1985): *Diagnostic interviewing*, New York/London: Plenum Press.

Hohage, Roderich, Lisbeth Klöss und Horst Kächele (1981): »Über die diagnostisch-therapeutische Funktion von Erstgesprächen in einer psychotherapeutischen Ambulanz«, in: *Psyche* 35, 544-556.

Hurst, David M. (1980): »Some effects of the consultation-referral process on subsequent analytic work«, in: *Journal of the American Psychoanalytic Association* 28, 605-621.

Kernberg, Otto F. (1984): *Schwere Persönlichkeitsstörungen. Theorie, Diagnose, Behandlungsstrategien*, Stuttgart: Klett-Cotta 1988; darin bes. 15-103.

Klauber, John (1972): »Persönliche Einstellungen zur psychoanalytischen Konsultation«, in: Alexander Mitscherlich (Hrsg.): *Schwierigkeiten in der psychoanalytischen Begegnung*, Frankfurt: Suhrkamp 1980, 159-179.

König, René (Hrsg.) (1952): *Das Interview. Formen, Technik, Auswertung*, Köln: Kiepenheuer und Witsch, 3. erw. Aufl., 1962.

Künzler, Erhard und Ingeborg Zimmermann (1965): »Zur Eröffnung des Erstinterviews«, in: *Psyche* 19, 68-79.

Kutter, Peter (1989): »Diagnostische Verfahren in der Psychoanalyse«, in: ders.: *Moderne Psychoanalyse*, München: Verlag Internationale Psychoanalyse, 241-260.

MacKinnon, Roger A. und Robert Michels (1971): *The psychiatric interview in clinical practice*, Philadelphia: Saunders.

Meerwein, Fritz (1969): *Das ärztliche Gespräch. Grundlagen und Anwendungen*, Bern: Huber, 2. Aufl., 1974; darin bes. 54-135.

Mertens, Wolfgang (1990): »Psychoanalytisches Erstinterview«, in: ders.: *Einführung in die psychoanalytische Therapie*, Bd. 1, Stuttgart/Berlin/Köln: Kohlhammer, 236-263.

Pascal, Gerald R. (1983): *The practical art of diagnostic interviewing*, Homewood: Dow Jones-Irwin.

Reik, Theodor (1927): *Wie man Psychologe wird*, Leipzig/Wien/Zürich: Internationaler Psychoanalytischer Verlag.

ders. (1935): *Der überraschte Psychologe. Über Erraten und Verstehen unbewußter Vorgänge*, Leiden: A.W. Sijthoff's Uitgeversmaatschappij.

ders. (1952): *Hören mit dem dritten Ohr. Die innere Erfahrung eines Psychoanalytikers*, Hamburg: Hoffmann und Campe 1975.

Richter, Horst-Eberhard (1967): »Fernsehübertragung psychoanalytischer Interviews«, in: *Psyche* 21, 324-340.

Rudominer, Howard S. (1984): »Peer review, third-party payment, and the analytic situation: A case report«, in: *Journal of the American Psychoanalytic Association* 32, 773-796.

Ruffler, Gerhard (1957): »Zur Bedeutung der Anamnese für die psychosomatische Fragestellung«, in: *Psyche* 11, 416-458.

Schraml, Walter J. (1968): »Ebenen des klinischen Interviews«, in: Karl Josef Groffmann und Karl-Hermann Wewetzer (Hrsg.): *Person als Prozeß*, Bern/Stuttgart: Huber, 157-174.

ders. (1970): »Das klinische Gespräch in der Diagnostik«, in: ders.: *Klinische Psychologie*, Bern/Stuttgart: Huber, 207-232.
Schubart, Wolfgang (1985): »Die psychoanalytische Konsultation am Beispiel des unmotivierten (z. B. psychosomatischen) Patienten«, in: *Psyche* 39, 519-537.
ders. (1990): »Der ›geschickte‹ Patient in der psychoanalytischen Sprechstunde – Theoretische und technische Aspekte der ersten Begegnung«, in: *Zeitschrift für psychoanalytische Theorie und Praxis* 5, 24-37.
Shapiro, Sumner (1984): »The initial assessment of the patient: A psychoanalytical approach«, in: *The International Review of Psycho-Analysis* 11, 11-25.
Stekel, Wilhelm (1938): *Technique of analytical psychotherapy*, New York: Liveright Publication 1950.
Sullivan, Harry S. (1954): *Das psychotherapeutische Gespräch*, Frankfurt: Fischer Taschenbuch Verlag 1976.
Thomä, Helmut und Horst Kächele (1988): »Vom Interview zur Therapie«, in: dies.: *Lehrbuch der psychoanalytischen Therapie*, Bd. 2: Praxis, Berlin u. a.: Springer, 224-283.
Tilley, Barbara W. (1984): »The initial interview and evaluation«, in: dies.: *Short-term counseling. A psychoanalytic approach*, New York: International Universities Press, 25-55.
Wrobel, Arne (1985): *Kommunikation im psychoanalytischen Interview. Pragmalinguistische und gesprächsanalytische Untersuchungen zum Erstinterview mit psychosomatisch Kranken*, Pfaffenweiler: Centaurus-Verlagsgesellschaft.
Zeitschrift für psychoanalytische Theorie und Praxis, Null-Nummer (1985): *Themenheft: Psychoanalytische Diagnostik und Indikation*. Mit Beiträgen von Ursula Häflinger, H. Hommes, Harald Leupold-Löwenthal, Willi Schumacher, Ann Leiser, A. de Blécourt und Peter Schuster.

Literaturverzeichnis

Abraham, Karl (1925): »Die Geschichte eines Hochstaplers im Lichte psychoanalytischer Erkenntnis«, in: ders.: *Psychoanalytische Studien zur Charakterbildung und andere Schriften*, Bd. 1, herausgegeben und eingeleitet von Johannes Cremerius, Frankfurt: S. Fischer 1969, 69-83.

Argelander, Hermann (1967): »Das Erstinterview in der Psychotherapie«, in: *Psyche* 21, 341-368, 429-467, 473-512.

ders. (1970): *Das Erstinterview in der Psychotherapie*, Darmstadt: Wissenschaftliche Buchgesellschaft.

ders. (1976): »Im Sprechstundeninterview bei Freud. Technische Überlegungen zu Freuds Fall ›Katharina‹«, in: *Psyche* 30, 665-702.

ders. (1978): »Das psychoanalytische Erstinterview und seine Methode. Ein Nachtrag zu Freuds Fall ›Katharina‹«, *Psyche* 32, 1089-1098.

Bodenheimer, Aron Ronald (1984): *Warum? Von der Obszönität des Fragens*, Stuttgart: Philipp Reclam jun.

Bott Spillius, Elizabeth (1988): *Melanie Klein heute. Entwicklungen in Theorie und Praxis*, München/Wien: Verlag Internationale Psychoanalyse 1990.

Bruch, Hilde (1973): *Eßstörungen. Zur Psychologie und Therapie von Übergewicht und Magersucht*. Frankfurt: Fischer Taschenbuch Verlag 1991.

Chasseguet-Smirgel, Janine (1984): *Anatomie der menschlichen Perversion*, Stuttgart: Deutsche Verlagsanstalt 1989.

Cremerius, Johannes (1968): *Die Prognose funktioneller Syndrome*, Stuttgart: Enke.

ders. (1984): »Die psychoanalytische Abstinenzregel. Vom regelhaften zum operationalen Gebrauch«, in: *Psyche* 38, 769-800.

Deutsch, Helene (1955): »The impostor: Contribution to ego psychology of a type of psychopath«, in: Morton Levitt (ed.): *Readings in psychoanalytic psychology*, London: Staples Press 1959, 124-139.

Dorpat, Theodore L. und Jason Aronson (1985): *Denial and defense in the therapeutic situation*, New York: Aronson.
Eckstaedt, Anita (1982): »A victim of the other side«, in: Martin S. Bergmann und Milton E. Jucovy (eds.): *Generations of the Holocaust*, New York: Basic Books, 197-227.
dies. (1989a): *Nationalsozialismus in der »zweiten Generation«. Psychoanalyse von Hörigkeitsverhältnissen*, Frankfurt: Suhrkamp.
dies. (1989b): »Ichsyntone Objektmanipulation. Die Erstellung eines Hörigkeitsverhältnisses als narzißtische Abwehr«, in: dies. (1989a), 295-408.
dies. (1989c): »Egosyntonic object manipulation: The formation of a submissive relationship«, in: *The International Journal of Psycho-Analysis* 70, 499-512.
dies. (1991): »Wie Patienten erzählen – psychoanalytische Dialogstrukturen«, in: *Freiburger Literaturpsychologische Gespräche*, Bd. 11, hrsg. von Johannes Cremerius u.a., besorgt von Wolfram Mauser, Verlag Königshausen und Neumann (im Druck).
Eskelinen de Folch, Terttu (1988): »Guilt bearable or unbearable: A problem for the child in analysis«, in: *The International Review of Psycho-Analysis* 15, 13-24.
dies. und Pere de Folch (1988): »Negative Übertragung«, in: *Psyche* 42, 698-708.
Faimberg, Haydée (1987): »Die Ineinanderrückung (Telescoping) der Generationen. Zur Genealogie gewisser Identifizierungen«, in: *Jahrbuch der Psychoanalyse* 20, 115-142.
Fenichel, Otto (1946): *Psychoanalytische Neurosenlehre*, Bd. 3, Olten/Freiburg: Walter 1977.
Freud, Anna (1939): *Das Ich und die Abwehrmechanismen*, München: Kindler 1964.
dies. (1967): »Comments on trauma«, in: Sidney S. Furst (ed.): *Psychic trauma*, New York/London: Basic Books, 235-245.
Freud, Sigmund (1893a) (Zusammen mit Josef Breuer): »Über den psychischen Mechanismus hysterischer Phänomene«, *GW* I, 81-98.
ders. (1895d) (Zusammen mit Josef Breuer): »Studien über Hysterie«, *GW* I, 75-312.

ders. (1905d): »Drei Abhandlungen zur Sexualtheorie«, *GW* V, 33-145.

ders. (1909b): »Analyse der Phobie eines fünfjährigen Knaben«, *GW* VII, 241-377.

ders. (1910a): »Über Psychoanalyse«, *GW* VIII, 1-60.

ders. (1912b): »Zur Dynamik der Übertragung«, *GW* VIII, 364-374.

ders. (1912e): »Ratschläge für den Arzt bei der psychoanalytischen Behandlung«, *GW* VIII, 376-387.

ders. (1913c): »Zur Einleitung der Behandlung«, *GW* VIII, 454-478.

ders. (1914c): »Zur Einführung des Narzißmus«, *GW* X, 137-170.

ders. (1915e): »Das Unbewußte«, *GW* X, 264-303.

ders. (1916a): »Vergänglichkeit«, *GW* X, 358-361.

ders. (1916-17g): »Trauer und Melancholie«, *GW* X, 428-446.

ders. (1919e): »Ein Kind wird geschlagen«, *GW* XII, 197-226.

ders. (1920g): »Jenseits des Lustprinzips«, *GW* XIII, 1-69.

ders. (1923b): »Das Ich und das Es«, *GW* XIII, 237-287.

ders. (1924c): »Das ökonomische Problem des Masochismus«, *GW* XIII, 371-383.

ders. (1924d): »Der Untergang des Ödipuskomplexes«, *GW* XIII, 395-402.

ders. (1925j): »Einige psychische Folgen des anatomischen Geschlechtsunterschieds«, *GW* XIV, 19-30.

ders. (1930a): »Das Unbehagen in der Kultur«, *GW* XIV, 419-506.

ders. (1933a): »Neue Folge der Vorlesungen zur Einführung in die Psychoanalyse«, *GW* XV.

ders. (1937c): »Die endliche und die unendliche Analyse«, *GW* XVI, 59-99.

ders. (1950a): *Aus den Anfängen der Psychoanalyse*, Frankfurt: S. Fischer 1960.

ders. (1960a): *Briefe 1873-1939*, hrsg. von Ernst und Lucie Freud, Frankfurt: S. Fischer.

ders. und Georg Groddeck (1970b): *Briefe über das Es*, Frankfurt: Fischer Taschenbuch Verlag 1988.

Furman, Erna (1974): *Ein Kind verwaist. Untersuchungen über Elternverlust in der Kindheit*, Stuttgart: Klett-Cotta 1977.

Furst, Sidney S. (1967): »Psychic trauma: A survey«, in: dies. (ed.): *Psychic trauma*, New York/London: Basic Books, 3-50.

Gediman, Helen K. (1985): »Imposture, inauthenticity, fraudulence«, in: *Journal of the American Psychoanalytic Association* 33, 911-935.
Greenacre, Phyllis (1957): »The relation of the impostor to the artist« in: dies.: *Emotional growth. Psychoanalytic studies of the gifted and a great variety of other inviduals*, Vol. 2, New York: International Universities Press 1971, 533-554.
dies. (1967): »The influence of infantile trauma on genetic patterns«, in: Sidney S. Furst (ed.), *Psychic trauma*, New York/London: Basic Books, 108-153.
Grunert, Ursula (1979): »Die negative therapeutische Reaktion als Ausdruck einer Störung im Loslösungs- und Individuationsprozeß«, in: *Psyche* 33, 1-29.
Heimann, Paula (1969): »Gedanken zum Erkenntnisprozeß des Psychoanalytikers« mit einem Exkurs über das Schreiben, in: *Psyche* 23, 2-24.
Jappe, Gemma (1987): »Verleugnung und Überzeugung«, in: Joachim Dyk, Walter Jens und Gert Ueding (Hrsg.): *Rhetorik*, Bd. 6, Tübingen: Niemeyer, 55-65.
Jarrell, Randall (1963): »The English in England«, in: *The third book of criticism*, New York: Farrar, Straus and Giroux 1969, 279-294, zitiert nach Shengold (1989), 4.
Kaplan, Louise J. (1984): *Abschied von der Kindheit. Eine Studie über die Adoleszenz*, Stuttgart: Klett-Cotta 1988.
Kestenberg, Judith S. (1982): »Survivor-parents and their children« und »The return of the persecutor«, in: Martin S. Bergmann und Milton E. Jucovy (eds.): *Generations of the Holocaust*, New York/London: Basic Books, 83-102 und 167-175.
Klein, Melanie (1940): »Mourning and its relation to manic-depressive states«, in: *The Writings of Melanie Klein*, Volume 1, London: Hogarth Press 1975, 344-369.
dies. (1960): »A note on depression in the schizophrenic«, in: *The Writings of Melanie Klein*, Volume 3, London: Hogarth Press 1975, 264-267.
Kohut, Heinz (1971): *Narzißmus*, Frankfurt: Suhrkamp 1973.
Kuiper, Pieter C. (1966): *Die seelischen Krankheiten des Menschen. Psychoanalytische Neurosenlehre*, Bern/Stuttgart: Huber, Klett-Cotta 1968.

Kutter, Peter (1989): »Das psychoanalytische ›Interview‹«, in: ders.: *Moderne Psychoanalyse*, München/Wien: Verlag Internationale Psychoanalyse, 241-266.

Laplanche, Jean und Jean-Bertrand Pontalis (1967): *Das Vokabular der Psychoanalyse*, Frankfurt: Suhrkamp 1972.

Loch, Wolfgang (1975): »Der Analytiker als Gesetzgeber und Lehrer«, in: ders.: *Über Begriffe und Methoden der Psychoanalyse*, Bern: Huber, 197-230.

ders. (1990a): »Psychoanalyse und Psychotherapie – Gemeinsamkeiten und Unterschiede«, Vortrag am 6.7.1990 im Institut für Psychoanalyse der J.W. Goethe-Universität Frankfurt (bisher nicht publiziert).

ders. (1990b): »Die Konstitution des Subjekts im psychoanalytischen Dialog«, in: *Luzifer-Amor* 3, Nr. 5, 115-136.

Lorenzer, Alfred (1970a): *Sprachzerstörung und Rekonstruktion*, Frankfurt: Suhrkamp.

ders. (1970b): *Kritik des psychoanalytischen Symbolbegriffs*, Frankfurt: Suhrkamp.

M'Uzan, Michel de (1977): »Zur Psychologie der psychosomatisch Kranken«, in: *Psyche* 31, 318-332.

Nagera, Humberto (1970): »Children's reactions to the death of important objects: A development approach«, in: *The Psychoanalytic Study of the Child* 25, 360-400.

Rosenfeld, Herbert (1987): *Sackgassen und Deutungen. Therapeutische und antitherapeutische Faktoren bei der psychoanalytischen Behandlung von psychotischen, Borderline- und neurotischen Patienten*, München/Wien: Verlag Internationale Psychoanalyse 1990.

Sandler, Anne-Marie und Joseph Sandler (1987): »The past unconscious, the present unconscious and the vicissitudes of guilt«, in: *The International Journal of Psycho-Analysis* 68, 331-342.

Sandler, Joseph und Anna Freud (1985): *Die Analyse der Abwehr*, Stuttgart: Klett-Cotta 1989.

Sandler, Joseph und Anna Ursula Dreher, Sibylle Drews, René Fischer, Rolf Klüwer, Mario Muck, Horst Vogel, Christiane Will (1987): *Psychisches Trauma. Ein psychoanalytisches Konzept im Theorie-Praxis-Zusammenhang*, Frankfurt: Sigmund-Freud-Institut.

Schubart, Wolfgang (1985): »Die psychoanalytische Konsultation am Beispiel des unmotivierten (z. B. psychosomatischen) Patienten«, in: *Psyche* 39, 519-537.
Segal, Hanna (1956): »Depression in the schizophrenic«, in: *The International Journal of Psycho-Analysis* 37, 339-343.
Shengold, Leonard (1989): *Soul murder. The effects of childhood abuse and deprivation*, New Haven/London: Yale University Press.
Spitz, René A. (1954): *Die Entstehung der ersten Objektbeziehungen*, Stuttgart: Klett ³1973.
Steiner, John (1990): »Pathological organization as obstacles to mourning: The role of unbearable guilt«, in: *The International Journal of Psycho-Analysis* 71, 87-94.
Stern, Daniel (1986): *The interpersonal world of the infant*, New York: Basic Books.
Stern, Max M. (1972): »Trauma, Todesangst und Furcht vor dem Tod«, in: *Psyche* 26, 901-928.
Strauß, Botho (1989): *Fragmente der Undeutlichkeit*, München: Hanser.
Thomä, Helmut (1961): *Anorexia nervosa*, Bern/Stuttgart: Huber, Klett.
Thomä, Helmut und Antoon Houben (1967): »Über die Validierung psychoanalytischer Theorien durch die Untersuchung von Deutungsaktionen«, in: *Psyche* 21, 664-692.
ders., Hartmut Schrenk und Horst Kächele (1985): »Der psychoanalytische Dialog und die Gegenfrageregel«, in: *Forum der Psychoanalyse* 1, 4-24.
Vogt-Heyder, Barbara (1983-84): »Die magersüchtige Patientin«, Teil I: »Einfluß der Familie auf Körperbild und Objektbeziehungen der Symptomträgerin«, Teil II: »Identitätssuche über Umwege«, Teil III: »Mutter und Vater behindern die Entwicklung zu einer autonomen Sexualität«, in: *Sexualmedizin* 12, 408-410, 423-466 und *Sexualmedizin* 13, 17-21.
dies. (1990): »Eßverhaltensstörungen. Woran die Sexualität der Magersüchtigen leidet«, in: *Sexualmedizin* 19, 172-178.
Winnicott, Donald W. (1950, 1954 und 1955): »Die Beziehung zwischen Aggression und Gefühlsentwicklung«, in: ders.: *Von der Kinderheilkunde zur Psychoanalyse*, München: Kindler 1976, 89-109.

ders. (1956): »Die antisoziale Tendenz«, in: ders.: *Von der Kinderheilkunde zur Psychoanalyse*, München: Kindler 1976, 224-237.

ders. (1965): »Ich-Verzerrung in Form des wahren und des falschen Selbst«, in: ders.: *Reifungsprozesse und fördernde Umwelt*, München: Kindler 1974, 182-199.

Wolfenstein, Martha (1969): »Loss, rage and repetition«, in: *The Psychoanalytic Study of the Child* 24, 432-460.